外国语文论丛

董洪川　主编

虚拟语境俄语认知与教学
认知语言学的智能化研究

邵楠希　王　珏　著

科学出版社

北京

内 容 简 介

本书以传统教学环境与虚拟现实教学界面的不同感知源泉为逻辑起点，进而以两种界面中认知规律的差异性为问题导向，把全书分为认知理论研究与教学实践研究两个部分。在理论上，本书对虚拟语境的构建、语言认知的智能化与俄语教学方法的交叉领域进行分类研究，使其在外语教育理论体系的框架内相互连接，从而为外语教学的数字化转型提供理论基础。在实践中，本书以创新教学模式为目标，把虚拟现实教学界面的学术研究和基于虚拟语境的教学模式有机融合在一起，使得理论与实践相互支撑、相互印证，用俄语智慧教学实践为教学环境的数字化转型提供研究论据和评价手段，构建起人工智能、认知语言学及外语教学之间相互连接的桥梁。

本书适合外语教学的学习者和研究者使用，也适合语言学研究者阅读品鉴，尤其对外语跨学科的研究者具有一定的借鉴意义。

图书在版编目（CIP）数据

虚拟语境俄语认知与教学：认知语言学的智能化研究 / 邵楠希，王珏著. -- 北京：科学出版社，2025.2. -- （外国语文论丛 / 董洪川主编）.
ISBN 978-7-03-080340-5

Ⅰ. H359.3

中国国家版本馆 CIP 数据核字第 2024B1F590 号

责任编辑：杨 英 宋 丽 / 责任校对：贾伟娟
责任印制：赵 博 / 封面设计：蓝正设计

科 学 出 版 社 出版
北京东黄城根北街 16 号
邮政编码：100717
http://www.sciencep.com
北京市金木堂数码科技有限公司印刷
科学出版社发行 各地新华书店经销

*

2025 年 2 月第 一 版 开本：720×1000 B5
2025 年 7 月第二次印刷 印张：17 1/4
字数：338 000
定价：**128.00 元**

（如有印装质量问题，我社负责调换）

本书系重庆市教育委员会人文社会科学研究项目

"新文科背景下外语教学界面数字化转型研究"

（项目编号：22SKGH262）及重庆市普通本科

高校外语教育教学改革专项研究重大项目的研究成果

"外国语文论丛"编委会

总　序

　　四川外国语大学，简称"川外"（英文名为 Sichuan International Studies University，缩写为 SISU），位于歌乐山麓、嘉陵江畔，是我国设立的首批外语专业院校之一。古朴、幽深的歌乐山和清澈、灵动的嘉陵江涵养了川外独特的品格。学校在邓小平、刘伯承、贺龙等老一辈无产阶级革命家的关怀和指导下创建，从最初的中国人民解放军西南军政大学俄文训练团，到中国人民解放军第二高级步兵学校俄文大队，到西南人民革命大学俄文系、西南俄文专科学校，再到四川外语学院，最终于 2013 年更名为四川外国语大学，一路走来，70 年风雨兼程。学校从 1979 年开始招收硕士研究生，2013 年被国务院学位委员会批准为博士学位授予单位。在 70 年的办学历程中，学校秉承"团结、勤奋、严谨、求实"的校训，发扬"守责、求实、开放、包容"的精神，精耕细作，砥砺前行，培养了一大批外语专业人才和复合型人才。他们活跃在各条战线上，为我国的外交事务、国际商贸、教学科研等各项建设事业做出了应有的贡献。

　　外国语言文学学科是学校的传统优势学科。几十年来，一代代学人素心焚膏、笃志穷远，默默耕耘于三尺讲台上，乐于清平，甘于奉献，在外国语言、外国文学与文化、翻译研究、中外文化交流等领域的人才培养和学术研究方面都取得了较为丰硕的成果。该学科不仅哺育了杨武能、蓝仁哲、刘小枫、黄长著、王初明、杜青钢、阮宗泽等众多有影响力的学者，还出版了《法汉大词典》《俄语教学词典》《英语教学词典》《加拿大百科全书》等大型工具书，在业界受到普遍欢迎。

　　近代历史发展证明，一个国家的兴衰与高等教育的发展休戚相关。现代性最早的种子在意大利萌芽，英国在 19 世纪成为"日不落帝国"，20 世纪的美国在科技领域领先全球……这些无不是其高等教育的发展使然。我国近代外语教育的奠基者张之洞在《劝学篇》中提出，"学术造人才，人才维国势"，将兴学育人与国势兴衰联系在一起。虽然他所主张的"中体西用"观点引发了不少争论，但其引进"西学"的历史意义是毋庸置疑的。然而，时过境迁，经过百余年的发展，特别是经过改革开放后 40 余年的努力，我国的外语教育取得了举世瞩目的成就。这不仅体现在日臻完备的人才培养体制上，还体现在外国语言研究、文学文化研究、翻译研究、教学研究等方面面所取得的累累硕果上，更体现在外语教育为我国改革开放事业的蓬勃发展提供了大量的外语人才支撑上。因而，新时代的外语教育自然不再仅仅是张之洞所强调的引入"西学"，而是具有了更深远、更重要的意义。

在新时代背景下，"一带一路"建设、"构建人类命运共同体"和"中华文化'走出去'"等国家战略对外语学科专业发展提出了新要求、新任务。外语教育不仅需要培养能倾听世界声音的外语专业人才，更需要培养能与世界对话、讲述中国故事、参与国际事务管理的复合型创新性人才。显然，新时代外语学科有了更重要的历史使命和责任担当。

基于上述认识，我们组织编写了"外国语文论丛"。这套丛书收录了外语学科文学、语言学、翻译学等多个领域的论著，不同作者在思维理念上虽然不可能完全一致，但是有一点似乎是共通的，那就是努力做到不尚空谈、不发虚辞。该丛书经过严格筛选程序，严把质量关，既注重对"外国语文"即外国语言、文学、文化及翻译的本体研究，也注重学科交叉或者界面研究、汉外对比、中外文化交流方面的成果，还特别注重对"讲好中国故事，传播好中国声音"具有启示意义的国外汉学研究、中国文化在国外传播研究方面的成果。

古人云："君子务本，本立而道生。"我们希望通过出版这套丛书，推出学校外语学科的最新研究成果，积极推动我校外国语言文学学科的内涵建设，同时也为学界同仁提供一个相互学习、沟通交流的平台。

本丛书的出版得到了科学出版社的鼎力相助，也得到了学校外语学科广大教师的积极响应和支持，科学出版社的编辑和各位作者为此付出了艰辛的努力。尤其令我们感动的是，国内一批著名专家欣然同意担任本套丛书的编委，帮助我们把脉定向。在此，我谨向他们表示衷心的感谢和崇高的敬意！当然，由于时间仓促，也囿于我们自身的学识与水平，本丛书肯定还有诸多不足之处，恳请方家批评指正。

董洪川

2019 年深秋

于嘉陵江畔

序

《国家中长期教育改革和发展规划纲要（2010—2020 年）》指出，"信息技术对教育发展具有革命性影响，必须予以高度重视。"为推进落实国家关于教育信息化的总体部署，教育部于 2012 年组织编制了《教育信息化十年发展规划（2011—2020 年）》，并进一步阐明："加快对课程和专业的数字化改造，创新信息化教学与学习方式，提升个性化互动教学水平，创新人才培养模式，提高人才培养质量。""探索现代信息技术与教育的全面深度融合，以信息化引领教育理念和教育模式的创新，充分发挥教育信息化在教育改革和发展中的支撑与引领作用。"

教育部直面信息时代教育领域所发生的巨大变化，并于 2020 年 11 月发布的《新文科建设宣言》中指出，紧跟新一轮科技革命和产业变革新趋势，积极推动人工智能、大数据等现代信息技术与文科专业深入融合；推动文科专业之间深度融通、文科与理工农医交叉融合，融入现代信息技术赋能文科教育。新文科建设铸就了外语学科教学改革的时代背景，并将取代传统的教学模式，重新塑造语言教学与计算机、互联网、教育数字化和虚拟现实技术"共在"的新形态。

外语是基于特定民族语境生成的语言，外语教学作为语言类基础教育和特色教育，是在现实语境下的非母语教学，这势必会导致学习者产生语言学习上的羁绊和认知上的偏差。基于虚拟现实的人工智能语境模式，则是模拟语言生成环境和交际环境的一种教学生态，其本质是平行于历史语境的计算机数字空间，同时也是视觉沉浸技术融入教育的一种创新性教学形式。虚拟语境的认知体验智慧教学模式研究，弥补了非母语文化教学中的薄弱环节，是在国家推动信息技术与教育教学深度融合的大背景下，探索和研究计算机语境建模以及虚拟现实外语教学的一次有益尝试。

虚拟语境学术理论的构建作为认知语言学智能化的一个实践场域，是虚拟现实技术融入外语情境教学的一种应用性创新。所以，研究虚拟语境理论并非为了分析人工智能技术、印证虚拟现实效果，而是为了运用二者所提供的技术手段去开拓一种语境教学、具身学习的教学方法。关于教学方法的理论历经多年的研究实践已经基本定型，从本质上说，唯有科学技术的新突破，才能带动具有原创意义的教学模式出现。虚拟现实作为一项新的科学技术，为外语教学实现源语语境下的教学方法提供了契机与可能。

由于各民族之间的文化传承方式不同，一种语言的述义生成于其特定的语境，而其他语言又不完全具备这种语境，或者文本描述的语境并不符合该语言述义的生成逻辑，这使得目的语赖以认知的标的物出现了空缺，导致某一种语言所依托的客观事物在另一种语言中没有相对应的部分，从而产生了外语教学中语言生成环境的盲点或语境空缺现象。在外语教学信息化的发展中，虚拟语境的应用是解决语境缺失问题的有效途径，与此相应的语境创意设计、分类建模、模型识解、案例分析与语言诠释等诸多要素结合在一起形成了虚拟语境教学的整体研究框架。源语语境的结构环境、文化环境、心理环境和信息环境在求解外语的生成机理与表达方式中发挥着其独特的作用。外语教学的发展正是在对这些问题的认知、理解和探索中，经历着从自然到必然的语境重塑过程，而这一过程所导致的是外语的语境认知化和认知语境化的双重结果，由此构建的基于虚拟语境的俄语体验认知教学模式，既是俄语教学信息化的自然规律，也是外语教育学科发展的逻辑必然。

本书以传统教学环境与虚拟现实教学界面的不同感知源泉为逻辑起点，进而以两种界面中认知规律的差异性为问题导向，把全书分为认知理论研究（第一章至第六章）与教学实践研究（第七章至第十一章）两个部分。在理论上，本书对虚拟语境界面的构建、语言认知的智能化与俄语教学方法的交叉领域进行分类研究，使其在外语教育理论体系的框架内相互连接，努力奠定外语教学数字化转型的学术基础。在实践中，本书以创新教学模式为目标，把虚拟现实教学界面的学术研究和基于虚拟现实的教学模式有机融合在一起，使得理论与实践相互支撑、相互印证，用俄语智慧教学实践为教学环境的数字化转型提供研究论据和评价手段，借此探索人工智能、认知语言学及外语教学之间跨学科的研究路径。

在认知语言学的智能化层面，本书基于在虚拟现实条件下研究俄语认知规律的构思，提出了外语教学中"虚拟语境"的概念范畴，研究了外语教学中虚拟语境的特征、构建、意义与作用，主要包括在虚拟现实条件下进行语境建模的模型要素与构建方法、俄语意象图式的扫描方式、背景与图形的认知方法、三维动态场景中俄语动词体的界线特征、历史与现实语境的可复制性等基于语言智能的俄语认知理论，阐述了虚拟语境作为一项新型的视觉沉浸技术，能够使学习在完全不同于传统课堂的语境中进行的一系列论据，为外语教学搭建了一个情境化的教学平台，同时也为这一理论构建拓展了一个新的研究界面。

本书的研究内容围绕认知语言学的智能化方向，以虚拟语境条件下的俄语教学为研究对象，结合语音识别、自然语言处理等人工智能时代的语言学研究内容，旨在解决智能界面在俄语教学中的应用问题。由于涉及不同的专业领域，本书研究的边界定义为虚拟语境模型建构与体验认知俄语教学的交叉区域，既包括智能界面中俄语的语形、语义和语用模型建构分析，也包括虚拟现实教学模式中俄语的教法、学法等教学实践研究。

自然的语境是一个包罗万象的体系，与此相适应，虚拟语境建模包含多层级、多要素。按照教学内容的不同，分别采用不同的图示模型和凸显方法，意在根据话语的性质选择适用的语境模型去识解。与相关研究不同的是，我们在论证学术观点的同时，结合语境模型运用了一定的教学实例，让虚拟语境的学术研究和虚拟现实的课堂教学有机地融合在一起，把学术理论运用于教学实例，以教学实例支撑学术观点，避免语境模型缺乏实践对应的循环论证，陷于越是深入研究语言认知，越是难以认知语言的悖论。

虚拟语境的认知表征在于塑造或复原某种过往的状态，由此而建构的是一种基于多重语境要素的局部性语境建模。之所以强调语境建模的局部性，是因为它有选择地复制了与语言有直接关系的语境要素而不是全部要素。例如，"кротовое манто"（鼹鼠皮大衣）的源语语境可能映射了不同的表象，其中包括它的材质、外观、功能以及在不同场景中的用途及形象隐喻。语词本身就根植于其潜在的语境之中，这需要依据课程、文本或语词的具体内容，对其语义指向和上下文关系等不同因素进行梳理甄别，以选择恰当的情境要素完成语境构建。

本书属于理论与实践相对应的二元性层次结构，在理论层面主要进行虚拟语境建模的相关研究，在实践层面主要解决虚拟语境在俄语教学中的应用问题。虚拟现实教学在技术上依托网络空间和大数据处理，在教学生态方面包括现实语境、虚拟语境、信息语境和文化语境的综合运用，在构成要素上涵盖多维资源、演播场景、智能工具和人机界面，在培养模式上强调智慧教学、技术支持、认证机制和具身学习等多种元素，以虚拟现实技术深度重塑外语教育，据此构建语言学智能化研究、虚拟语境教学方法和数字化外语教学模式三位一体的研究框架。

这一框架的基础是语言学智能化研究，主要包括：①虚拟语境智能界面中语义和语用的体验认知学术研究；②三维空间中凸显物主特征的主体模型建构分析；

③以行为或运动特征为标志的行为模型建构分析；④凸显主要语义而衬托事物的背景模型建构分析；⑤与单一知识点相对应的参照模型建构分析。

在此基础上形成虚拟语境教学方法，主要包括：①专业融入思政式教学分析；②情境预设启发式教学分析；③目标引领互动式教学分析；④问题导向预设式教学分析；⑤沉浸、交互、构想的"3I"教学策略分析；⑥微课程与俄语微技能分析。

基于上述体验认知理论和智慧教学方法，完成数字化外语教学模式构建研究，主要包括：①数字化校园系统平台上俄语教学模式的设计；②信息化教学理念、教学方法、教学程序研究；③俄语微技能与微课程的研究与应用；④教学效果评价体系研究。本书研究从语言学智能化学术研究成果到人工智能语境条件下的俄语智慧教学策略，最终转化为人工智能语境下的外语教学新模态，整个结构体系彰显了为应用而研究的宗旨。

邵楠希，王珏

2025 年 2 月

前　　言

　　当今世界正迈向人工智能①和大数据驱动的新时代,语言作为最重要的交际工具,与数字化的融合是必然的发展趋势。外语作为一门实践性较强的学科,其数字化有自己的逻辑起点:它既是基于民族源语语境生成的语言,又是在现实语境下的非母语语言,客观上需要一种符合语言所在环境的教学方式。人工智能可以重塑语言的生成语境,并对基于语言内在逻辑的思维过程进行模拟,这无疑会对外语教育产生重要的影响。

　　即便如此,认知语言学的智能化研究却依然滞后于信息科学的飞速发展。由于网络时代的发展趋势打破了原有的平衡,语言学界和信息科学界对于语言本质的理解产生了一定的差异。传统意义上的语言认知侧重于对语音、语法和词汇的识解以及进行沟通交流的表达方式,而对于语言本身的数据性质的认识并不充分。信息科学界则强调语言是人类制定的具有统一编码/解码标准的声音或图像指令,是以符号表达人类思想的指令系统,具体而言是由语言形式和语义内容构成的音义结合的符号系统,而符号系统则是人类用以交流思想、表达语义的创新方法和工具。尽管语言的文字符号与语言的数字符号相互转化是未来的发展趋势,但语言学和信息科学对于语言本质的理解依然存在不同的侧重,这或许是认知语言学智能化研究裹足不前的原因所在。

　　语言学与认知科学交叉构成认知语言学,这种交叉结构奠定了语言学智能化的基础,因为人工智能的本质就是模仿人脑的神经生理机制,是探索感觉和思维过程的智慧与能力。虽然语言学与信息科学的发展具有内在联系,但通过形式逻辑和数理逻辑推导去实现自然语言的理解,需要借助数字化的教学资源,其教学模式的转型还有很长的路要走。信息化外语教学的研究成果主要体现在大数据所带来的突破上,即依托网络资源,凭借统计数据进行泛在的外语学习和深度的语言认知。不管是计算语言学的逐步发展,还是大数据的成功突破,都与人类对语言本质的理解密切相关。语言的本质既是对物质的反映,又是意识复盘的工具,

---

① 人工智能(artificial intelligence, AI),亦称机器智能,指通过计算机程序来呈现人类智慧的技术,其核心意义在于建构与人类相似甚至超越人类的感知、推理、知识和学习的能力。

而当今意识所复盘的，已是多学科交叉融合的网络世界。

本书以数字化外语教学转型为目的，以人工智能虚拟语境研究为手段，分为理论与实践两个部分。第一章至第六章为虚拟现实视域下的俄语认知研究，主要分析智能化语境的认知表征和模型建构；第七章至第十一章为基于虚拟语境的俄语教学范式研究，主要诠释虚拟语境中的教学方法以及语境建模在教学中的应用。外语是以语言认知为目标的教育，运用人工智能分析认知神经，模拟语言生成环境，构建人机交互、数字孪生的认知路径，有利于形成信息技术与外语教育深度融合的教学生态。

虚拟语境即由计算机、摄像机生成的具有视觉、听觉、触觉等多种感知效果的虚拟现实语言外部环境。这种人为设计的语境有三个区别于现实语境的构建特征：一是来源于现实并凭借实景链接形成高度的三维仿真性；二是对不易或未能被观察到的刺激物具有信息凸显性；三是凭借瞬间的情景切换和参与者的互动形成人机交互性。此三点对于语言教学的作用是不言而喻的，外语教学要符合源语的认知规律，俄语有其独特的编码与解码过程，在感知和理解的过程中，阅读文本时就像在意识中将不同语境的片段剪辑拼接在一起，然而仅凭这些片段去假设或者追忆历史是不够的。采用虚拟语境的创意设计则可以将所需的情景一一复制出来，以视觉沉浸技术产生一个适人化的多维信息空间，给学习者带来身临其境的感受，构建虚拟现实（virtual reality，VR）、扩展现实（extended reality，XR）、增强现实（augmented reality，AR）与混合现实（mixed reality，MR）的三维外语认知界面。

目　　录

下篇　虚拟语境教学实践研究

上篇　虚拟语境认知理论研究

第一章 虚拟现实外语教学研究概述

第一节 背景综述

一、虚拟现实外语教学的基本特征

虚拟现实技术是 21 世纪一项重要的科学发展，目前已经涉及众多研究和应用场域。就教育领域而言，作为一种综合多学科的新型计算机技术，沉浸式语言教学已步入快速普及与发展时期。当代社会科学的发展内在地体现出一种跨学科、跨领域的创新趋势，外语新文科建设就是主动顺应这种趋势，对外语理论研究和教学实践所进行的学科结构性反思，其反思的结果不仅深度重塑了跨学科的新文科外语教育，同时也让语言教学逐步融入了新技术、新思维和新模态。

在目前的科学前沿领域，与外语教育联系最密切的无疑是具备视觉沉浸效果的虚拟现实。1989 年，美国科学家加隆·兰尼尔（Jaron Lanier）正式提出了"虚拟现实"（virtual reality，VR）的概念，开启了综合利用计算机图形技术、计算机仿真技术、人工智能技术和传感显示技术在计算机上生成可交互三维环境的历程。21 世纪初，美国推行"国家教育技术计划"（National Educational Technology Plan，NETP），强调了虚拟现实有利于促进教育公平，塑造学生的人格塑造，并且有利于挖掘学生在知识理解方面的潜能。在我国，1990 年，钱学森将"virtual reality"译为"灵境"。所谓灵境，即人工智能环境，这种环境本身有三个基本特征——沉浸性、交互性和构想性。沉浸性是指体验者存在于虚拟环境中的实时性想象和真实感觉，其突出表征为在虚拟世界的感觉如同在现实世界中一样。交互性是指体验者对虚拟环境内的物体不是被动地感受，而是主动通过自己的行为深化感受内容并从环境中得到反馈。构想性有两层含义：一是指沉浸于虚拟世界中的客观逻辑想象，二是为实现既定目标而主观能动地构想，它用以实现具体的任务设定并形成新的思维概念。从虚拟现实的存在形式来看，这三个特征与语言认知具有天然的内在联系。

沉浸性是一种全神贯注的境界感，这一境界是由计算机构建的三维立体图像生成的。由于三维立体图像的高度仿真性，"相对于现有的人机交互系统，虚拟现实系统提供的是前所未有的现实剥离感。当使用者沉浸在虚拟环境中时，其感受已经完全离开真实世界"（翁冬冬等，2019：211），仿佛让人进入了一种虚拟的灵境中，给人的感觉就像剥离于当前的生活环境，而全身心地融入另外一个真实的客观环境中。这种感觉是通过虚拟现实的人机互动界面实现的。

交互性由人机界面（human-machine interface，HMI）和人机交互（human-computer interaction，HCI）两个方面实现。由此设置的虚拟环境不仅可以对体验者产生影响，还能根据其行为做出交互性反馈，而不是简单地对语境予以图示化展示。人机界面是人与计算机之间传递信息的对话接口，是实现人机交互的主要载体。人机交互则是人与计算机之间使用某种对话语言、以一定的方式在虚拟世界中进行信息交流的过程，它能够重塑人与计算机界面的关系，让人类智慧与机器智能交互融合，产生反馈现实、超越现实的应用价值。

在计算机生成的虚拟环境中，体验者可以利用人机界面中的传感设备进行交互并生成构想。构想是体验者沉浸在虚拟环境中，通过听觉、视觉、触觉获取感性认识，从而触发新的联想并深化概念形成理性认识的形式，是在想象中形成的系统的、有中心的、有层次的思维活动。构想性的本质表征在于超越，它并不完全受制于现实语境，即便在现实语境中无法感知的事物，在虚拟语境中也可以被呈现出来。

虚拟现实的基本特征对于外语教学而言，最核心的价值是运用虚拟现实技术模拟源语的生成环境，并让学习者沉浸于交互构想的语境中，通过启发创造性思维而获取新的知识。因而可以说，虚拟语境与外语教学具有高度的适配性。当虚拟现实与沉浸体验、具身交互的语境深度融合，并在智能界面中构建虚实融合、泛在互联、智能开放、去中心化的教学环境时，学习者就能获得海量资源和技术手段，实现在仿真语境中获得感知，产生既模拟现实世界又超越真实世界的沉浸感知。

二、虚拟现实教学技术的应用现状

虚拟现实技术是一种可以创建和体验虚拟世界的计算机仿真系统，它利用多源信息融合的交互式三维动态视景，由计算机生成一种模拟环境，能够让体验者沉浸其中，进行视觉、听觉、触觉等多种感觉路径的实时模拟和人机交互。作为一种高端的人机接口，它能同时提供视、听、触、嗅等多种直观而又自然的实时感知媒介，是科技发展到一定水平上的计算机技术与人工智能相结合的产物。它以低延迟感和高拟真感为技术表征，为人类认识世界开辟了一条新的途径，而虚拟现实教学是基于此项技术的一种教学模式。

北卡罗来纳大学（The University of North Carolina System，UNC）是进行虚拟现实研究最早的大学，主要研究航空驾驶仿真、外科手术仿真、建筑仿真等应用性虚拟现实。随着信息化教学技术的日益发展，虚拟课堂、虚拟校园已经成为当今世界上一种时尚的教学环境。哈佛大学著名教育技术专家克里斯托弗·戴迪（Christopher Dede）教授创建了一个虚拟环境科学教育项目，经过为期十年的教学实践证明，学生在沉浸式虚拟环境中学习，通过"数字孪生"的仿真空间，能够形成对知识的深度理解，从而凝练解决复杂问题的能力。从目前虚拟现实教学场景的基本设置来看，其所依托的并非传统的多媒体教学环境，而是智能化教学界面（interface），这是一种以电子显示屏为标志的、基于现实世界复制品和虚拟世界设计创意的教学环境。作为语言教学与计算机科学相融合的产物，虚拟语境教学界面既可以用于模拟、延伸和凸显语言生成环境，也可以用于研究构建这一教学环境的理论、方法、技术及应用。

在人工智能可以虚拟现实存在的背景下，外语教学不仅在理论上需要构建这个界面，而且在实践中亦需要运用这个平台，从而找到通往"互联网+外语教学"的切入点，形成具有新文科特色的体验认知外语教学。就总体而言，国内相关研究目前尚处于起步阶段，文科方向研究群体和研究成果数量较少，研究方向主要限于虚拟现实的远程在线教学系统的设计方案、虚拟情境学习平台的构建以及人工智能发展趋势等，但在物理学、医学、工业模型、航空航天等领域的教学实训中，虚拟现实技术已经获得了广泛应用，而其他学科目前依然停留在不同专业所创建的"虚拟仿真教学实验中心"的应用探索阶段。

2018 年，由教育部虚拟现实应用工程研究中心承办的世界虚拟现实产业大会"教育培训分论坛"在中国召开，会议以"VR/AR 点亮教育未来"为主题。北京航空航天大学软件学院创始院长孙伟在论坛中指出，如果说 2017 年是 VR 产业元年，那么可以说 2018 年就是 VR 教育的元年[①]。从这个意义上说，虚拟现实技术在教育领域的突破，不仅体现在虚拟现实的最新、最高超的技术发展上，同时也体现在教育界如何在教学实践中使用这项技术上。

---

① https://www.cena.com.cn/industrynews/20181020/96230.html[2024-5-20]。

在新一轮科技革命和产业变革的背景下，教育部科技发展中心、教育部教育装备研究与发展中心于 2019 年 7 月在银川携手举办了"虚拟现实在教学中的深度应用技术交流会"①，对教育信息化 2.0 时代的学校师生如何在人工智能教育的进程中成功扮演好参与者、实践者、推动者和创造者的角色，以及如何利用虚拟现实技术开展启发式、互动式和探究式教学等问题提出了明确要求。教育部科技发展中心主任在报告中指出，虚拟现实技术与教育教学的深度融合将进一步促进学校的人才培养，希望虚拟现实研究中心能为广大学校提供更多的创新应用技术支持。

教育部基础教育司的报告中还阐明了该技术的应用方向，明确指出虚拟现实技术在教育中的应用会从"创新"和"融合"的两个视角展开，将越来越多地用于解决"教"与"学"发展中的难题。虚拟技术与现有教学模式的融合应用，是教育技术促进教学创新发展的重要途径。VR/AR、人工智能、物联网等新一代技术将会越来越快地进入教育领域，这对于促进高校适应新技术革命和产业变革，以及培养高素质复合型技术技能人才将起到至关重要的作用。

虚拟现实把意识带入虚拟的话语情境，增强现实再把虚拟语境融入课堂现场，实现学生与虚拟教学场景的人机互动，是对情境教学的一种深层次探索。基于虚拟现实及增强现实技术，学习者可以拖动屏幕中的学习对象，轻松进行多维的、全方位的观察，从而获得自主探究的学习语境，直接进入沉浸式的学习状态。为了让情境教学产生富于临场感的视觉感官刺激，构建沉浸式的教学模态，1996 年天津大学基于虚拟现实建模语言（virtual reality modeling language，VRML）的国际标准，最早开发了虚拟校园，拉开了我国教育领域应用虚拟现实技术的序幕。在此之后，上海交通大学、中国人民大学以及北京科技大学等高校，陆续开展了将虚拟现实技术应用于不同学科专业领域的研究与实践。国内众多高校在不同学科、不同专业中纷纷运用 VRML 语言构建虚拟校园系统，将校园地理空间信息和其属性信息相结合，并依据各自不同的专业需求，通过添加材质、纹理、传感器、声音、动画等技术处理完善系统建设，设计系统中的交互功能，学习者不但可以利用计算机网络访问校园的教学楼、图书馆、体育场等虚拟现实场景，而且可以深入不同专业进行查询、搜索、选取等操作。

在外语教育实践场域，随着虚拟现实情境化外语创新教学模式的形成，与虚

---

① https://t.m.youth.cn/transfer/index/url/news.youth.cn/jsxw/201907/t20190715_12009646.htm[2024-5-20]。

拟现实技术融合的具体教学实践正在逐步展开。2014 年，四川外国语大学开始建设"3D 虚拟演播室及情景虚拟化教学应用系统"。虚拟演播室系统（Virtual Studio System，VSS）采用虚拟现实技术，设置构建由计算机生成的 3D 虚拟场景，通过学习者角色模拟在仿真环境下的互动作用，营造出直观生动的外语学习环境。该系统借助体验者自身对虚拟场景的感知和认知能力，能够使任意的虚拟教学内容与体验者一起融入场景（图 1.1）。师生可共同置身于国际会议、商务交流、历史文化场景、繁华街道、森林公园等泛在的语境中，在虚拟现实中一边看，一边听，一边说，调动多种感知功能具身参与进教学活动中，取得了很好的教学效果。2018 年，大连外国语大学的"外语虚拟情景实训室"正式投入使用。情景实训室采用 3D 虚拟情景实训系统，通过计算机和虚拟技术，实现与风俗文化、日常生活、商务往来等 3D 场景的实时合成，同时系统能够完成视频同步录制、播放并自动保存，实现人与景的完美融合。虚拟现实让抽象的外语学习更加具象化、可视化，与此相适应，外语教学的场景与模式也在潜移默化地发生改变。

图 1.1　虚拟演播室正面效果

　　用于教学的虚拟演播室系统结合了计算机图形和传统色键两种图形技术，具有构建三维空间和三维模型及图像输出等多项功能，通过运用模拟镜头跟踪技术，计算机主机对摄像机的推、拉、摇、移等运动参数进行分析，然后再由色键器进行处理，使得实时生成的背景信号与前景信号进行合成，从而实现学习者仿佛身处真实场景中一样的教学效果。

7

国外在虚拟现实技术应用方面的研究起步较早，从 1962 年莫顿·海利希（Morton Heilig）发明"全传感仿真器"（Sensorama）并获得专利开始，仿真技术进入应用领域。1965 年，美国科学院和工程院两院院士、计算机图形学之父伊凡·苏泽兰（Ivan Sutherland）发表了有关虚拟现实系统和头盔显示器试验工作的论文《终极显示》（"The Ultimate Display"），1968 年开发了第一个计算机图形驱动的头盔显示器（head mounted display，HMD）及头部位置跟踪系统，在虚拟现实技术应用发展史上具有重要的里程碑意义。

从 20 世纪 80 年代起，美国的虚拟现实技术研究主要集中在感知、用户界面、后台软件和硬件四个方面。麻省理工学院（Massachusetts Institute of Technology，MIT）于 1985 年成立了媒体实验室，正式进行虚拟环境的系统研究，其研究方向包括人工智能、机器人和计算机图形学等。英国主要有四个从事虚拟现实技术研究的中心，分别从事工业设计、模拟战斗机座舱、商业虚拟软件包和模块化高速图形引擎等领域的虚拟创意设计。日本则致力于虚拟现实知识库的研究，在虚拟现实游戏领域处于世界领先地位。

国外教育界近年也涌现出很多在语言教学中运用虚拟现实技术的实例，其中较有代表性的研究有美国的"虚拟世界"、欧盟的"虚拟语言学习环境"和俄罗斯的"三维多用户俄语虚拟世界"（Трехмерный Виртуальный Многопользовательский Мир Русского Языка，ВМРЯ）等。以"第二人生"（Second Life）为代表的虚拟世界在教育中的应用一度成为教学研究领域的热点。哈佛大学、斯坦福大学、普林斯顿大学等世界一流大学已经在"第二人生"中建立了自己的虚拟校园，华盛顿大学的人机界面技术实验室（Human Interface Technology Lab）也将虚拟现实研究引入了教育。在俄语教学层面，俄罗斯圣彼得堡国立大学的专家们开始了 ВМРЯ 理论和应用研究，此项目的主持人之一奥列格·阿纳托利耶维奇·韦列科谢利斯基（Олег Анатольевич Великосельский）认为，ВМРЯ 旨在使俄语学习者完全进入虚拟语境中，使教学情景高度仿真，以最大限度地接近交际现实，以及最大化地实现直观性，从而为外国俄语学习者提供逼真的俄语社会文化环境（Великосельский，2004）。

进入 20 世纪 90 年代之后，虚拟现实技术在教育领域的应用发生了突破性进展。在 2017 年英国教育培训技术展上，研发者展示了全球首款针对教育市场的 VR 头显和最新的沉浸式课堂教学技术。VR 头显是专为课堂使用而定制的，虚拟现实系统可以提供 360 度的可视化教学手段。谷歌所推出的名为 Expeditions 的信息技术教育方案，可以让学生使用移动虚拟现实平台模拟出历史和现实的场景，从而开阔外语学科的教学视野，需要指出的是，这对于还原语言生成的源语语境具有特别重要的意义。

目前，我国在虚拟现实领域呈现出后来者居上的趋势，华为一直在推进"1+8+N"全场景智慧生活战略，其中1代表手机；8代表平板电脑、个人电脑、VR设备、可穿戴设备、智慧屏、智慧音频、智能音箱、车机；N代表泛IoT设备。鸿蒙系统（Harmony OS）是华为布局万物互联时代的操作系统。未来，华为的VR/AR新产品或也将搭载鸿蒙系统，构建生态闭环。

三、外语教育新文科建设的发展需求

在信息化高速发展的时代，知识传播的方式和速度都发生了变化。未来的虚拟现实教学将成为人工智能时代外语教育转型升级的创新起点，因此要超前布局人工智能外语教育，加快推进新文科建设以构筑其发展基础，构建研究新框架以形成其发展动能，探索外语教育新理念以厘清其发展逻辑。以虚拟现实为代表的智能化教学诠释了视觉沉浸技术教学应用的最新阶段，是外语教育学科发展的迫切需求，这种需求主要体现在"教"与"学"两个方面。

从"教"的方面看，目前国家提倡以跨专业的知识融合为标志的新文科建设，而外语教师基本都以外语为专长，多数文科专业出身的教师并不具备良好的技术能力，或者说不擅长使用信息化资源获取、处理信息，以进行数字化外语教学。这就导致许多外语专业的毕业生除语言基本功外几乎一无所长，跨专业能力明显缺乏等，这些问题也从一个侧面反映了外语新文科建设的必要性。要推行外语新文科建设，就必须重视交叉学科的技能培训，以不同专业的知识融合来提高师资队伍的质量，而计算机技术和虚拟现实教学等信息技术则是外语交叉学科的首选。除以语言知识为主的专业素养外，教师需要通过各种方式不断学习，培养和提高自身信息化素质，深入研究信息化外语教学方法，关注人工智能等新兴信息技术的发展趋势，持续更新和完善自身的知识体系，以适应新文科建设的需求。

从"学"的方面看，信息时代的学生在接受新事物方面总是走在前面，传统型授课模式越来越无法满足学生的求知需求。就外语课程而言，以往都是采取教师课堂灌输为主、学生课堂听课和课后练习为辅的授课模式，主要表现为先由教师进行示范讲解，再让学生反复进行模仿记忆，这种缺乏效率的方式不仅增加了学生的负担，而且难以真正达成教学目标，因为"外语的学习需要情境语境（时

间、空间、情境、对象等），由于语言需要描述、表达各种事物，每种事物均有对应的语境，无穷无尽。受教学条件的限制，目前教学中只能展示或模拟有限的语境，所以学习中易造成理解上的局限性，如去国外的超市购物，去国外的景区旅游，这些纯外语语境是大部分外语学习者难以接触到的，但是通过 VR 可以模拟，其独特的'在场'感使体验更加真实"（孙玉柱等，2017：11）。

任何新技术的应用都需要触及原有技术的应用模式，对于虚拟现实教学技术设置而言，虚拟语境教学对教学设备的软硬件方面要求都比较高，需要师生在多媒体教学方式的基础上，同步掌握智能化信息技术课程资源，熟悉数字化教学设备的性能。外语教师还要掌握情境课件设计、创意、录制及合成的技能，从虚拟演播室的"观望者"向"参与者"与"研究者"转型。另外需要指出的是，在新文科建设的背景下，不仅教与学的参与者需要提高信息化素养，更为重要的是，外语学科高等教育的整个顶层设计必须向着信息化方向转型升级。

10

第二节 研究的意义、价值与技术路线

一、虚拟语境外语教学的研究意义

俄语世界图景的认知过程来源于其民族特定语境中的交际过程和思维过程，相似的交际环境的虚拟与重建是俄语认知分析的重要途径。语境的重塑是认知情境化的过程，知识的情境化表征同时也是人工智能需要解决的重要问题。通过对俄语体验认知教学平台上虚拟语境的分析，可以看出在结构上语境建模与情境计算存在许多相似之处，情境计算是对获取到的情境信息进行处理，从而得出用户的需求并向其提供相应情境感知服务的一种计算模式，这种计算模式可以用于知识的情境化表征，这一点与虚拟语境的设计具有思维同构性。对语言生成特征的分析阐明了语境复制的起因，语境建模的情境化表征则提供了体验认知的方法与工具。研究构建模拟源语语境的人工智能语境建模，需要从教学语境智能化重塑的理论渊源、范畴表征、模型建构和计算模式等几个层面，对外语教学虚拟语境的构建与应用进行探索，并在此基础上对不同语境界面要素的结构类型及其怎样在教学中应用进行分析论证。

虚拟语境研究的理论意义在于提出了外语教学中虚拟语境的概念范畴、特征与作用，并分析了人工智能教学界面中俄语的认知规律。任何语言的认知过程都

来源于其民族特定的文化传统、生活习惯及人文环境，认知的价值表征在于话语所承载的传统文化内涵和所具有的生活表达功能，相似的生活场景与文化环境的虚拟与重建不仅对于俄语的认知分析有重要作用，对于所有语种的外语学习也有重要的借鉴意义。由于虚拟语境是一种基于计算机的实时动态的三维图示，其图形所展示的教学环境可以是现实世界的真实再现，也可以是过往历史情景的再现，由此形成纵向贯穿语言历史背景、横向连接现实交际环境的心理文化语境，是一种由知识流与信息流相互融合而成的教学生态，而支撑这一教学生态的循环系统，就是虚拟语境认知理论与认知体验教学模式相结合的研究框架。

虚拟语境研究的实践意义在于为外语教学开创了一个体验认知的实践场域，其特点是强调身体参与认知过程，形成身体与环境的具身互交，为跨越时空限制的语言学习者提供再现源语语境的、身体感知与沉浸体验共在的智慧教学环境，并由此表征信息化外语智慧教学的新理念、新模态。具体而言，虚拟语境教学模态的实践意义体现在宏观和微观、历史与现实等几个层面。

首先在宏观层面上，虚拟现实将深刻冲击当前外语教育的课堂形式与教学环境，进而形成线上与线下、现实语境与虚拟语境融为一体的数字化外语教学新模式。作为这一模式的组成部分，虚拟语境教学需要构建基于计算机的"虚拟现实技术+情境认知理论"的智能化语境研究框架，将人工智能与外语教学融合在认知研究与教学实践的框架内，以此开启认知语言学智能化的窗口，围绕语境问题，构建认知语言学智能化的研究范式，将人工智能的语境教学与具身体验的认知理论交叉融合，应用于外语教学创新的实践场域。随着虚拟现实技术在教学领域的广泛应用，人的语言认知、视觉和听觉效果甚至人的思维都可以靠虚拟现实技术来模拟实现。特斯拉首席执行官埃隆·里夫·马斯克（Elon Reeve Musk）曾经公开表示，他已经将自己的大脑上传到云端，并与自己的虚拟版本进行对话。所谓把大脑上传云端，实际上是把大脑中的意识数据打包放入计算机云空间，通过这种虚拟情境切换，体验者可以清晰地了解自己思维的过程，沉浸于自身的思考过程中，从而升华人的逻辑思维和反思能力。如果说人是借助于工具才得以走出原始的蒙昧而进入文明社会，那么思维为什么不可以借助人工智能去实现自身的超越呢？从这个意义上说，认知语言学的智能化是未来世界语言认知的必经之路。

其次在微观层面上，虚拟语境突破外语教学非母语环境的限制，把语言教学融入语言生成的环境之中，以智能化语境重构为基础，构建基于虚拟现实的认知

11

体验智慧教学。现有的外语教学方式是线性的二维平面模式，语言学习只能在非母语的语境中进行，依赖文本和语音的间接教学。在这种条件下，语言的认知是靠学习者的思维去还原源语的交际情境，而不能让学习者真实体验语言生成的历史语境。虚拟语境则可以利用计算机图形技术、传感与测量技术、仿真技术、传感器技术、显示技术等多种现代技术手段创建一个虚拟的语言生成环境，这是一个能够具身体验的环境，学习者可以走进此环境并操纵系统中的对象，从而在视觉、听觉、触觉等方面产生和现实中一样的感觉。虚拟语境突破了语言教学的时空界限，塑造了多视点、实时动态的三维立体教学环境，学习者在这个环境中是"自由"与"全能"的，能够通过相应操作将自己的思维即时转化为具体的认知体验，使抽象复杂的思维有效地实现清晰化与具体化，而这个环境既可以是现实世界的仿真再现，也可以是超越现实的虚拟世界。

此外，从历史的角度来分析，"剑桥学派"的代表人物昆廷·斯金纳（Quentin Skinner）所倡导的"历史语境主义"业已成为语境研究中颇具影响力的研究方法之一，他认为"语境"指的是概念产生的具体环境、背景和条件，受一定时间和空间的限制，是历史环境的再现。某个概念的学说和思想是某些历史条件下的产物，需要把它们放在历史的语境中进行具体分析，因为它们不能以现实时代或超越时代的方式被理解。作为行为主义创始人，斯金纳将语言哲学中的"语言-行动"理论引入历史学研究，形成了"历史语境主义"的研究方法。然而"历史语境"毕竟是思维中的语境，在没有虚拟现实技术支持的情况下，它不能将思维呈现出来，形象地呈现在学习者的眼前，更不能让人融入其中而获得真情实感。

功能语言学派是语境研究的典型代表，其代表学者勃洛尼斯拉夫·马林诺夫斯基（Bronislaw Malinowski）提出了情景语境的思想，其核心观点是："真正的语言事实是实际语言环境中的完整话语，即使在人类思维和语言运用的最抽象、最理论性的各个方面，词的真正意义，归根结底，总是取决于亲身经历中的这些方面。"（Malinowski，1923）功能语言学简明而又深刻地总结了语言与语境的关系，但由于时代的局限，却不能以充分的理据说明在无法置身于历史语境中的情况下，怎样去再现亲身经历中的这些方面。

社会语言学对语境问题的解释是基于对语言社会性的认识，其重点是现实的社会环境中的语言形式和社会关系中的语言变化，说话人应该通过具体的社会语境和文化背景分析对话意图，选择合理的对话互动机制，其与功能语言学异曲同工的羁绊在于，对历史的、某一语言或词汇生成时的语境这一重要的理论根基，任何分析研究只能存在于思维中的历史语境。然而每个人的思维方式不同，其思维中的语境构式也会千差万别，其语境分析往往只是某种思想意识的抽象描述，甚至会以今天的语境去识解过去的现实，从而形成了认知语境基础的错位。在众多思维方式中没有统一的语境构式的前提下，如何形成统一的认知？

古希腊唯物主义哲学家赫拉克利特（Heraclitus）提出的"人不能两次踏入同一条河流"的哲理，像一道无解的命题，横亘在功能语言学与社会语言学的语境观之间，让语境的历史观、体验观在最终反馈的概念或观点上缺失了亲身体验的印证环节。基于虚拟现实条件的仿真技术却具有虚拟一切存在的可能，任何历史瞬间和事件过程都可以复制再现，这会使语境认知的基础发生改变。也许你会疑惑：虚拟语境就一定能复原真实的历史瞬间吗？当然不是，因为这不仅取决于虚拟现实技术的进步，还取决于对早已时过境迁的历史真实的了解。尽管如此，我们总可以把一些相对主流的、公认的历史情境呈现于眼前，借用马克·吐温（Mark Twain）的一句话——历史不会重演，但总会惊人地相似。

从现实的角度来分析，虚拟现实作为数字孪生的创新形态，以其视觉沉浸技术催生了外语教学中"虚拟语境"的概念范畴。此概念基于虚拟现实与语境认知的交叉领域，主要构思外语教学中虚拟语境的特征、意义与作用，并研究虚拟语境中外语的认知规律。虚拟语境作为一种体验认知教学的新型手段，能够使外语学习在完全不同于传统课堂的语言生成环境中进行，其认知的技术基础是人工智能驱动的虚拟现实与增强现实，它将会以立体视觉、交互设计和三维建模等计算机语言来读取人类大脑中的思维信号，通过脑机接口带我们走向"人机合一"的思维境界，去解释如何再现历史语境中"亲身经历中的这些方面"。所以说，基于虚拟现实技术的虚拟语境，为不同母语者学习语言、认知世界开辟了一条时空共在的新路径。

虚拟语境研究的焦点在于虚拟现实与语言环境的交融，在外语认知与信息化教学的交叉研究过程中，借助于计算机技术所生成的教学情境，去印证虚拟现实条件下语境要素的认定机制、语境建模的方法、意象图式的扫描方式、背景与图形的认知机理、三维动态场景中俄语构词的界线特征，以及基底与侧面的可复制性等基于信息技术的外语认知理论。

视觉扫描后的信息中，只有受到注意的那一部分，才有可能进行知觉的分析并产生意义，所以从这个认知基点上来讲，以教学为目的的虚拟语境并不是要实现对某段历史语境的全面仿真，而是根据教学的实际需要去凸显某些语境要素，也就是说在满足教学需要的前提下，其语境化程度越低越好，而不是相反。因为这样会降低教学的综合成本，便于虚拟现实外语教学的应用与推广，在此基础上广泛整合多维教学资源，汲取具有历史语境特征的教学信息，对其中的重要知识点进行以语境重塑为标志的创意设计，以凸显其重点学习内容，凝聚学生的注意力，还原历史语言环境，在虚拟语境中启发语言认知，提高学生的俄语综合语言能力和思辨能力。

二、虚拟语境外语教学的研究价值和应用价值

1. 研究价值

学术价值的核心要素有两点：一是研究内容的创新性，二是理论与实践相结合。虚拟语境外语认知与教学研究聚焦于创新发展的实践场域，其学术意义在于：探索信息技术语境下的俄语教学范式，分析智能化语境界面中俄语的认知规律，对外语教学界面转型的意蕴进行深入的再认识，并从传统语境到虚拟世界的技术演进中归纳出"界面转型并非分离而是融合"的学术思想，以突破转型中非此即彼的悖论，实现传统外语教学基础上的高阶性创新发展。虚拟语境本身具有包容性，它可以通过 VR/AR 的方式，把传统教学环境中不同学科的优点融入智能教学界面之中，在数字技术、认知语言学和外语教学的不同研究路径之间，通过语境界面接口建立起彼此之间的联系，以适应外语新文科建设的需求。构建基于信息技术的认知体验教学模式，既是信息时代外语教育现代化的演进结果，也是人工智能渗透于外语教学的逻辑必然。

外语是基于源语语境的语言教学，数字化界面则有条件重现语言的生成环境，这是虚拟语境应用价值的逻辑起点。其理论价值在于为新文科背景下教学界面的数字化转型研究提供一个结合点，使得外语语境重塑的问题通过认知语言学与信息技术的交叉融合而得以实现。具体到俄语专业，外语教学要符合源语的认知规律，俄语有其独特的编码与解码过程，俄语世界图景的认知过程来源于其民族特定的语言传播环境，参与者高度依赖其中大量的民族文化信息，相似文化信息的虚拟与重建是俄语认知分析的重要途径，如果说这一点在所有外语教学中具有共性，那么基于虚拟语境的俄语体验认知研究在一定意义上也同样适用于其他外语专业。

外语高等教育面临着信息化迅速发展的新形势，移动互联网环境下涌现出了微课、慕课（massive open online course，MOOC）等新的教学模式。随着大规模

在线课程的实施，其教学界面与传统课堂相比已经发生了革命性的变化，这一变革必然导致外语学习环境和认知方法等出现一系列新的理论问题，其中最突出的问题在于教学生态环境的变化造成的认知方法、教学策略和教学模式的变化。虚拟语境则是针对这一变化而提出的一个创新性研究课题，其新意在于通过对智能教学界面中俄语认知规律的分析，构建模拟源语语境的虚拟现实理论框架，并从教学环境智能化的理论渊源、范畴表征和模型建构等几个层面，对外语智能教学界面的构建与应用进行分析，并在此基础上对不同的语境建模类型在教学中的应用进行研究论证。该项研究的重要价值在于探索与三尺讲台所不同的、基于人工智能的外语教学方法与认知规律，并为探究纵向贯穿语言历史背景、横向连接现实交际环境的虚拟现实教学界面，铸就一种泛在互联、智能开放的层次化认知体系，同时也为认知语言学的智能化高阶发展探索一个新的研究方向。

2. 应用价值

虚拟现实技术经过一段时期的发展已经日臻成熟，语言教学不同于医学、航天、精密制造等领域，其对虚拟现实技术的仿真程度要求并不高，因为仿真是以物理世界的真实数据为核心的，而虚拟现实是以融入环境的视觉沉浸感为核心的。即使是初级的桌面式虚拟现实（desktop VR）系统和沉浸式虚拟现实（immersive VR）系统，也完全可以塑造一种基于计算机图形学的多视点、实时动态的三维环境，这个环境可以是现实世界的真实再现，也可以是超越现实的虚构世界，其教学设备操作简单、使用方便、成本较低，而且性能可以满足外语教学的需要。

虚拟语境界面为外语教学开创了一个情境化体验认知的教学平台，学习者可以以较少的付出获取较多的知识经验，这一点是虚拟语境理论在应用领域最核心的价值所在。通过这个平台，增强现实在把虚拟信息应用到现实世界时，可以将计算机生成的虚拟物体、场景或教学提示信息附加到现实场景中，以增强现实实现视、听、说、触、嗅等方面的技术效果。例如，学习者戴上头盔显示器行走时，就可以看见几十年前的街道情景，产生身临其境的感受。如果说虚拟语境的应用价值在于教学界面的环境塑造，那么在虚拟现实界面的链接点上，所有的语境时空都会穿越于眼前，所有的参与者都会变得更加智慧。通过智能化外语教学界面，可以统筹构建"互联网+外语教学"的信息化教学形态，用虚拟的教学环境促进外语数字化教学改革与转型升级。

虚拟语境的应用价值还在于依托智能教学界面的链接点，形成外语教学中资源共享的开放型新模式。外语教育的生命力在于学科专业交叉以及与信息技术的融合，从目前外语专业毕业生的职业定位和就业态势就可以看出，仅具备语言技能而没有其他技能相配合，已经难以适应新时代的社会人力资源需求。智能化语境教学界面的构建作为外语教学领域的一个新的研究方向，可以为外语学习者提供模拟源语语境的不同专业方向的教学平台，既可以学习语言，也可以通过平台连接到其他相关专业领域，实现复合型的智慧教学。

为了践行学以致用的原则，研究者在构思俄语教学中源语语境结构设计的同时，也创设了适用于语境界面的外语教学方法，而且这种方法已经应用于俄语教学实践，并通过实践印证了虚拟语境作为一项新型的情境教学手段，能够使外语学习获得完全不同于传统课堂中的教学效果。这一系列教学与研究所基于的是智能工具、多维资源、语境教学、具身学习以及现实与虚拟融合的外语智慧教学平台。

三、虚拟语境认知与教学融合研究的技术路线

虚拟语境以计算机为生成基础与智能核心。新一代计算机是包含运算器、存储器、控制器、输入设备、输出设备、编译程序、操作系统以及网络通信等的综合性智能系统，其功能可以概述如下：运算器对各种数据进行高速运算，并对计算结果具有"逻辑判断"的能力，所以又称为计算机的"算数逻辑单元"。存储器能自动完成程序和数据的存储，以保存阶段性结果和最终结果。控制器即中央处理器（central processing unit，CPU），负责从存储器中提取指令并分析指令，然后根据分析结果发出控制信号，指挥计算机完成规定的操作任务。输入设备把文字、图像等不同形式的信息转化为数字形式的、计算机能够识别的代码然后储存起来，包括鼠标、图形输入板、视频摄像机、光笔和扫描仪等。输出设备包括打印机、投影仪、显示屏、扬声器等，其功能是把计算机处理的结果转变为文本、数字、图形和声音等人能够识别的信息。编译程序通常涉及以下步骤：使用预处理器处理源代码中的预处理指令，生成预处理后的文件，将预处理后的文件转换成汇编代码，使用汇编器汇编目标文件，再将汇编目标文件与库文件链接生成可执行文件，输入可执行文件名来运行程序。操作系统主要具有处理器管理、存储管理、文件管理、设备管理和作业管理的功能，通过合理分配处理器时间，管理计算机的内存数据，进行文件的存储、检索和共享，管理显示器、键盘、打印机

等各种硬件设备和设备驱动程序，并进行作业调度控制以及资源有效利用。网络通信方式主要包括单工通信、双工通信、广播式传输环点对点传输，这些通信方式具有不同的用途，适用于不同的应用场景，就教学应用而言，广播式传输网络适用于需要多个接收者同时接收相同数据的场景。

计算机作为一种用于高速计算的电子计算机器，并不能直接识别语言和图示，以及用文本语言图示、汇编语言图示编写的程序，所以无法直接执行语言识解任务。计算机能够直接执行的语言只有机器语言，机器语言由二进制数 0 和 1 构成。语言处理系统将语言和图示翻译成计算机可以理解的机器语言程序或目标程序，目标程序中的二进制机器指令代码称为目标代码。目标代码经过链接器与系统库和其他代码进行连接，生成最终的可执行二进制文件。由于计算机规定了基本的机器指令，机器语言就进入了计算机可以识解并按照指令执行的范畴，机器语言程序中的高级编程语言可以用于开发虚拟语境教学中的文本形式，利用计算机进行图形的计算、处理和显示，语境图形所基于的是虚拟现实技术，是利用计算机模拟产生的三维空间虚拟环境。

人工智能赋能语言教学，必然要以虚拟现实的方式来处理图像、场景等非语言文本因素，虚拟现实则是一种可以创建和体验虚拟世界的计算机仿真系统，它利用计算机生成一种模拟环境，一种交互式的三维动态视景，能够对实体行为进行模拟仿真，在人工智能对自然语言的理解与图像处理的基础上，依靠深度神经网络技术渲染生成虚拟人物形象。人工智能通过计算机程序来体现人类的智慧，它由数据、算法和算力三个要素组成。数据是通过科学统计等所获得的用于科研决策的数值，是实现人工智能的首要因素；算法是从数据分析中获取并用于预测未知数据的规则；算力是算法和数据的计算能力，作为一种基础设施，它支撑着算法和数据，进而影响人工智能的发展。近年来，人工智能的技术突破使得虚拟人的制作更简单，交互性更强，建模和动作捕捉的精细度不断提升，无论是形态、表情还是声音，都与真人越来越相似。增强现实能够将已经存在的历史语境构建在场景界面中进行展示，并设置供人交互的场景空间。

虚拟语境是运用虚拟现实技术，由计算机、3D 成像设备生成的实时动态、三维立体、图像逼真的数字化教学界面，该界面中的语境模型是供学习者进行体验认知的教学内容。语境模型的构建所依据的是基模理论。该理论的观点是，人之所以能够快捷、符合逻辑地判断新事物，是因为思维中存在一种类似该事物的"认知基模"。基模即图式，指人的心智结构和认知行为的基本模式。认知基模由瑞士心理学家让·皮亚杰（Jean Piaget）提出，并基于语言要素分为人物基模、事件基模、角色基模等。虚拟语境理论借鉴其要素分类方法，将模型建构划分为主体模型、背景模型、行为模型和参照模型四种要素形式，用于表征各种不同的语言语境和非语言语境。无论是自然环境还是学习语境，其模型建构均由四种要素教学模型设计组成，模型的情境创意渲染可以使学习者获得充分的视觉沉浸技术体验，在虚拟的教学语境中，运用听觉、视觉、触觉、味觉和嗅觉的能力，去感知和理解所设定的教学内容。

虚拟语境教学的理论研究基于虚拟演播室教学的基本经验，遵循了理论与实践相结合的实证性研究路径，以传统教学环境与数字化智能界面的不同感知源泉为逻辑起点，进而以两种教学中认知规律的差异性为问题导向，把虚拟语境的学术研究和沉浸（Immersion）、交互（Interaction）、构想（Imagination）的"3I"教学有机融合在一起，使得理论性研究与实践性运用互为支撑，用俄语体验认知教学实践为智能界面理论提供研究论据和评价手段，实现人工智能、认知语言学与外语教学之间的跨学科的知识重构。作为认知语言学智能化研究的一个创新点，虚拟语境学术理论的成立与否需要教学实践的印证。为了恰当地阐述观点、清晰地说明问题，本书的理论研究包括"虚拟语境理论研究"和"认知体验教学模式"两个相互连接的子课题，其中穿插了认知语言学的智能化研究和基于信息技术的外语教学法两个不同的学科领域，在新文科建设的背景下，相信二者的交叉研究是并行不悖的。

研究目的是研究路径的决定因素，虚拟语境的理论研究和模型建构的目的在于俄语教学的数字化转型，既包括对这一认知理论的研究探索，也包括对这一教学技术的具体实践。要解决这一问题，必须贯彻俄语语言学理论、俄语教学法理论和虚拟现实视觉沉浸技术创意应用相结合的跨学科研究思路，构建理论研究、实践设计、教学模式三位一体的研究范畴和技术路线，即以二维平面与三维立体教学模式中不同的认知规律为基点，以两种语境界面的认知差异性研究为演进路径，把理论研究和教学实践综合在一个框架内，运用数字化语境信息资源使其相互连接为一个有机整体，以主体模型、背景模型、行为模型和参照模型的语境建模分析作为虚拟语境研究的学术连接点，用情景教学实践为虚拟语境的理论提供理据性数据基础和验证性评价手段，让虚拟现实技术成为俄语智慧教学的创新源泉。其研究的技术路线如图 1.2 所示。

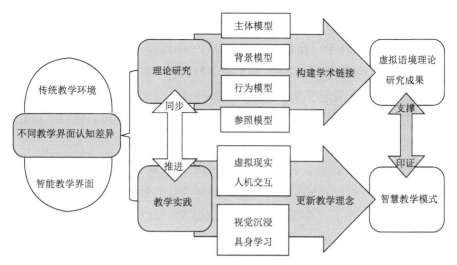

图 1.2　虚拟语境教学技术路线示意图

19

第三节　虚拟语境的研究脉络

一、虚拟现实相关研究的动态梳理

1. 虚拟现实技术的演进路径

1962 年，美国摄影师海利希发明了实感全景仿真机，这是虚拟现实最初的形式，由此而诞生了虚拟现实技术的雏形。虚拟现实技术与多媒体、网络技术并称为当今前景最好的三大计算机技术，它的出现为人类认识世界开辟了一条新途径。典型的虚拟世界平台有"第二人生"和"活跃世界"（Active Worlds）等，这些平台现已拥有来自全球的众多用户。美国非常重视在虚拟现实感知、用户界面、后台软件和硬件方面的基础研究，目前在虚拟现实技术领域处于世界领先地位。美国国家航空航天局（National Aeronautics and Space Administration，NASA）在把虚拟现实技术应用于飞行模拟、空间站虚拟训练系统的同时，已经建立了可供全国使用的虚拟现实教育系统，主要用于航空驾驶、建筑模型、医疗手术及工业模型仿真等方面的教学。虽然虚拟现实技术不乏应用于教育领域的实例，但真正让语言教学进入人工智能时代的是 VRML 的创设、升级与迭代。

VRML 创始于 20 世纪 90 年代初期，其本质是一种对三维虚拟场景进行建模的描述性造型语言。它的形成标志着视觉沉浸技术发展到了一个新的阶段，同时也预示着一个平行于现实世界的智能语言空间正在成为语言教学创新发展的实践场域。1994 年，在日内瓦举办的第一届国际万维网（World Wide Web，WWW）大会上首次公布了 VRML 的名称。1994 年 10 月，在芝加哥举办的第二届国际万维网大会上制定了 VRML 1.0 的规范标准。VRML 1.0 可以创意设计三维景物，学习者可以在它们之间移动，但情境是无声的、静态的，是一个没有交互功能的三维世界。

随着现代科技的发展，自然状态下的面对面授课形式遇到了发展瓶颈，而 VRML 1.0 难以支撑起课堂互动的功能。1996 年 8 月，美国硅图公司（Silicon Graphics，SGI）提出了"动态境界"（Moving Worlds）解决方案，VRML 2.0 标准应运而生，其突出表征为增加了原形定义功能、编程功能和交互功能，实现了三维立体交互且场景更加逼真。在此基础上，经国际标准化组织（International Organization for Standardization，ISO）批准，虚拟现实的国际标准正式发布，国际标准号为 ISO/IEC14772-1：1997，因此简称为"VRML97"。

虚拟现实的硬件构成以计算机为核心，主要由 VR 建模设备、三维视觉显示设备、VR 声音设备和 VR 交互设备等四部分构成：VR 建模设备内含计算机图形学、仿真与人工智能等技术，其功能是利用虚拟现实技术进行数字图像处理；三维视觉显示设备内含计算机图形技术、广角立体显示技术和跟踪技术装置，其主要功能是三维图像显示；VR 声音设备包含三维立体声和语音识别，语音识别装置能让计算机具备人的听觉功能；VR 交互设备包括人力反馈装置和运动反馈装置以及数据手套等，主要用于人机交互功能。

1998 年，VRML 制定了一个新的标准"Extensible 3D"（X3D），之后 VRML 更名为 Web3D，并于 2000 年春季发布了 VRML2000 国际标准（草案修订版），还组织完成了从 VRML 到 X3D 的转换。X3D 整合了正在发展的 XML、Java、流技术等先进技术，形成了更强大、更高效的 3D 计算能力、渲染质量和传输速度，以及对数据流强有力的控制等多种多样的交互形式，使 3D 渲染效果和交互性能更加完美。由此，VRML 构成了一个虚实融合、泛在互联、智能开放、去中心化的 3D 模拟世界。从综合性能指标来看，在虚拟场景的应用方面，以 VRML 标准为核心的技术在应用层面依然具有独特的优势，它使得虚拟现实教学应用进入了一个崭新的发展阶段。

具体到外语学科俄语专业的虚拟现实实践场域，需要对俄罗斯虚拟现实技学界在该研究领域的主要观点进行深入的分析。俄罗斯虚拟现实教育的理论研究主要体现在技术哲学层面，专门研究各类技术的本质以及认识论和方法论的学科称为技术哲学。技术哲学以各类技术为研究对象，是对哲学的技术思考。俄罗斯技术哲学家 B. M. 罗津（Вадим Маркович Розин）从技术哲学的角度，把虚拟现实分为四个主要类型：模拟类型、程式化类型、幻想类型、混合类型（罗津，2018）。这种划分是对俄罗斯虚拟现实技术学界的不同观点的总结。在 1995 年俄罗斯虚拟现实学术会议上，众多俄罗斯专家学者对虚拟现实技术提出了各自的学术观点，其中虚拟现实的四个类型就是罗津对这些观点的概括。

模拟类型把虚拟现实看作对现实世界的模拟，是通过计算机技术对某一物理存在的准确模拟和严格重现，对事物进行完全对等的仿真还原。模拟类型表征了精密的技术规范，其模拟的程度要求和真实活动在动作与心理上的感受没有丝毫差别。程式化类型即"程式化的虚拟现实"，根据虚拟现实与现实世界的关系，采用图示与模型的方式来建立虚拟世界，让用户同时看到、听到和感觉到真实和虚拟两个世界的信息。幻想类型是建立在一定知识理论上但又完全超越这些理论的一些幻想，虚拟现实则再现了这些幻想，使人感觉自己处在一个构想出来的、从来没有到过的世界中，是一种超越现实的虚拟世界。混合类型并非四种虚拟现实类型的混合，而是更接近物理学、哲学和心理学的概念，认为虚拟现实是包括自然科学和人文科学的真实世界与虚拟现实的聚合体。

上述四种类型的共同点在于："虚拟现实作为一种符号学现实，其特点是事件的连续性和系统性，这些事件还要符合虚拟使用者在某种程度上所了解的逻辑。"（罗津，2018：202）也就是说，在虚拟现实中，虚拟的主体事物或事件应该是相似的，在其认识范围内，虚拟事件的存在应该符合认知主体所构想的逻辑，与现实的事件没有区别。构想则是通过虚拟事件的形式得以实现的。

2. 虚拟现实软件的分类技术性能

构建虚拟语境所依赖的核心技术条件是虚拟现实软件，虚拟现实软件是被广泛应用于虚拟现实制作和虚拟现实系统开发的一种图形图像三维处理软件。当前，拥有核心知识产权的高技术虚拟现实软件主要有 Vega Prime、WTK（World Tool Kit）、Virtools、Unity3D、Unigine、Converse3D 等，虚拟语境在技术科学范畴的基础架构依托于虚拟现实软件的深度开发与专项设计。

从结构设计上说，虚拟现实软件的技术框架分可为四个组成部分：素材获取

21

系统、资源生成系统、三维引擎系统、场景策划系统。素材获取系统主要包括三维扫描软件和模型优化软件，承担三维素材的获取功能；资源生成系统主要包括图像生成软件、声音生成软件和纹理质感生成软件，承担三维素材的生成功能；三维引擎系统主要包括渲染引擎、音频引擎、动作引擎和脚本引擎，承担不同软件的索引功能；场景策划系统主要包括环境策划、地形策划和事件策划，承担不同场景的设置功能。

虚拟现实软件包括以下几种主要类型。

（1）军用类虚拟现实软件 Vega Prime。该软件是 MultiGen-Paradigm 公司为美国军方所开发的环境内容软件，其特点是将先进的模拟功能和易用工具相结合，能够提供便捷的创建、编辑和驱动工具，从而显著提高工作效率，能够满足航海、红外线、雷达、大面积地形数据库管理、计算机辅助设计（computer aided design，CAD）数据输入和数字信息系统（Digital Information System，DIS）分布等应用功能。

（2）跨平台虚拟现实软件 WTK。WTK 是由 Sense8 公司开发的一种跨平台的实时三维图形程序开发工具包，WTK 有函数库与终端用户工具，用户可以通过编写代码调用这些函数，以用于构造虚拟世界。WTK 可以组合各种具有真实感特性与行为的对象，用户可以通过一系列输入传感器来控制虚拟世界，WTK 还在体系结构中引入了场景层次功能，可以用于构造一个虚拟现实的层次场景。

（3）3D 交互类虚拟现实软件 Virtools。该软件由法国 Dassault Systemes 集团出品，是一套具备丰富互动行为模块的实时 3D 环境编辑软件，具备将现有常用的文件格式整合在一起的应用功能，如 3D 模型、2D 图形或音效等，这使得用户能够快速地熟悉各种功能，包括从简单的变形到复杂的力学功能等。Virtools 可制作具有沉浸感的虚拟环境，让参与者生成诸如视觉、听觉、触觉、味觉等各种感官信息，是一种可以给予人们身临其境的感受的人机交互系统。

（4）游戏类虚拟现实软件 Unity3D。Unity3D 是由 Unity Technologies 公司开发的一款可以让用户轻松创建互动内容的多平台综合型游戏开发工具，它可以创建诸如 3D 视频游戏、建筑可视化、实时 3D 动画等游戏类型，是一个支持从单机应用到大型多人联网游戏开发、全面整合游戏工具的专业游戏引擎。

（5）视景仿真引擎 Unigine。Unigine 是俄罗斯研发的新一代虚拟现实视景仿真引擎，同时也"是一款应用于虚拟仿真、虚拟现实、视觉化领域的跨平台实时 3D 引擎。其定位是尖端、严谨与专业，提供最专业的 3D 技术、细腻逼真的照片级视觉保真度、极致的性能表现，同时支持精细的宏大场景、多通道同步渲染、丰富的输入输出支持。可以胜任航空航天、军事、教育科研、城市规划、室内设计、工业制造等领域内超大规模逼真震撼的虚拟场景的搭建"（翁冬冬等，2019：61）。

（6）虚拟现实引擎 Converse3D。该软件作为虚拟现实的核心技术，目前已经完全实现了国产化。Converse3D 是由北京中天灏景网络科技有限公司自主研发的具有完全知识产权的一款三维虚拟现实平台软件，可广泛地应用于视景仿真、城市规划、室内设计、工业仿真、古迹复原、游戏娱乐及教育教学等领域。该软件适用性强、操作简单、功能强大，支持像素渲染和大场景的网络展示，并领先业界开发出在线多人互动交流功能，有效促进了中国虚拟现实技术的提升与发展。

二、虚拟语境外语教学的逻辑起点

1. 虚拟语境外语教学的起因

研究虚拟语境外语教学问题，首先要思考为什么要进行语境的虚拟仿真。如果这个问题搞不清楚，我们就不能理解对其进行深入研究的现实意义。从语言生成规律的视域看，其实这个问题的思路很明确，那就是语言交际必须借助语境才能实现，在语言教学中运用虚拟现实技术，能够让外语学习者在语言生成的母语环境中进行体验与认知。我们还需要思考另外一个问题：虚拟语境外语教学与通常的计算机辅助外语教学有什么不同？计算机辅助外语教学是指用计算机帮助或替代教师执行部分教学任务，向学生传递知识和提供技能训练的教学方式。其中人与计算机是各自独立的两个部分，人与计算机之间的交互是通过键盘、鼠标、显示屏等工具去实现的。而虚拟语境外语教学是将应用环境和应用对象统一看作一个计算机生成的空间，并将学习者看作这个空间的组成部分，具有虚实融合、具身体验、数字孪生等特点，这是虚拟语境外语教学与计算机辅助外语教学的根本区别所在。

2. 虚拟语境的认知逻辑

虚拟现实作为极具发展前景的前沿技术，本身就具有广泛的应用性，在语言教学领域可以重现说话时的语言场景，以便于使用者理解话语的内在含义。而外语教学是基于源语语境的语言教学，需要为跨越时空限制的非母语学习者提供语言生成时的原始语境，所以语境智能化与外语教学具有天然的适配性。本书以民族语言的历史语境重现为出发点，提出了外语教学中虚拟语境的概念范畴、认知规律和构建路径，并尝试在教学研究中去创意再现这种语境。由于 20 世纪末创立认知语言学时并没有虚拟现实技术，因此也没有虚拟语境的理论描述。既然当代数字技术能够复原历史的语言环境，那么基于历史语境的语言教学就应该有相应的理论来诠释它，这是事物发展的理据性规律所决定的，也是虚拟语境外语认知研究的逻辑起点。

虚拟语境对于语言教学的意义源于语言的认知机制，从语言认知的形式分析，认知语言观分为经验观、突显观和注意观。经验观认为感性经验是客观世界的反映和知识的唯一来源；突显观主要讨论图形/背景分离理论在词义分析和结构分析中的应用；注意观则从认知神经的机理出发分析挖掘认知主体的注意力。本书以语言认知的突显观为引领，综合三种形式的认知优势，以虚拟现实技术贯通这三种认知路径的内在联系，以期为语言的认知机制赋予视觉沉浸技术的能量。

从语言认知的视域分析，虚拟语境本质上是意象图式的编程结构。意象作为信息处理的重要心理表征，来自视觉、听觉和动感的刺激，深深镌刻着不同民族、不同时代的特定语境印记。图示是对当时特定语境中相关信息的认知结构和编码过程。虚拟语境既基于又独立于现实认知理论的数字孪生认知形式，有助于展现特定情景中的特定话语，从而开拓意象图式的深度和广度。它既是模拟真实的语境，又同真实的语境有重要的区别，在体现物体移动、时空变化和情境状态时，它在形式上颠覆了"人不能两次踏进同一条河流"的永恒哲理，通过物理世界与虚拟世界的数据交互与动态模拟，复制出某一时空情境的节点，定格于某个过往活动的情境瞬间，从而再现初次踏入那条河流时的场景，形成与过往情境的"时空共在"。

意象图式（image schema）作为一种认知模型理论，其认知的机理可以概括如下：首先经过对某一空间背景（语境）中现实世界的体验，然后在头脑中形成抽象的推理过程，进而理解讲话人的句法结构和语义内涵，并最终完成关于现实—认知—语言的认知模型这一理论闭环。可见"空间背景"是体验现实世界的重要载体，相对于语言认知的作用而言，虚拟现实技术可以从不同的角度凸显某一背景，从而形成更为精确而深刻的意象。当同一理念激发多个想象时，人工智能运用泛在互联的功能，可以同时虚拟不同语境层级，进行具有沉浸感、低延迟、广视角、多界面特性的图形展示，让图式的抽象结构具体化、形象化，其预设的指向性把认知焦点集中于目的信息，使视觉神经形成一个高清晰度的区域，引导人脑的搜索机能，提升语言认知效率。

三、虚拟语境的主要研究观点和研究进路

1. 主要观点

（1）虚拟语境是由计算机、摄像机生成的具有知觉、视觉、听觉、动觉等多种感知效果的虚拟现实的语言外部环境；是用以设置、界定、限制某一对象或事件的语境数据集合体，是依赖于庞大的计算机数据库的语境建构模式。

（2）虚拟语境有三个区别于现实语境的智能化表征：一是来源于现实并凭借实景链接形成的三维仿真性；二是对不易或未能被观察到的刺激物具有信息凸显性；三是凭借瞬间的视感情景切换和参与者互动形成的人机交互性。

（3）虚拟现实技术把认知语言的语形、语义和语用融合于智能化语境的框架内，从话语范围、话语基调和话语方式三个角度再现说话时的真实环境，以全域感知替代视听识记，在客观上拓展了神经系统潜在的信息接受能力。

（4）虚拟语境所构建的语言外部环境，既基于又独立于现实语境的数字孪生虚拟环境，同时也是以语言符号的思维方式所构建的语境建模，其图示结构分别属于主体模型、行为模型、背景模型和参照模型，用于对应和识解层次化的语言结构。

（5）通过多层级语境建模，虚拟语境研究所要解析的不仅是话语的生成环境，也包括话语的原始意义、现实意义和延伸意义，是基于认知语境理论与虚拟现实技术的融合研究，由此构建虚拟语境和现实语境交互的学习平台，连接认知语言学与人工智能相交叉的研究路径。

（6）虚拟现实包含正在兴起的 XML、Java、流技术等先进技术，具有一系列综合的高技术表征，其中沉浸性、交互性、构想性是其最本质的特点，而虚拟语境在外语教学中的应用就是这些特点在语言认知视域的具体表征和再现。

虚拟语境本质上是一个平行于原始语境的人工智能语境空间，它扩展了视觉沉浸技术在教育领域的应用空间，正在成为促进外语教学内涵发展，并且具有强大内生动力的创新形式。就这一事物的内涵而言，它是综合利用计算机系统和各种显示、控制及接口等设备，在计算机上生成的，也就是说虚拟语境是人工智能的产物，是视觉沉浸技术与语境要素的融合体，具有仿真与交互的功能。就该事物的外延来看，虚拟语境是一种在三维空间中提供沉浸感的语境，当这个语境按照话语的生成环境去创设时，那么在这个虚拟场景中的视觉、听觉、嗅觉、触觉等方面均如同在语言生成语境中所产生的感觉一样。就该事物的形式

而言，这是综合利用计算机技术、传感与测量技术、仿真技术等现代技术手段再现的已经发生的事情或过程，涵盖了与教学内容相关的所有语境因素，是根据教学需要而构建的交互式三维动态视景语境建模。

2. 研究进路

1）传统语境理论综述

"语境"这一概念由英国社会人类学家马林诺夫斯基在 1923 年提出，传统的语境是建构主义教学模式中的研究论题，对于"语境"的阐释立足于语词意境与文化环境的关系上。这一研究在功能语言学派韩礼德（M. A. K. Halliday）等学者那里得到很大发展。他们将决定语言特征的情景语境分为三个层面：①话语范围（field of discourse）；②话语基调（tenor of discourse）；③话语方式（mode of discourse）（胡壮麟等，2005：274）。他们还研究了语言应用中的语体对语域的适应问题，阐述了语词、语句、语篇层面上的语言形式与语言内外环境的关系。

美国语言学家德尔·海姆斯（Dell Hymes）进而把"语境"概念解释为信息形式、信息内容、时空背景、心理背景、互动标准等若干要素，第一次诠释了语境与信息的关系，从而完善了语境的内容。总体而言，传统意义上的"语境"是指不同的要素被整合为某种整体状态，包括时间、空间、情景、对象、话语前提等与语词使用有关的语境因素，是用以限制具体对象的情境因素集合体。基于诸语境因素所形成的语义同样也是"理性意义、内涵意义、社会意义、情感意义、反映意义、搭配意义和主题意义"的综合体（利奇，1987：13）。上述研究集语境理论之大成并沿用至今，但在奠定理论基础之时并没有虚拟现实技术和网络化的客观环境，其语境的述义只是历史事件或行为的基底，且由于时代背景的局限性，所论证的语境范畴要素均未涉及虚拟现实技术的虚拟或仿真界面要素特征。

传统语境向虚拟语境的延伸遵循了语境认知理论的发展趋势。"特别是在马林诺夫斯基（B. Malinowski）开创性的工作之后，语境观念从'言语语境'扩展到了'非言语语境'，包括'情景语境'、'文化语境'和'社会语境'。语境的观念从'关于人们在语境中的所言、所作和所思'，转变为'以语境为框架，对这些所言、所作和所思进行解释'，从而跟语词和文本所反映的外部世界的特征……关联了起来。"（郭贵春，2006：28-29）而"语词和文本所反映的外部世界的特征"并非自然的情境，而是思维的结果，是思维片段对外部世界结构的凝结。但这一突破却为思维创设语境开启了一个窗口，从这个意义上说，传统语境理论也为虚拟语境的构建奠定了理论基础。概括而言，传统语境就是话语交际所发生的环境或场合，是与语言共生的"自语境"，而虚拟语境则是对传统语境的模拟，是为解析语言而附加的"他语境"。

2）虚拟语境的创设

虚拟语境的思路起源于赛博空间（Cyberspace），赛博空间是哲学和计算机领域中的一个抽象概念，指在计算机以及计算机网络里的虚拟现实空间环境。"赛博空间"一词即"控制论"（cybernetics）和"空间"（space）两个词的组合。"控制论"是研究各类系统的调节和控制规律的科学，它包括自动控制、通信技术、计算机科学、数理逻辑、神经生理学和行为科学等多种科学；"空间"兼有"太空、间隔、场域、环境"的意义。赛博空间的出现为现代哲学理论的创新提供了"异样的语境个案"，这一个案也被称作"虚拟语境"。本书所界定的虚拟语境，是基于虚拟现实技术的支持，利用计算机、摄像机合成的一种学习环境。它可以运用虚拟现实技术把教学内容的精确图像融入教学界面，让学习者即时地观察三维空间内的事物，并能够进入这个空间环境，在其中进行自由的互动、体验与认知，随意观察和亲身感受语境中的教学内容，并通过传感设备与语境中的事物实现交互操作，使体验者沉浸于情境渲染的教学环境中产生构想，由感官和心理体验而获得知识的一种教学模态。虚拟语境可以借助各种虚拟现实教学软件进行虚拟语境建模，或者运用 Xbox 虚拟形象编辑器应用程序创建多维虚拟图形。

从技术角度来看，应用虚拟现实技术创设虚拟语境属于已有技术的应用范畴，而且拥有众多应用实证，这是因为虚拟现实是多种成熟技术的综合，它包括实时三维计算机图形技术、广角宽视野立体显示技术、对观察者动作的跟踪技术、实时三维计算机图形技术及显示体验触碰感的触觉和力觉反馈技术。拥有虚拟现实研制技术的企业可以根据外语教学需求提供智能化的教学设计方案和配套资源，目前国内把虚拟现实技术应用在教育领域的公司包括新东方、百度、安妮股份、厦门凤凰创壹软件等。在多维技术的共同作用下，专业人员利用计算机生成图形图像模型并非技术领域的难点，真正困难的是虚拟现实技术与语言教学的交叉与融合，以及虚拟现实技术学界对外语各语种教学所需要的专业软件进行的原创性设计。虚拟语境创意既需要准确把握教学内容，也需要深入了解历史语境，而这些却不属于虚拟现实技术专业人员的专业范畴，所以说虚拟语境的难点在于语言与技术的交叉领域。专业交叉融合难以一蹴而就，因为它表征了新文科建设的本质所在。

从教学实践的角度看，信息时代的外语教师既需要具备一定的专业素养和教学知识，也需要具备信息化教学的技能，能够在理论上设计出足够准确的语境建模脚本或文本资料，唯有如此才能与虚拟现实技术专业人员在充分掌握系统接口规范的基础上，开发出与之完全兼容的语境建模，由此逐步适应外语认知从形式逻辑到数理逻辑的推导，以及语言形式从文字符号到数字符号的转化。

3. 教学应用

1989 年，美国杰伦·拉尼尔（Jarn Lanier）正式提出了"虚拟现实"的概念，又称为"灵境技术"。它是指综合利用计算机图形技术、计算机仿真技术、人工智能技术、传感显示技术和网络并行处理技术，在计算机上生成可交互的三维环境。1993 年，以色列 ORAD 公司推出了世界上第一套演播室虚拟情境界面，无轨全景跟踪虚拟演播室首次面向非专业用户市场并逐步进入教学领域。此后的十几年中，VRML 获得迅速发展，建模语言以虚拟现实技术支持纹理映射、全景背景、视频音频和对象互动，在语言教学领域显示出了极大的潜力。"VILL@GE 项目是英国、希腊、匈牙利等欧盟国家的语言专家和技术人员在三维虚拟环境平台 Second Life 中开发的一个虚拟语言学习环境，已在欧盟多所学校进行了教学实验并取得了一定的成果"（马冲宇、陈坚林，2013：121）。国外一些高校利用虚拟现实技术推广校园文化，位于美国佐治亚州的萨凡纳艺术与设计学院（Savannah College of Art and Design）从渲染艺术效果、引导艺术潮流的角度出发，尝试大规模使用虚拟现实技术，《模拟城市》（*SimCity*）和《数学冲击波》（*Math Blaster*）等游戏已被应用于美国的小学教育。

在俄语教育方面，俄罗斯非常重视虚拟现实的研究与应用。其研发的新一代虚拟现实、视景仿真引擎 Unigine 为教育科研提供了专业的 3D 技术，Unigine 创设的虚拟场景在视觉感受上与现实画面毫无差异。以韦列科谢利斯基博士为代表的俄罗斯圣彼得堡国立大学的专家们，运用 ВМРЯ 研发出如"在教室""在宿舍""在图书馆"等虚拟教学场景课件。他认为，ВМРЯ 旨在使俄语学习者完全进入源语的环境中，运用虚拟现实技术模拟各种交际场景，使教学最大限度地接近现实，设计出让不同地域的学习者仿佛置身于俄罗斯的语境效果（Великосельский，2004）。从此，虚拟现实三维语境界面开始应用于俄语对外教学。根据俄罗斯卫星通讯社（Sputnik）报道，目前在俄罗斯远东地区，中小学生从 7 岁开始将学习 VR/AR 技术，因为这个年龄的孩子能够更快地了解和掌握新技术，到 11 岁时就可以自己编写 VR/AR 应用程序。俄罗斯远东联邦大学（Far Eastern Federal University）开办了"游戏开发与 VR"研究生班，约 120 名大学生在 VR/AR 软件的基础上，参与开发和推广有前景的软件。

在国内虚拟现实教育应用方面，天津大学基于 VRML 国际标准开发了虚拟校园，让学校的教室、实验室、图书馆呈现于网络空间，拉开了虚拟现实教育应用的序幕。目前，我国形成了以北京航空航天大学、清华大学、浙江大学等著名高校，工业和信息化部、电子技术标准化研究院等国家科研院所，以及百度、乐视等高科技公司联合研究开发制作，产学研密切结合的高速发展格局。我国虚拟现实教育规模庞大、应用广泛，许多高校都在积极研究虚拟现实技术及其应用，并相继建起了不同形式、不同专业的虚拟现实与系统仿真研究室，将科研成果转化为实用技术或者应用于教学实践。

第二章　虚拟语境范式研究

第一节　语境分类概述

一、语境理论的形成路径

1. 情景语境与文化语境的融合

语境即言语环境，是一个宽泛的、开放的、动态的客观存在，既包括主观因素，也包括客观因素；既包括语言因素，也包括非语言因素。话语前提、上下文、三维时空、情景对象等与语词使用有关的都是语境的述义，所以对语境的识解分为不同的层面。

英国社会人类学家马林诺夫斯基认为语境是客观存在的，由不同层次的语境要素构成，并把语境区分为情景语境（context of situation）和文化语境（context of culture）。情景语境是指文化语境的伴生语境，这是由"语境"二字的内在本质所决定的。大自然的一切情景不能泛称为语境，只有这些景物与语言文化发生联系时才能称为语境。所以情景语境既包括物质世界所涉及的时空状态和景物情境，也包括语言文化所涉及的认知情境和体态情境，如动作、手势、表情、态度等。

文化语境还涉及与言语交际相关的社会文化背景。它可以分为群体文化习俗和群体语言行为两个方面，包括社会机制对言语交际活动做出的各种规定和限制。情景语境和文化语境既有区别又相互联系，主要区别在于情景语境是物化的，而文化语境既有物化的客观存在，也有抽象的思维逻辑，其共同点是二者都具有独立性和动态性。当虚拟现实技术走进客观世界时，能够把两种类型各自独立的语境体系融于一个框架内的自然是人为创设的虚拟语境。

从语境的框架特征来讲，虚拟语境的结构是开放性的，它不把自己禁锢在某一语境类型的范畴内，而是综合其与教学直接相关的所有语境要素，从而形成与分类现实语境相对应的虚拟语境。作为情景语境与文化语境的融合体，此语境是基于虚拟现实技术的时空共在、数字孪生的语境建模，其构造特点为既可以复制物质世界的景物情境和时空状态，也可以创设文化语境的上下文和句式修辞，还可以塑造说话人的表情体态。

2. 基于关联理论的动态语境

自从丹麦语用学家雅各布·L. 梅依（Jacob L. Mey）在 2001 年提出"动态语境"这个概念以来，语境的概念范畴又增加了静态与动态之分。静态语境观认为，语境要素是先于交际过程而存在的，话语的编码和解码都是参照事先确定的语境进行的，所以语境是不可选择的给定状态，是交际或语义发生时就存在的常项，即语境是从具体情景中抽象出来的一些对言语活动参与者产生影响的客观因素，是独立的、既定存在的事物。动态语境观则以关联理论（Теория Релевантности）为依据，认为语言的生成与理解有赖于人与外界的互动，故语境具有认知体验的动态特性。因为语境不仅仅是既定的存在，还包括与这一存在相关联的信息交互，仅仅依靠静态语境观点并不足以完全传递信息，所以要加上人与自身及外界的互动体验。

语境的动静之分揭示出了一个重要的假设：语境是认知性质的，而认知是一个动态的过程。语境中的话语理解涉及新建立的语境假设和头脑中已存储的旧假设两类信号的结合与运算，并以二者的动态关联性推导出说话者的意图。从这个意义上讲，话语的含义还取决于给定语境与选定语境的结合，并通过演绎逻辑规则从一般到特殊的必然性推理，才能产生语言符号的最终意义。所以，从复原过往的事物与过程的视域分析，动态语境理论对于人工智能语境建模更加具有指引和借鉴意义。

从语境理论研究的历史脉络来看，虽然不同的学术流派关于语境的定义及其基本内容并不完全相同，但总是与科学技术的发展及社会环境的变化相联系的。目前主流的语境观认为，语境即人们在语言交际中理解和运用语言所依赖的各种环境，既包括语言环境，也包括非语言环境；既包括静态语境，也包括动态语境。语境是一种不断发展变化的时空状态，这一状态反映了交际主体和交际情境之间的关联关系，这就为以沉浸、交互、构想为表征的虚拟语境学术研究及模型建构提供了理据性。

二、虚拟语境的定义与特点

1. 虚拟语境的定义概述

虚拟语境即基于虚拟现实技术的人工智能语言环境。它可以被定义为由计算机、摄像机生成的具有知觉、视觉、听觉、动觉等多种感知效果的可以用来创建和体验虚拟事物或过程的计算机仿真语言综合环境，是用以设置、界定、限制某一对象或事件的语境数据集合体，它融合了数字图像处理、计算机图形学、多媒体技术和传感器技术，是依赖于庞大的计算机数据库的数字化语境建构模式。

利用图像来构造虚拟环境的方法已被早期的飞行模拟器所证实，环境设计者在不同的场景位置进行图像采样，然后运用视图插值方法在相邻的图像之间建立自然过渡，并实现场景透视的图像变换，由深度摄像机直接获取图像深度信息，从而生成具有真实感的图像。

虚拟语境理论具有内在的演进脉络。就本质而言，虚拟语境是人工智能的产物，具有仿真与复制的机能，是一种可在交互空间中提供沉浸感的三维环境，同时也是综合利用计算机技术、传感与测量技术、仿真技术等现代技术手段设置的一个虚拟教学场景。虽然学习者所融入的语境是由计算机所创设的，但是按照话语的生成环境去创设这个语境时，即便虚拟语境与原始语境在物理属性、生成规则、环境场域乃至真实程度方面截然不同，沉浸在其中的学习者也如同在原始语境中所产生的感觉一样。

就形式而言，虚拟语境是以计算机图形显示的三维动态视景语境建模。它有三个区别于现实语境的智能化表征：一是来源于现实并凭借实景链接形成三维仿真性，可塑造沉浸式云扩展智慧学习场景；二是对不易或未能被观察到的刺激物具有信息凸显性，可根据教学的需要而有所舍弃、有所凸显；三是凭借瞬间的视感情景切换和参与者互动形成人机交互性，学习者是以实时数据源的形式沉浸在场景中的行为主体，可通过视、听、触等多种感官，以具身体验获取认知。

就内容而言，现实世界语境是动态的，当我们表述某一语境中的命题时，这一语境已经成为过去式，所以"语境分析在很大程度上就是历史分析，因为语境论的根隐喻是'历史事件'"（魏屹东，2015：206）。虚拟现实凭借视觉沉浸技术，能够完成语境仿真的历史再现，构建纵向贯穿语言历史背景，横向连接现实交际环境，并且能对语言进行有效识解的语境模型。所以，虚拟语境不是对历史情境的语言描述，而是创建一个可看见、可触摸、能听到乃至能闻到的具身体验智慧内生的学习环境。

虚拟语境是对人类言语行为的智能化模拟，它基于计算机，具有一定程度的语音识别和语义理解能力，并且能够为某一环境对象建立完整的描述框架，以还原语言生成的初始环境。应用于教学中的虚拟语境并非源语语境的翻版，它可以根据教学的需要而有所舍弃、有所凸显，所以对一个教学对象所进行的语义描述，其语境仅涉及与教学对象直接相关的部分而非全部语境，当教学对象发生变化时，原来创设的语境就不再适用。

虚拟语境具有"视感情景"（визуально-чувственная ситуация）的特征，在虚拟语境中的人是以一种实时数据源的形式沉浸在虚拟环境中的行为主体，具有很强的情景代入感，而不仅仅是窗口外部的观察者。虚拟语境中的参与者可以通过自身的视、听、触等多种感官，直接以人的自然技能和思维方式进行师生之间和生生之间的交互，同时也可以与所投入的环境进行交互，从具身体验中获取认知。在虚拟空间教与学相互作用的演进过程中，伴随着视感情景的切换，交互的形式也会发生相应的变化。

2. 虚拟语境的应用特点

虚拟语境最本质的应用特点就是可以创造一个让学习者具身体验的语境。虚拟现实技术在客观上拓展了人的视觉、听觉信息的接收能力，由此形成的认知路径与现实语境在认知效率上具有显著的优越性，它可以从话语范围、话语基调和话语方式三个角度再现人说话时的真实环境。由于这种构建语言外部环境模型的形式是虚拟现实情境的模型化和模块化，因此也可以将其简称为虚拟语境建模。

计算机作为一个智能化的处理系统，通过与互联网大数据的连接，其自身就具备了对话语范围、话语基调和话语方式等文化语境参数进行处理的基本条件，问题是作为外语的语境参数，虚拟对象的外语教学源语语境是异国的本土文化。尤·凯姆（Uichol Kim）将"本土文化"定义为"土生土长的、并非从其他地区移植而来的、生来就为本地区人民服务的"文化（Kim，1990：145）。如何深入认知这种"生来就为本地区人民服务的"文化？只有融入那种所谓"土生土长的"环境之中才能实现。可见本土的源语语境是学习外语的重要前提和认知手段，只有联系本地区的语境，才能明白一种言语行为所表达的概念或所做出的判断。

因此，虚拟语境建模需要借助大数据，搜集整理语言生成的本土信息去完成构建，其构建过程却不仅仅是对语境原型的翻版，它既可以通过对语境发生地语言习惯的分析，根据语言的生成机理来建模，也可以通过对语境系统的资料或统计数据的分析，并根据相关信息库已有的知识和经验来建模，还可以兼容不同语言的转换要素进行言语行为解码。通过搜索引擎了解特定的风土人情、文献综述、生活碎片，其资料收集、数据分析和语境构建过程离开互联网大数据的多维资源和智能工具是不可能完成的。

虚拟语境运用仿真技术能够帮助学习者实现真实情境体验，就像自身进入语境之中一样，让学习过程融入生动的"临场感"。通过打造高度仿真的目的语学习情境，实现学习者与教学语境的高效互动，给学习者在仿真环境中进行自主学习、合作学习提供时空共在的话语空间。此外，虚拟现实系统具有多沟通渠道和较高的视觉吸引力特性，适合创建具有情境互动性质的交互和协作任务，也可提供多种输入、输出和反馈方式，有利于情境化智慧教学的任务设计和实施。

虚拟语境教学模态下的学生可以按照教材内容体验相关场景。例如，在高仿真超市场景中，完成"购买饮料"的系列任务需要调动"视觉模态""听觉模态""触觉模态"等多模态输入，以全视域具身学习的形式习得目标词汇和句型。再例如，在虚拟语境下完成在国外超市购买饮料的行为，"学生置身于综合超市中，有真实的位置移动，有真实的选择饮料、付款等动作，有真实的语言交际，不是头脑中的假想，这是 VR 教学与传统课堂教学的本质区别。如在学习饮品类词汇时，学生通过视觉直观感知牛奶、果汁、咖啡等饮品的外观、颜色等图像信息及其对应词汇拼写的文字信息。通过教师和学生轮流扮演'导购'和'顾客'的角色任务，在一问一答的交际过程中，通过听觉认知目标词汇和句型的发音，并通过触觉感受所学内容的形状，通过用眼睛看、用耳朵听、用嘴巴练以及用手写的多模态输入和适当的模态转换，刺激记忆神经，帮助学习者更好形成意象图式，增强其对所学内容的内化，提高内容记忆的持久性"（马武林、欧阳灵卿，2020：147）。

3. 虚拟语境的认知过程

关联理论认为语境由一系列假设的命题组成，这些命题需要经过推理的过程才能得到完整的语境。这就是说，语境本质上是一个心理结构体，是头脑中内在化和系统化的语用知识，所以说关联理论体系中的语境是认知语境，语用过程是一种认知语境参与的过程。那么为什么认知语境由一系列假设的命题组成呢？因为语境是动态的，当我们涉及此语境中某一命题的探讨时，这一命题或许已经处于彼语境之中了。也就是说，认知语境所关联的是某段历史的、演变中的情境的再现。

语境建模的范畴表征主要在于还原历史的话语成因。每一种语言都有自己的生成规律，俄语也有其独特的编码与解码过程，在感知和理解的过程中，"阅读文本时就像是在意识中将按顺序变换的片段……的剪辑拼接在一起"（许高渝等，2008：140）。然而这种学习方法显然是缺乏效率的，因为它需要对一系列过往语境中的回忆、思维、分析和判断进行再现并有效连接的过程，只有把这些过往的场景展示出来，让学习者具身融入语义生成的语境中，才能深刻把握俄语认知的语言历史图景。

在传统课堂上学习语言时，学习者实际上是交际发生时语境的反思者和追忆者，难以在短时间内理解某些复杂情景中的话语的范围、基调和方式的全部意义，即使是身处语境中的表述人，只要其话语超越了直接的感知范围，其理解话语就需要在思维中展示言语行为生成过程中的一系列过往信息和瞬间变化的视觉界面，这样才能完成语义的识解过程。虚拟语境能够浓缩语言要素的生成环境信息，依次还原这些由视觉、知觉、听觉和动觉所组成的原始界面，实现在细微环节上的体验认知，因而对提升语言理解效率具有重要意义。

俄语世界图景的认知过程来源于其民族特定语境中的交际过程和思维过程，相似交际环境的虚拟与重建是俄语认知分析的重要途径。"在以俄语为母语进行交流的人的意识中，对词义的表征并不以词典意义的形式逐一排列，词的具体使用要求同时激活说者关于词的各种词典意义信息。"（杨明天，2004：59）而词典意义信息是依赖语境的，如俄语的"неактуальное настоящее время"（非现实现在时），有时以现在时的形式表示不在交际时刻进行的动作，有时描绘呈现在眼前但又与交际时刻没有直接联系的动作，还有时表示并非与交际时刻同时而是与被介绍的历史时间同时的动作。解释这些动作需要还原动作进行时的情景，虚拟语境则有条件为此类俄语语法的认知塑造和还原其过往的语境，构建能够激活其词典意义信息的多维语境模型。

35

三、语境的自然与人文因素

语境既是自然世界中天生的、固有的自然状态，也是人文世界中文化、科学、思想、理念的行为状态，表征了自然与人文在人的头脑中的综合反映。语言反映语境中的文化，语境作为语言文化的载体，是人的信念、行为等人文因素和自然因素的总和。所以语境的虚拟并非仅仅是形式上的虚拟，其重要性还在于自然人文因素的表征与再现。中国俄语教育历经 300 多年，历代俄语教学实践始终传承着外语教育的人文精神，强调语言表达要符合语境中的自然属性和人文属性。当代虚拟现实技术的出现让我们对世界有了更加广阔的认识，运用虚拟语境塑造大自然，有利于深刻地辨析不同语境分类之间的差异，从另一个视角来体验世界，感受信息化教学场景中的自然与人文因素。

语境是自然与人文的透镜，折射出民族文化的深层意义，蕴含在原始情境的潜意识之中。画龙画虎难画骨，透过虚拟语境的图文现象，凸显其自然与人文因素的潜质，既是创设语境、分析语境的难点，也是以形式系统为基础构建虚拟语境的核心问题。离开了这个核心，虚拟的就不是一个语境，而是一幅环境外壳的画面。这一问题的本质是语境的分析问题，当人们用思维去分析语境时，意识到可以借助人工智能去再现这一语境，并以此去分析语境中的主观思维和教学内容所指向的客观环境。人文精神属于内在的潜质，往往需要语境的隐喻或环境的折射，通过不同的侧面去凸显或衬托，从而塑造某种精神内涵。

人文精神的内涵往往隐喻于自然现象的映射之中，对于语境中的自然现象，如果在现实的教学环境中进行实证演示，单纯依靠图像进行感官维度扩张的潜能有限，还需要通过触觉去感受物体的纹理和阻力，因此使用仿真技术来研究这些现象就具有更为重要的意义。例如，对于岩石、树木等自然物体，"现在比较常用的构造三维纹理的基本方法有两种：基于高频采样的数字化纹理和采用数学模型动态计算生成纹理。基于高频采样的数字化纹理由于需要有三维数组的支持……在真实感较好的一些图形合成系统中多采用数学模型动态计算生成纹理的纹理定义方法。经过多年的研究实践已经开发积累了许多过程迭代函数以产生各种复杂的纹理，这些过程纹理（Procedural Texture）函数被证明是非常有效的，成功模拟了木材、大理石、云彩、火焰和石板等许多自然物体的纹理"（郭四稳，2006：717）。这种物体表面细节的处理方法可用于计算机仿真和计算机图形设计，对语境建模过程中运用纹理造型技术仿真自然物体具有一定的借鉴意义。随着虚拟现实几何建模技术的发展，纹理映射（Texture Mapping）技术在虚拟现实图形建模中得到广泛应用。

在言语交际中，自然和人文因素作为语境的核心内涵，对言语理解具有重要的引导作用。研究言语中内涵的自然人文因素，对语境的虚拟与言语交际都具有十分重要的意义。俄罗斯高校外语教育对于提高学生的人文素质历来十分重视，我们曾与包括俄罗斯科学院院士在内的俄罗斯专家学者进行讲学交流，他们对学生的人文素质的培养使我们感触颇深。俄罗斯传承了自然人文精神的传统，很多城市中随处可见西方文艺复兴时期的雕塑、绘画作品，以及珍藏丰富文物的博物馆和精美古典的建筑物。目前我们所进行的新文科建设和外语教学改革，也要弘扬中华优秀传统文化，把提高大学生的人文素质作为培养优秀俄语人才的重要手段。

在语境理论的研究过程中，为了增强对俄罗斯自然人文精神的理解，在文化语境层面涉及了对俄罗斯绿色文学经典作品的研究，这些作品的语境客观展现了作者朴素的自然人文精神，使我们观察语境的视野更加开阔，从人与自然关系的角度分析现实世界语境的本质特征，研究自然现象与人文现象的相互关系，把自然因素作为人文因素的根本原因，强调语境虚拟的真实性在于其内在气质的真实再现，一方面需要重视朴素的自然因素，另一方面注重融合吸收俄罗斯民族的文化底蕴，把蕴含于语境中的人文精神作为虚拟语境创意设计的活水源头。

自然与人文因素既是虚拟语境的核心要素，也是认知体验智慧教学模式的本质内涵。不管一个语言述义如何被表达，它都必定是在一个特定的时间地点、特定的自然语境中被表达出来的。所以，从虚拟现实中感受大自然，有利于准确把握语境中的自然人文因素，对于语境的创意、语义的确定和语用的指向都有十分重要的意义。就技术条件而言，1977 年，美国麻省理工学院媒体实验室的罗莎琳德·皮卡德（Rosalind Picard）教授提出了"情感计算"的概念，通过赋予计算机识别、理解、表达和适应人的情感的能力来建立和谐的人机环境，并使计算机具有更高的、更全面的智能。目前，这种来源于情感并能够对情感施加影响的"情感计算"已经初步具备了适应人类情感的能力，能够识别、理解和表达情感思维方面的内容，并由此而建立和谐的人机环境，只是人文精神的复制程序更为复杂，需要计算机具有更高、更全面的智能。由于脑机接口技术已经开发了在大脑与外部设备之间建立直接信息交互的通道，因此把人的意识移至机器内将有可能实现，尽管对人文精神进行数字化处理目前还做不到，但逐步实现是有可能的。

强调虚拟语境中自然人文因素的意义在于：如果抽象地考察一个特定语言实例中涉及的各种表征，就需要对它的民族文化语境做出判断。离开民族文化语境，就难以对词语做出恰如其分的识解。例如"Мы случайно наткнулись на совиное гнездо."（我们偶然遇见了一个猫头鹰的窝。），其语境建模并非简单地还原一个看似逼真的猫头鹰的巢穴，也不是要打开猫头鹰的窝去展示猫头鹰的样子，而是要深入源语语境中异国的本土文化，判断不同民族文化对猫头鹰这一意象的不同理解，因为只有这样才能准确解析人在遇见猫头鹰的窝时的心情以及"偶然"中所暗含的"幸运"之意。在中国文化中，猫头鹰昼伏夜出，飞行时像幽灵一样飘忽无声，常常只见黑影一闪而过，这就使得人们对其行为产生了种种不祥的联想，而古希腊神话中的猫头鹰却是智慧女神雅典娜的一只爱鸟，因为具有可预示事件的本领而被尊崇为智慧的象征，俄苏文学作品中也用猫头鹰来隐喻智谋与聪慧，猫头鹰常栖息于白桦林中，上文字里行间的与其偶然相遇体现出一种机遇和幸运的自然人文意蕴。所以，只有联系这些具有人文精神内涵的源语语境，才能准确理解这个句子所隐含的意境。

就技术而言，体现精神状态的语境需要借助情感计算观察以及理解和生成情感特征的能力，创建一种蕴含自然人文因素的语境模型，但构建语境的自然人文因素所面临的挑战还有很多，如情感信号的获取以及情感信息的识别、理解和表达等目前都没有很明确的模型和算法，有待于在未来的应用场景中计算机具有更高端的智慧和能力等。

语言的自然人文精神寓于民族文化的语境之中，复原其源语语境中的自然环境和民族认知，就需要在语境建模中体现源语语境中的这些内在因素，这不仅包括人与景物的情境互动，还要结合对文化语境的凸显，构建体现自然人文精神的、具有思维启发意义的虚拟语境。这既包括现实的语境，也包括联想的语境，这样才能准确体现词语的语形、语义和语用的心理功能。需要指出的是，这一类语境不是根据语境自身的产生机制来界定的，而是根据其自身所蕴含的民族文化意义来界定的。

第二节　语境研究范式

一、虚拟语境与现实语境的研究范式

范式是知识的层次体系，是科学共同体的一种模式。虚拟语境理论需要明确自己的范式，根据遵循的研究规范，在这一范式之内提出源于范式的分析问题的原则、概念和方法。运用范式表征过程来论证语境虚拟化是认知语言学智能化的一种实现形式，托马斯·库恩（Thomas Kuhn）的范式理论（Paradigm Theory）把范式定义为从事某一类科学活动所必须遵循的模式，包括共有的基本理论、方法、标准和层次体系。在大数据、网络化、人工智能条件下，外语教学的资源、模式、策略和方法都发生了显著的变革，虚拟语境教学以虚拟现实技术与源语语境外语教学的融合为理论基础，与传统的外语认知基础与教学方法具有明显的区别，从这个意义上讲，虚拟语境技术的介入必然引起外语教学形式的更新、升级

与转化。

　　虚拟语境的界面表征既是现实语境的客观反映，也是被人工智能重构的语境建模。用通俗的语言来说，就是语言环境信息在人工语境中的表述、记载和图示。其范式包括界面的内隐表征和外显表征，前者是在分析言语行为背景的基础上对客观世界所形成的相应语境框架结构的复制，后者是通过外部行为如作图示意、摘要、列表等去解析这种复制结构的策略方式。

　　现实语境即自然语言环境。语言环境主要指语言活动赖以进行的时间、场合、地点等因素，也包括表达、领会的前言后语和上下文，以及发出或接收语言信息时所依赖的各种环境因素，其中既包括主观因素，也包括客观因素。主观因素表现为交际者特有的行为习惯和心理特征，客观因素表现为时间、空间、事件情境等对语言起到辅助与制约作用的客观条件。由于现实语境往往建立在这些既定的主观因素和客观条件的基础上，因此教学中一般采用现实语境观，即把语境视为一个已经存在的、既定的常项。静态的语境在交互中会存在障碍，因为一定的交际条件下的语境内容一经设定便不发生变化，教学中的语言识解往往基于这一语境，表现在课本中的交际语境尤其如此。

　　虚拟语境则是一种具有沉浸性、交互性与构想性的人工智能语言环境，其语境构成基于动态的语境观，认为语境是动态的、择定的。作为原始语境的一个翻版，虚拟语境首先存在于大脑之中，是对基于自然环境的人类思维进行模拟，并建立在人工智能之上的虚拟现实系统。它虽然还达不到真正理解人类语言意义的高度，但却可以忠实地执行人类所赋予的意向指令。从这个意义上说，虚拟语境是先于交际过程而存在的人类学习语言的一种智能化语境界面，也就是说，它是计算机教学界面的一种形式。该界面既可以设置在演播室中进行传统课堂模式的教学，也可以通过互联网与线上课程系统之间进行信息传递和交流。学生通过计算机生成的虚拟现实界面输入信息进行控制和操作，界面则通过语境图文内容向学习者提供知识信息以便于体验、分析和判断。

　　虚拟现实教学的特点是可实现仿真教学情境的预设，该技术为学生模拟出了真实世界的语境，教师通过语境界面实现教学设计，学习者在虚拟语境中完成学习任务。由于语言学习情境与真实世界极其相似，语言认知语境与课程多维资源息息相关，因此学生能够更好地融入课文知识的生成背景中，以学中做、做中学的体验认知方式完成具身学习过程，其获取的认知更加深刻，记忆时长更加巩固。

　　以认知语言学的视角去解析，虚拟语境整合了传统语境理论与虚拟现实技术，

39

是一种以语境为基底、以虚拟现实为特征的新型语境研究范式，是涵盖了符合人工智能界面表征以及语言生成关系的语境识别、语境提取、语境设计和语境建模的集合体。虚拟语境的构建是以语境形式实现计算机对自然语言的识解，这既需要目的语的语境参数，也需要图形图像的生成与凸显技术，还需要符合源语的认知场景、条件与规律。不同语种具有不同的语言特点，所以基于的语境及所描述的语言关系各异，但实现其语言解析均需要教与学双方共享一个认知语境，而这一语境所依赖的自然人文环境和教学数据资源这两个组成部分也必须是多维的、语境化的。从计算机数据转换到认知语境的模型建构，再到语境化的外语教学，三者成为符合虚拟语境级别关系的范式集合体，凡是用语境建模描述言语行为因果关系的都可以归属为虚拟语境教学范式。

二、虚拟语境与现实语境的范式差异

语境既是语言使用的环境，也是言语行为发生的环境，这一环境可以分为若干层级。范式是级别关系模式的集合，符合同一程度的关系数据要求的为同一范式，符合不同程度关系数据要求的为不同范式。如果在虚拟语境界面内，为了重建现实语境的语言特征而设计不同的情境参数时，那么语境范式的级别越高，数据冗余的程度就越小。就俄语语言认知而言，其虚拟界面中语言分析的基础是现实语境中的言语行为，而塑造这种行为所依托的语言环境则是附带多种冗余信息的语境综合体，所以语境建模也是一个语境层级优化的过程。

美国文化人类学家爱德华·T. 霍尔（Edward T. Hall）在1976年出版的《超越文化》（*Beyond Culture*）一书中曾经将语境分为高语境（High Context，HC）和低语境（Low Context，LC）。他认为："任何事物均可被赋予高、中、低语境的特征。高语境事物具有预先编排信息的特色……低语境事物恰好相反。"（霍尔，1988：96）由于虚拟语境同样"具有预先编排信息的特色"，因此即便语境建模所基于的是现实语境，但就研究范式而言，二者之间存在着明显的层级差异表征。

首先，现实语境是自然存在的、有生命的集合体，其场景要素先于交际过程而自然存在。虚拟语境则是对现实的模拟、计算及智能化构建过程，是为了解释某一语言意义或交际过程而设置的语境建模，是非自然的、有选择的、局部性的虚拟存在。由于不同假设语境因素在语言认知过程中的作用不同，需要处理语言因素与非语言因素、主语境因素与次语境因素的关系，因而虚拟语境有其自身的复杂性和规律性。

其次，虚拟界面作为一个人为的独立场景，其认知域本身是有界的，而现实语境的认知域涵盖了相互联系的时空万物，因而是无界的。前者只是复制了其认知范畴内适用的部分去解读。这就像语音与乐音的关系，语言作为语音和语义的综合体，任意一个人假如只发出语音而不说话语，谁也无法知道他在说什么，因为声音在思维中是无界的，对它的理解可以无穷多。但只要他按照一首曲子的乐音发声，那人们就会清楚他是在唱什么。这是因为乐音是按照物体振动规则发出的声音，其音高标准符合声源振动频率幅度的规定。乐音的音阶就像是语言的义位，其音域或语义都是有界的，每个音符的绝对音高界限均在已经被认知的范畴之内，故而无论哪个民族或何种语系，所有的人都能够听得懂它按照音阶所组成的旋律。

再次，现实语境中的场景要素是自然排列的多层次综合体，涵盖社会语境、文化语境和情景语境的各个方面。由于语言所涉及的语境错综复杂、包罗万象，语境各因素的排列组合是任意的、非逻辑的和不易解析的，这导致语言学界给予了语境不同的定义。但据此所复制的虚拟语境以及其内涵的语义要素却是主观的、均衡排列的、有逻辑性的和易解析的，而且为了实现交际目的，可以去选择和凸显不同层次景物中任意的要素侧面，从而排除冗余信息的干扰，降低认知难度。所以虚拟语境都具有相对具体的认知意义而不具有绝对的抽象意义，它只适用于具体或同类属性的语言解析。

最后，在现实语境中，认知是一种被语境化的行为，学习者被周围的环境（既包括自然现象、景物和规律，也包括人为规则、风俗和习惯等多维因素）所支配。在虚拟界面中学习是一种自语境化的认知，是有目的地融入语境的一种自主认知、具身学习的方式。现实语境中语言的编码和解码过程是在动态的、已经存在的场景中被动地进行的，而虚拟语境中语言的编码和解码过程往往会在局部的、确定的、即时选取的情景中主动地去进行，而且事先就框定了事件或行为的边界。就是说，虚拟语境建模只表征了所构想的交际内容和所设定的语言意义。

从上述四个层面可以看出，虚拟语境建模的范式级别要高于现实语境，它基于又不同于现实语境，是现实语境中局域性的、可甄别的、有逻辑性的和易解析的要素的翻版，在教学尤其是以不同地域的语境为基底的外语教学中凸显了青出于蓝而胜于蓝的语境效果。它既可以选定场景中最能反映课文内容的部分去诠释语言，又可以在情境集中、主次分明的语境中进行交互性学习，还能够让学习者

41

根据各自不同的知识短板调取不同层次的语境界面去寻找答案，自主把握设定问题的导向而提高学习效率，参见图 2.1。

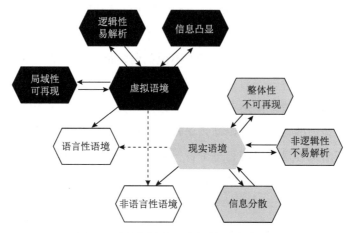

图 2.1　虚拟语境与现实语境的范式差异

第三章　虚拟语境模型建构

第一节　虚拟语境原理概述

一、虚拟语境的构建程序

虚拟现实技术是一种可以创建和体验虚拟世界的计算机技术，虚拟语境是基于虚拟现实，综合了计算机图形学、仿真技术、多媒体技术、网络技术等的人工智能语境。人工智能语境源于数理逻辑，其设计创意采用功能模拟的方法，即通过对外语学习者语言认知功能的分析，以计算机模拟的方法构建虚拟语境的不同模型。虚拟语境是基于计算机的语境，其语言情境的输入需要计算机的认可或者具备计算机能够接纳的属性，所以其构建程序包括了几个环节的转化过程，这一过程包括语言结构—数学模型—计算方法—程序编写—测试结果等具体环节，在构建模式上主要借鉴符号主义的方法，以此建立语言符号与语言背景之间可再现的联系。

符号是在一定的指代和描述关系中产生的，任何事物只要独立存在，就可以被解释，其解释方法可以从此事物与彼事物的关系中获得。假设以 a 事物去指代或表述 b 事物，那么 a 就是 b 的符号，而 b 就是 a 所要表述的意义。所以说符号是信息意义的外在形式，它执行储存、解析、传递意义的基本职能。符号是常规的，它基于一种共同理解，即任何特定的符号都是一种记号，象征着某种特定指示类别的具体特征。"通常，当用符号主义来解决一个具体问题时，首先需要从具体问题中抽象出一个适当的数学模型，然后设计一个解此模型的算法，最后编写程序、进行测试直到得出结果。在此，构造数据模型的实质是分析问题，从中提取操作对象，并找出这些操作对象之间的关系……在符号模型中，计算的对象是数据（data）。数据是对客观事物的符号表示。"（董佳蓉，2016：76）

符号表征着人工智能的计算形式，虚拟语境则是虚拟现实技术与人工智能的融合。人工智能建立在数据的基础上，通过算法（algorithm）得以实现，算法是一种用系统的方法描述问题、解决问题的策略机制，主要包括数字计算和模拟计算，数字计算取一个或一组数值为输入，并产生一个或一组数值作为输出从而得出结果，模拟计算通过自由变量（free variable）的实时变量计算得出结果，二者均归因于符号主义的逻辑计算，其本质是应用一系列计算步骤将输入数据转化成输出结果，生成人工智能的应用程序，从而批量化解决问题。

从语言学智能化的视域分析，语言是用符号来标识的，对符号之间关系的研究属于句法范畴，对符号与其表示对象的研究属于语义范畴，而对符号与其解析者意图的研究则属于语用范畴，三者统一于以语境符号为基础的自然语言处理程序中，所有的语言信息只有成为符号系统中的一个组成部分，才能够以计算机运行的形式来表征客观事物。换句话说，计算机是一个语形符号、语义符号和语用符号的形式处理系统，该系统对上述符号的分析方法和处理程序表征了语言学智能化的研究对象，而其逻辑分析的必要条件则是与语境符号相连接，因此，融入语境是程序系统由语形向语义、语用转化的智能化认知的必要选择。

从符号主义逻辑计算的视域分析，虚拟语境建模经历了从具体问题到数学模型再到算法程序并得出测试结果的构建路径，客观上形成了一个语境要素构建层级还原的过程。因为"人类对语言的分析和理解是一个层次化的过程，自然语言在人脑的输入和输出是一个分解和构造的过程，并且，在这些过程中，语言的词汇可以被分离出来加以专门研究。这是一种建立在还原论基础上的前提假设"（董佳蓉，2016：50）。虚拟语境的模型建构，无论从虚拟现实技术的视域，还是从认知语言学的视域来看，都是对自然语言处理的一种语境复盘与假设，这种假设以分层的、局部的、符的、图示化的方式由计算机去实现，其目的在于还原语言生成的底层逻辑。

随着科学技术的发展，AI 正在重新定义虚拟现实技术的复杂与简单，或者说 AI 正在让虚拟语境建模简单化。AI 作为人类制造出来的可以表现出智能的技术，能够通过计算机程序来正确解释外部数据，进而模仿人类的智能，实现人所赋予的特定目标和任务。AI 所需要的只是明确的规则，根据规则就能够绘制出一个个特定的物体或角色，假设把语境中所需要的某一人物的性别、年龄、职业等描述都告诉 AI，那么 AI 就能够按照这些规则制作出相应的人物形象建模。AI 高效的数据计算、丰富的绘图功能和多样化的工具箱，能够快捷、高效地解决语境建模领域的众多问题，丰富了语境建模的方法和手段。但 AI 的先进性也引发了人类社会的担忧，随着 2022 年末 ChatGPT 的上线，欧盟立法者增加了针对大语言模型、人工智能生成内容（artificial intelligence generated content，AIGC）领域的监管条文。其 AI 法案列出了一系列禁止 AI 使用的事例，并对 AI 高风险用途和存在系统性风险的领域设置了一系列治理规则。2025 年 2 月，欧盟又增加了一系列 AI 监管条文，旨在防范 AI 技术可能带来的个人权利侵犯、算法歧视、数据安全问题以及技术滥用等风险。

二、虚拟语境的认知原理

1. 视觉原理

视觉作为视网膜对电磁波的反映，我们的眼睛能够看到的只是电磁波中的一个很小的波长范围。虚拟现实的情境内容之所以能够做到形象逼真，是因为它运用人的双眼视差功能和人眼移动视差功能，成功模拟了一定波长范围内人眼的视觉体验。双眼视差是一种纵向深度线索，物体离观察者越近，两只眼睛所看到物体的差别也就越大，这就形成了双眼视差。大脑可以利用对这种视差的测量，使用计算机被动感知两点间的距离。移动视差是一种横向宽度线索，反映了观察位置的不同引起的移动时的差异，是利用人眼的视觉暂留机制，在两眼影像叠加后产生的双眼视差。根据双眼视差原理，我们可以运用两部相机代替人的双眼，通过左右图像获取各像素点的视差。基于双眼视差的三维显示技术，对于生成知觉的深度和距离感具有重要意义。

视差作为从两个点上观察同一个物体所产生的方向差异，旨在通过找出每对图像间的对应关系，获取在不同视角下的图像，根据图像之间像素的匹配关系，由三角测量原理计算出像素之间的偏移，从而构成物体的三维景深信息。在对焦某一距离的景物时，只有其前后一定距离范围内的景物是清晰的，一旦超出这个范围，由于对焦的原因，景物就会变得模糊，这个清晰的范围距离就是景深。通过景深中被射体的反射，就可以计算出物体与相机之间的实际距离，并根据三角测量原理，得到视差图。在获得了视差信息后，再由投影模型可以得到原始图像的深度信息和三维信息。虚拟现实通过一系列技术处理，成功塑造了观察者眼中物体的大小远近、形状变化，给人以形象的视觉体验，从而准确把握事物特征，逼真地反映客观世界。

2. 语音原理

在虚拟语境中，语音的输入也很重要，这要求计算机虚拟现实能够读得懂人的语言、表情和手势，并能够与人进行实时交互。让计算机能够识别人的语言是相当困难的，因为计算机能够直接识别和处理的语言是机器语言，就连汇编语言也要被编译成字节码文件才能执行。随着人工智能虚拟现实技术的发展，目前 X3D 整合正在发展的 XML、Java、流技术等先进技术，具备更强大、更高效的 3D 计算能力、渲染质量和传输速度，已经能够用图像处理来识别人的手势和面部表情，并把它们作为系统输入。更为先进的虚拟现实神经网络姿势识别系统可以识别人的姿势，也可以识别表示词的语音信号。

虚拟语境中每个体验者都可以发出自己的语言，教师作为融入语境的外部主体亦可以进行口语教学。但作为语境本身的语音属于智能机器人语音，它能够听懂在学习者知识范围内的语音，对其读音、词汇等各类练习做出正确与否的判断，并对体验者的交际互动予以相应的反馈。智能语音的工作原理体现在从语音识别到语义理解再到语音合成的三个重要环节，大致经历了获取语音信号—将信号转换为文本信息—对文本信息进行自然语言处理—对处理后的文本信息进行语音合成等一系列工作程序，才能实现语音的交互体验。

智能语音本质上是一种人机交互方式，它拥有先进的语音识别技术，可以执行语音编码、语音识别、去除非语音片段和简化语音处理等工作任务。虚拟现实教学设计运用这些功能，能够即时纠正语音、语法与调型读音错误，并且提供多种学习反馈方式。在语音交互方面，智能语音可以在场景几何体上设计视听源，实现空间化的语音音频，用标准的外语语调进行语音互动，同时支持完全真人语音教学课程，结合教学场景的语境设计，让学习者体验身临其境的沉浸感，并以真实的场景模拟为学习者提供合作学习的环境。在语音评价方面，自动评测体系能够根据学习者的发音情况进行随机评价，形成语音、语调的分析数据，并依据发音准确率生成语音成绩测评。

3. 感觉原理

虚拟语境感觉理论涉及两个假设：第一，虚拟语境所表征的内容有关环境、物体、事件，通常还包括参与者或观察者自身，由此而构建的虚拟场景能够包含对个人认知路径和认知结果的反馈信息，以及由环境、物体、事件所触发的感应表征；第二，虚拟主体本身既具有进入语境的感觉，也可以与语境中的物体发生交互联系的真实感。如果这两个方面处理不好或者说技术设备不到位，那么就无法达到视觉沉浸的技术标准。例如，在一个虚拟现实系统中，学习者可以看到虚拟的书架上放着一本虚拟的画册，他可以设法去取下它，但是他的手却没有真正接触画册的感觉，并有可能穿过画册甚至书架的实体，而这在现实生活中是不可能的。解决这一问题的常用装置是在数据手套内层装置一些可以震动的触点来模拟触觉感应。但随着技术的进步，"开启虚拟世界和激发触感并不需要靠模拟触觉来实现。数字成像技术能够生成此类带有复杂纹理和阴影的直观显示图像，用户仿佛可以伸出手去触摸眼前的物体。不管是想象还是实物仿真，触觉都能够传达某种物体的固性、差异和阻力等信息"（薛亮，2019：85）。

　　计算机具有在数字化的单维信息空间中直接处理问题的能力，而人类是依靠自己的感知在多维化的信息空间中认识问题。由于二者处理问题的信息空间不一致，因此人类难以直接理解计算机关于情感计算的处理结果，而虚拟现实为解决这一问题提供了有效途径。虚拟语境是一个能包容图像、声音、动感、气味等多种信息源的信息空间，是由计算机生成的通过视觉、听觉、触觉、嗅觉等多维感知作用于学习者，使之全身心投入其中的交互式视景仿真系统，学习者能通过声音、图像、气味、口令、手势等多种形式参与到虚拟现实场景中，并通过具身体验而触发感知、沉浸交互而产生构想。新一代虚拟现实嗅觉产品可以直接作用于人的感觉，新型气味释放装置能够适配于不同应用场景，贮味纳米多孔材料可以实现气味的贮存，高分子材料气味播放系统能够对气味进行定时定量播放和控制，VRML 具有感知功能，利用感知传感器节点感受用户与模型之间的交互感，这些都为虚拟现实感觉的生成奠定了技术基础。

4. 工作原理

　　虚拟现实的组成结构可以分为四个部分：一是效果发生部分，该部分是完成人与虚拟环境交互的硬件接口装置，包括头盔显示器、立体声耳机，以及能测定视线方向和手指动作的输入装置，其功能在于使体验者产生具身的沉浸感。二是实景仿真部分，实景仿真是虚拟现实系统的核心，包括计算机的软件开发工具和配套硬件组成的软硬件系统，如接收和发送信号的软硬件、头部方位探测器和数据手套等实景仿真设备，能使用户自由地在场景中活动，以 360 度任意视角观察各个方向的状态。三是应用系统部分，该部分包括虚拟现实软件、仿真动态结构以及仿真对象与用户之间的人机交互系统。四是图形构建部分，其功能是可以构建仿真对象在虚拟场景中的形状、外观、颜色和方位等仿真物理形态，并通过实时渲染技术生成用户可见的虚拟场景。

　　虚拟语境的工作程序可以概括为：利用虚拟现实技术在电脑或其他智能计算设备上模拟产生一个三维空间的虚拟环境，让学习者融入其中，通过人机互动触

47

发视觉、听觉、触觉等感官的体验，形成身临其境一般的学习环境。其视觉沉浸体验效果来源于实时三维计算机图形技术，广角立体显示技术，头、眼和手的跟踪技术，以及触觉与力觉的触碰反馈技术。虚拟现实的工作任务主要包括模拟环境、感知、自然技能和设备传感等各方面，主要工作是由计算机生成实时动态的、可融入的三维立体逼真场景。

虚拟语境的工作原理是基于虚拟现实技术的功能，虚拟现实按照其功能目前分为四种类型：桌面式虚拟现实、沉浸式虚拟现实、增强式虚拟现实和分布式虚拟现实。虚拟语境以语言教学为目的，主要采用桌面式虚拟现实、沉浸式虚拟现实和增强式虚拟现实。考虑到成本及需要，语言教学并不追求运用特别高端的技术，像医学、军事、航空领域那样的分布式或增强式虚拟现实技术，它只是根据学习者与现实世界的关系，以构建图示或语境建模的形式来建立虚拟世界。"在虚拟现实中，如果人类轮廓的图像与计算机的情景画面相结合，那么使用者就可以在大屏幕的投影上看到这一切。摄像机跟踪身体在现实空间的位置（特别是手和头），瞬间把信息传输给计算机，它可以通过图表显示的变化来作出反应，这种方法解决了人类活动与系统反应的时间同步问题……但是完全不要求其中的事件与人类在模拟现实中的经历及体会必须相似或分毫不差。"（罗津，2018：199）当然，随着技术的进步，虚拟语境的工作程序也是与时俱进的。北卡罗来纳大学设计了一种虚拟环境中合成运动并感受反馈的 LLCM-WIP 系统，能够让体验者在原地踏步时产生接近于真实行走的具身感受，从而增强了虚拟现实的临场感。

5. 认知原理

虚拟现实整合了计算机图形技术、仿真技术、人工智能技术、传感技术、显示技术和网络并行处理技术，模拟产生交互式视景仿真虚拟环境，学习者可以具身体验三维空间内的事物，是一种可以创建和体验虚拟世界的智慧空间。当使用者发生位置移动时，电脑可以立即进行复杂的运算并传回精确的三维影像，从而使体验者产生逼真的临场感。此临场环境可以是任何语言生成的模拟环境，学习者沉浸于其中，通过视景体验，在人机交互的过程中形成认知。

基于虚拟现实的语境认知，归根结底是一种建立在计算机基础上的认知。最初对这一认知做出明确表述的，是美国罗格斯大学认知科学中心主任泽农·W.派利夏恩（Zenon W. Pylyshyn）。他把认知归结为一种计算的形式，提出了"认知是一种计算"的假定。"他认为，人的认知与计算之间存在着很强的等同性，但由于计算的机械基础和人的生物学结构的原因不同，只有通过功能建构的方案来解释。由此，他还定义了认知科学的三个解释层面：功能建构层面、代码及其符号结构的层面以及代码的寓意内容层面。"（董佳蓉，2016：15）由这三个层面，他逐一论证了心理认知过程与计算机运算过程之间客观存在的相似性关系。

当然，人不是机器，基于头脑的认知是特质的、复杂的。但这并不是说人的心理是不可计算、不可认知的，恰恰相反，人的思维必然呈现出一定的程序化和规律性。就是说人的认知并非无迹可寻，人的思维、心理乃至情感都是可以被模拟、被计算、被认知的。情感计算的演进脉络大致经历了接收事物刺激信号、提取思维的价值观、比较中值的价值率、确定情感的强度与方向、选择情感表达的模式和处理情感表达的反馈信号等逻辑程序，以此表征计算机模拟人脑的思维功能与计算心理活动的运行方式。无论是在理论上，还是在实践中，这都体现了计算机界面中人类认知语言、认知世界的客观规律。"认知是一种计算"的假定促进了认知语言学的智能化研究，虚拟语境作为一项基于计算机的视觉沉浸技术，在认知机理上也适用于情感计算的思维逻辑，同时融入了人工智能沉浸、交互和构想的认知表征。

三、虚拟语境的多维属性

虚拟语境的智能化重构是一个由局部到整体的要素性结构体系，要素之间及各要素内部存在多维性的联系。多维性是语言分析的一个基本特征，识解多维系统的一个有效方法是层级性分解。虚拟语境的多维性既是语言分析的复杂性所决定的，也体现了虚拟现实本身内在的技术要求，以此为基础的虚拟语境建模体系具有以下属性特征。

1. 计算属性

算力是虚拟现实技术重要的基础，相关技术能够优化虚拟语境的稳定性，大大提高视觉沉浸的体验感。基于虚拟现实的语境模型的构建参照"情感计算"（affective computing）的思路，即把知觉、描述、记忆、言语等认知过程转化为计算机能够识别、理解和表达的语境模型，例如通过塑造口型、脸颊、眼睛等局部特征的数据计算来反映心态、体现情感；通过塑造身形、手势等不同姿态的数据计算来体现交互过程。在表征不同心态的交互过程中，协调的动作会体现出较为自然的状态，而不停摆动的身形往往带有情绪紧张的倾向。在语境模型的构建过程中，只稍许改变一下计算机中储存的面部表情、身形体态参数中的具体数值，就可以把虚拟语境调整到所需要的状态，以便在分类识别、分类理解的基础上，充分适应、复制和表达人的内在感情。

迄今为止，虚拟现实已在人脸表情、姿态分析、语音情感识别和表达方面取得了显著的进展。在人机交互中，计算机可以察觉到人的情感变化并激活相应的数据库做出反应。通过不同类型的语境建模（表情特点、态度喜好、知识背景、互动方式等），设计具有情感反馈效果的人机交互环境，以识别人的情感状态并做出即时的反馈，同时还能对情感变化背后的意图形成新的预期。情感计算是一个高度综合化的技术领域，在应用于虚拟语境构建时，不同类型的语境建模的算法也不尽相同。算法是在数据资源的基础上优化提升计算效率的方法，"算法并不是代码，并不要求特定的程序语言，也不依赖需要处理指令的软件或是硬件。算法是一个过程，是一系列被设计好的行为，如果遵从特定的操作程序，就能够产生意图所期望的效果"（薛亮，2019：17）。虚拟语境的计算属性体现了算法科学与心理科学、认知科学的结合，通过研究人在与计算机交互过程中的情感特点，可以管窥人类智慧与机器智能之间进行情感交互的可能性。

2. 局部还原属性

虚拟语境是一种针对具体目标的语境还原模式，其突出特点为源语语境中适于教学部分的是局部还原而不是整体还原。语境的各种要素集合系统与个体要素之间存在着非线性关系，不能根据局部要素语境建模演绎为全部语境的意义。现实的自然语言环境囊括了语言活动赖以进行的各种环境因素，既包括时空、地貌、事件、风俗等客观因素，也包括行为习惯、心理特征、处事风格等主观因素，还包括语义领会、语言表达、上下文贯通等文化因素。以语言教学为目的的虚拟语境如果还原全部语境，既没有必要性，也不具备可能性。就像解析一块山石不需要虚拟这座山峰，解析一滴海水不需要复制整个海洋一样，因为它不以作为原始语境的翻版为终极目标，而是以解析事物、认知语言为根本任务。作为一种教学手段和教学模态，虚拟语境是为解析语言所创设的首先存在于大脑之中的局域性的、有选择的模拟仿真，作为建立在人工智能之上的虚拟现实系统，其核心意义就在于执行教学的主体所赋予的基于某一教学问题的识解职能。

3. 分类属性

计算机通过对相应语境数据符号进行获取、分类、识别和读取，进而提取某一类知识，帮助学习者获得与认知内容直接相关的语境条件。语境建模的出发点是解析教学中的某一语言问题，与其相对应的是语境系统中微观层次的情境，这些情境按照其自身固有属性进行分类，具有各自的独立性、语义性和语用性。例如，在解析某一语言的语义和语用等不同方面时，可以分别设计凸显其意义或展示其功能等的不同语境。由于语境建模分层设计能够集中景物从而突出靶向目标，因此可以在排除冗余的资料、语言、代码、结构等语境信息以后，细致而深入地展示潜在的知识点，从而使学习者在虚拟语境中进行体验认知时，不必把各种信息完整地去解读或复述一遍，即可通过从语境中获取的与理解直接相关的知识内容，以按图索骥的形式迅速生成即时的理解能力。

　　分层模型的建构按照语境要素分类主要包括主体模型、行为模型、背景模型、参照模型，以及模型之间相互连接的索引表达式。语境建模分类构建程序可以概括如下：根据教学目标对语言进行简化、变换，使其形式化为计算机能够识别的数字符号形式，然后运用虚拟现实技术和计算机自然语言的处理功能进一步把数字符号转换为图形图示化的模型分类构建。

4. 程序属性

　　虚拟语境建模需要运用相关软件，其语境设置经历了从具体问题到数学模型再到算法程序并得出测试结果的一系列构建环节，遵循自下而上的原则，程序可以调用自身的编程方法，这种技巧称为递归。递归作为一种算法在程序设计语言中广泛应用，它可以把复杂的事物分层转化为简单的问题来解析，故语境还原的程序也是从微观局部开始的，根据教学的需要设计复源语语境的部分与局部，决定语境的深度与广度，避免因为与教学内容无直接关系的情境而分散注意力。在创建虚拟语境时，需要考虑到各种言语行为的模拟程序。语言是一种独特的行为方式，交际过程中离不开语言和文本这两类言语行为，模拟现实语境需要遵循这些言语行为的生成环境，才能让模拟现实与真实语言环境在心理感受上没有任何差别。

　　语境建模是利用计算机制作具有真实感的教学语境图形，图形通常由点、线、面、体等几何元素，以及灰度、色彩、线型、线宽等非几何元素组成。这些图形的设置由计算机通过指令的顺序，按照使用者所要求的功能进行。计算机程序是用特定顺序设计、编写与精确记述的一种逻辑方法，运用这些方法通过相应软件可以设置语境中所要渲染的图示，如凸显鲜明对比特征的明暗图、通过模拟实际

51

地面本影与落影反映地形起伏特征的晕渲图、用宽度相同的条形的高度或长短来表示数据的条形图、由一系列高度不等的纵向条纹或线段表示数据分布情况的直方图，以及使人产生临场感的计算机真实感图等。这些图形都是按照应用软件预设的计算机程序去排列设置的。

第二节 从形式到意义的构建路径

一、语境建模的认知形式

自从美国罗格斯大学认知科学中心的派利夏恩在《计算与认知》（*Computation and Cognition*）中提出了"认知是一种计算"的哲理，它在语言学智能化领域已经成为一个通过计算机进行语言认知的基本逻辑假定。基于这个底层的认知，计算机的数字形式与语言认知的逻辑意义之间构建了有机的泛在连接。虚拟语境作为基于计算机的语境建模，在形式上表现为通过计算机用二进制解码显示的数字化三维语境图形，在意义上是一种能提供在虚拟现实技术条件下进行语言学习，并促进认知向真实语言生成环境转化的智慧认知模式。这一模式所关注的是认知主体与人工智能环境界面的交互过程，人工智能作为能够感知周围环境并采取行动以实现最优结果的智能体，其智能界面的知识策略、认知方法和学习方法相应地也具有自身的内在特点，它并不只是把语言知识看作学生对书本理解的心理表征，而是把语言知识通过计算机构式与语言生成环境相联系，从而对语言的内涵进行基于智能教学界面的、泛在的多维识解。

1. 依靠设置规则与信息描述的认知

人是这样理解客观世界的：经过古往今来的哲人、思想家、各种认知学派的描述，基于基本共识的相对稳定的规则业已形成，古希腊的柏拉图主张产生知识的场所是大脑，他将心灵或理性作为判断任何事情的根据；亚里士多德相信知识存在于心中，把思维形式和存在联系起来，并由客观存在来进行思维的逻辑推导；而后来的经验主义主张知识来自经验，在经验的基础上基于某些隐喻提出假设，然后建立模型而完成知识构建。18 世纪的乔治·贝克莱（George Berkeley）和大卫·休谟（David Hume）提出了认知路径的三个阶段：一是"视觉与触觉"阶段，即直接感觉事件，二是"存在就是被感知"阶段，即储存在记忆中的感知对象，三是"观念客观化"阶段，即感知对象的转化。纵观这些理论，不同的语言表述之中蕴含着相似的逻辑思路，那就是事件和事物首先在心中被储存、被概念化，继而提出假设，进行概念隐喻，然后构建认知模型，进行语言形态转化，最后获得知识，完成认知全过程的路径表述，由此奠定了认知研究的规则性方法和路径。

从 20 世纪后期开始，以计算机、网络技术为代表的信息技术迅速发展，在此基础上西方兴起的认知语言学理论，关于认知的基础、方法和过程，在不同学术流派中形成了一些"规则"性的信息描述。这些描述可以概括为：认知是个体认识客观世界的心理活动，这一活动体现了一系列信息加工的过程，即个体对外部世界的信息进行接收、概括、集成、重建从而形成概念，然后通过知觉、记忆、思维和判断等认知活动获取知识。这些规则性信息描述大都确认了客观世界对认知的基础作用，同时将认知与情感、意志相对应，并基于这一对应关系，强调了认知过程的主观能动性，从而凸显了对个体认知活动的调节作用。上述认知理论反映了当时的社会科技发展背景，体现了依靠设置规则与信息描述形成认知的思维进路。但总体而言，认知理论依然落后于信息技术的发展，相对于目前的数字化新时代而言，上述传统的认知语言学理论对于语言作为符号系统的计算逻辑认知并不充分，对于语言本身的数据性质也没有给予应有的重视。

2. 三维空间界面的体验认知

当人类迈进 21 世纪，传统的认知语言学完善了认知系统的基本框架，形成了系统的认知语言学理论体系，但其所基于的客观世界却发生了巨大的变化。人们认知世界的形式以极快的速度从传统媒介转向了基于计算机的数字化网络界面。人工智能的认知是基于计算机的认知，这一认知可以概括为智能化计算机能够从大数据中自行发现某一规律或模式，该规律或模式一旦被发现，便可用于同类事物的分析、预测和评价。与此相适应，语言认知的形式也应该借鉴大数据的这一功能，向着数字化的方向转型升级，认知语言学的智能化研究作为这一转型的重要组成部分，无论是对于文科的教学改革，还是对于新文科建设，都具有重要的意义。

智能语境界面具有物理属性和计算属性，这些属性体现出其界面应用程序的人为、技术和环境三个因素，由此而产生了智能界面体验认知的三条途径，即视觉体验、交互体验和感情体验。不同教学环境中的认知方法亦有所不同，以听说、阅读、理解为标志的外语学习模式已经跟不上时代发展，智能化语境界面中的语言认知呈现出感觉体验、视听体验、互动体验的多维认知特征，在信息获取上融入了人工智能、大数据、区块链等分布式数据存储、点对点传输、共识机制、加密算法等新型应用模式。在信息解码上，计算机具有演算速度快、计算精度高、储存程序强大的物理属性，有从图像中识别出物体、场景和活动的计算机视觉，记忆能力强，具有对复杂问题进行系统化处理的数据归纳能力乃至逻辑判断能力。

智能教学界面中的语言认知是基于计算机日臻完善的功能，每一种功能包括但不限于检测、转换、储存、编码、提取与传输等一系列程序过程。由于计算机、手机等电子设备已经深度介入每个人的生活，其直接或间接的影响与渗透力甚至超越了当今其他任何一种客观现实存在，由此可以认为：离开计算机的世界不是当今真实的客观世界，因为这一世界已经不复存在。那么基于客观世界的认知理论就必须与时俱进。

通过计算机和互联网连接数据库信息资源和各种智能化终端设备（LED电子屏、平板电脑、智能手机等），学习者可以瞬间调取各种知识资源，获得身临其境的认知体验，在形象逼真的虚拟语境中习得各种课程并获取知识的识解方法。相比之下，传统教学注重刺激—反应认知方法，往往把人的思维作为简单的刺激—反应连接，忽视了语境的因素与信息技术条件下认知的多维性。但外语教学中所涉及的语境因素仅存在于语言描述中，由于计算机能够直接执行的语言只有机器语言，计算机并不认识传统课堂上的语言教学程序，更不能直接执行，所以把语境因素融入教学必须借助各种虚拟现实教学软件创建虚拟语境模型，或者运用Xbox虚拟形象编辑器在其应用程序中创建相应的虚拟人物形象，也可以拍摄高分辨率图片创建三维立体虚拟图形构式，把语言中的语境因素形象地呈现出来。

基于虚拟语境的语言认知与教学过程分为三个阶段。

第一阶段是创设环境。综合利用计算机应用系统及显示和控制等应用设备，在智能教学界面中凭借虚拟现实软件构建语境模型，运用计算机图像序列分析和图像处理操作等计算机视觉技术，营造具备沉浸感的虚拟现实教学环境。这就需要把教学内容所涉及的各种综合性的主客观语境因素归纳形成符合教学需要的、简单而明确的教学语境要素，这种语境要素的突出特点在于结构简洁、直观、具体和优化，就像计算机程序中的递归。递归是计算机程序设计语言中的一种算法，递归现象是语言的本质特征，也是智能推理的一种实现方式。运用这种方法可以把系统化的内容分割成相对独立的知识点，把复杂的行为分解成若干简单的模型。虚拟语境建模主要包括主体模型、行为模型、背景模型和参照模型，通过分类识解、分解组合、层次递进的方法认知语言。这些模型同时可以融合为场景形式的综合语境，让学习者融入场景中具身学习，在可交互的虚拟语境中认知语言。

第二阶段是凸显体验认知的关键作用。体验认知作为虚拟现实的内在特征，相对于以刺激促效果的教学方法而言，融入虚拟现实场景的教学凸显了人机交互的认知优势。联结主义的提出者爱德华·李·桑代克（Edward Lee Thorndike）曾经提出了练习律、效果律等一系列学习的定律，意在通过多读多写的"刺激-反应"（stimulus-response，S-R）联结，实现不同学习方式之间的相互连接，进而构建由读促写的内在机理。这种方法在传统外语教学中起到了重要的促学作用。与此同时，S-R 联结的学习理论也存在一定的负面效果，特别是过分依赖多读多写的机械方法，缺乏新时代的效率意识，这无疑会加重学生的负担。三维空间界面中的体验认知方法则通过学习者对语境的感知，主动在其大脑内部构造认知结构，学习者不仅能够按照联结主义的学习定律，通过反复强化练习而促成记忆，而且还能通过沉浸、交互、构想的方式，顿悟与理解知识的内涵，这一过程凸显了体验认知的关键作用，印证了获取知识必须是在具身体验的基础上，经过感知、注意、记忆、理解和反馈的程序，才能最终获得有效认知。

第三阶段是虚拟语境的认知方法。从认知理论视角说，在虚拟语境中所采用的认知方法有两种。一是在模型建构、语音识别等方面，应用联结主义模型建构的方法。联结主义是把认知心理学、人工智能和心理哲学相互连接的理论，该理论建立了类似于神经元的基本单元和节点的互相连接的网络，并以此为心理或行为现象的显现模型。联结主义通过构建这种神经网络模型，把认知看作神经网络的整体活动，是网络单元和节点的相互连接，强调情境刺激与反应之间连接的连续性和复杂性。二是在虚拟语境的语言产生、言语理解、人机互动等方面，采用符号主义的方法。符号主义认为人工智能源于数学逻辑，人的认知基础是符号，认知过程即符号的操作过程。符号主义是模拟人的抽象逻辑思维，通过研究人类认知系统的功能机理，用某种符号来描述人类的认知过程，并把这种符号输入能处理符号的计算机中，就可以模拟人类的认知过程，从而实现人工智能的认知方法。网络取向的联结主义和符号取向的认知方法，从思维理想和行为现实两个侧面，共同组成了现代认知心理学的理论基础。

在应用联结主义和符号主义的时候，注重符号主义与联结主义在智能界面研究上的互补性，既要克服联结主义强调数据并行分布加工而在数据序列串行处理方面的欠缺，也要避免符号主义注重逻辑运算而在数据驱动能力方面的不足。"从目前人工智能整体理论和计算实现的发展水平来看，认为由符号主义来处理高层次智能问题、连接主义①处理低层次智能问题来达到互补，进而互相配合共同完成智能任务的思想在人工智能领域是现实可行的。"（董佳蓉，2016：85）在外语认知过程中，综合运用不同的方法，既要重视网络取向的联结主义认知，把简单的单元数据联结成认知网络系统，以联结方式进行语境数据计算，重塑民族文化的语言背景，以数理逻辑描述智能行为的符号取向，以符号作为表征和计算语境数据的方式，关注有意识推理和逻辑性思考的认知方法，在此基础上构建虚拟现实的语境模型，描述记忆、思维、注意等认知过程，在三维空间场景中延伸和扩展人脑和机体的某些功能，形成体验认知的教学方法，让学习者由外部知识的灌输对象转变为知识内涵的主动建构者。

二、虚拟语境的认知表征

虚拟语境的认知表征包含了以下三方面。

1. 多维性认知

虚拟语境是一种基于计算机图形学的多视点、多模块、实时动态的三维环境，这一教学环境是以计算机的数字处理形式去模拟人的认知能力，并依据符号逻辑原则对信号进行加工的语言环境。语境建模具有模型叠加分布和维度任意转换的认知表征，以及多视角、多维度的认知空间，其技术发展过程也具有教与学的双边特征和多场景的表现形态，从快速计算、记忆与存储的计算性认知到识别语音、图像、视频的感知性认知，再到归纳、理解和解释的智能性认知，充分体现了智能化认知的多维性。

人工智能在辅助外语教学的过程中，其"视、听、说、读、写、译"等不同技能领域，已经具备了全方位的多维感知力，基于人工智能的虚拟语境，可以是现实世界的真实再现，也可以是超越现实的虚构世界。虚拟语境中的认知是一种多维性认知。首先，它可以根据教学重点和难点设计问题情境，从而创造基于问题的情境认知；其次，它也可以根据课文内容设计教学活动的空间与背景情境，以实现基于语境的交际互动体验认知；最后，它还可以融入沉浸、交互、构想的智能化空间，进行与语境共在的"3I"教学。

---

① 即本书中的"联结主义"，不同学者的用词有所区别，引文中遵从原文。

2. 交互性认知

交互性即各种物质载体之间的相互作用，主要运用于计算机互动领域。人对于某一事物或过程的存在感来源于交互，任何事物或过程必须与感知者同处于一个认知空间才能够被认知。交互性"涉及三个方面的变量：一是感觉信息的程度（包括深度和宽度）；二是感知器官与周围环境之间联系的控制（例如观察者能够根据视差和视野对自己的视角进行调整，或者改变头部位置以调整双耳的听觉，或者运行触觉搜索）；三是改变物理环境的能力（例如"实际改变物体的电动控制的程度"）"（薛亮，2019：117）。具体而言，体验者通过人机界面在计算机中输入指令，计算机经过处理后把输出结果反馈给体验者，人和计算机之间的这种输入和输出就是交互性。作为一种互联网文化特质，人机交互使人获得认知，就等于为人的大脑增加了一种思维的创新工具，借助于计算机的思维方式不论是从形式上还是从意义上，都是人类认知高阶发展的结果。

交互的形式是多样化的，虚拟语境中的学习既是一种主体之间的交互过程，也是一种人机之间的交互过程，即人与设备之间进行信息交换的过程，经由人机界面将信息传递给人，而人在接收信息后，经过知觉、记忆和思维等一系列信息加工，完成人机之间的信息传递，实现人机相互的认知协作。其目的在于通过人机交互的认知方法，使人更便捷地获取多维教学资源并进行信息交流，从交际互动中获得体验认知，以降低学生所付出的时间成本和心理负荷。交互性的功能在于它把语言符号的形式与功能连接了起来，故而学习者既可以在现实环境中通过交互习得语言，也可以在虚拟语境中运用听觉、视觉、知觉、触觉等感知功能的扩展而深化认知。

3. 具身性认知

在虚拟现实系统中，沉浸与交互都蕴含着内在的具身性。具身认知（embodied cognition）是心理学中一个新兴的研究领域。具身认知理论认为生理体验与心理状态之间有着密切的联系，生理体验可以"激活"心理感觉，认知是包括大脑在内的身体的认知。身体的结构与功能体现于大脑与身体的联动，大脑依存于身体，身体依存于环境，我们的认知是被身体及其活动方式塑造出来的。环境给予身体以冷、暖、凉、热等不同的感觉，并由身体传递给大脑，三者交互形成了认知，身体的感觉、活动方式及运动体验决定了我们怎样认识世界。具身性认知理论拓展了认知的物质基础，是行为主体按自己内在的动机、能力或特性去获得知识的一种认知方法。

虚拟语境中的具身性认知体现了一种"自主、合作、探究"的学习方式，其学习特点是运用视觉沉浸技术所创造的自主学习条件，让学生全身心地融入虚拟场景，把读的时间留给学生，把问的机会让给学生，让每个学生都能发挥主观能动性。在学习过程中，学生以实时参与、情境融合的形式沉浸在虚拟语境中，并成为驾驭教学语境的行为主体。教学活动中的所有学生都不是窗口外部的观察者，他们可以单独融入语境，也可以同时加入一个共同的虚拟语境。教学中的分割式空间和多线性进程有条件让多个学生在同一虚拟世界进行观察和操作，通过语境界面与其他学生进行交互、共享信息，以达到相互交际、具身学习的目的。

人工智能让认知语言学的基础、能力和方法产生了明显的变化，与客观世界的创新同步，表征主观意识的认知语言学也需要融入数字化、网络化、智能化的元素，虚拟语境外语教学的核心认知特征体现在沉浸性、交互性与构想性三个层面，并通过这三个层面形成学习者的具身认知。沉浸性是指让学生全身心投入虚拟现实技术生成的虚拟教学语境，并在计算机所创建的三维教学场景中产生身临其境的感觉，其所看、所听、所体验的与现实语境中的感受一样，从而实现从旁观者到参与者的主体身份转变。交互性是指学生在虚拟现实中的具身互动能力。互动对象既可以是虚拟世界本身，也可以是现实语境中的师生，还可以是虚拟语境中潜在的任意物质对象。学习者在虚拟场景中进行交际互动时，就像置身于真实的现实语境中，在与多维化信息环境发生相互作用时，与真实世界中所发生的交互以及所得到的自然反馈完全一致。构想性是指学生沉浸在虚拟的空间中，通过与环境的交互作用启发构思并产生联想，或者与周围物体进行互动而拓宽认知范围，得到广泛和持续的认知体验，形成感性和理性集成的综合认识，从而完成深化概念、启蒙思维、生成新构思的认知提升过程。构想性是虚拟语境教学启发创造性思维的集中体现。

三、语境对象化的研究模式

虚拟语境即虚拟现实技术条件下的语境仿真与复制，其以人工智能语境建模与应用为研究对象，是人工智能向语言教育领域高阶发展的产物。1956年，约翰·麦卡锡（John McCarthy）首次提出了"人工智能"的概念："若用一句话来概括1987年以后麦卡锡及其追随者们处理语境问题的新思路的话，这句话便是：'将语境对象化！'"（徐英瑾，2015a：97）为了进一步说明这一点，就需要了解麦卡锡所提出的人工智能语境的两个重要概念："情境演算"（situation calculus）与"框架"（frame）。

在运用计算机进行情景演算的研究领域，麦卡锡验证了有关状态和状态转换的科学思想，从而引发了计算机使用方式的一场变革，深刻地改变了人们与电脑的互动方式。演算作为计算机的基本功能，其运用的程序对象是可以量化的文件，而这里所说的情境，则是在某个时空节点上某种物体的某一状态。情境演算作为一种环境或语义变化的形式推理工具，其独特功能就是把情境转化为可以量化的对象，使情境演算成为描述情境结构、实现状态转换的一种计算方式，从而以逻辑演算的形式描述情景语境的设计过程，这一点对于虚拟语境建模具有重要的意义。

语言的情境化表征是人工智能需要解决的重要问题，对于这个问题，情境语义学（situation semantics）认为认知是具身的（embodied）、情境的（situated），"而通过情境语义学与可能世界语义学的对比表明，可能世界语义学可以为情境化表征提供解释。基于情境计算与模态逻辑结构的比较，我们知道在结构上模态逻辑与情境计算存在许多相似性，可以尝试用于知识的情境化表征"（崔帅，2017：3）。由于模态逻辑通过逻辑推理阐明了模态命题演算模型和模态谓词演算模型等模型理论，这种语言理解的模态表达演算思路在客观上也为语言的情境化表征提供了新颖的方法与工具。

"框架"是一个广义的概念。在软件领域，框架是经过校验并构成一类特定软件可复用设计的一组结构。在人工智能语境领域，框架理论的创立者——计算机科学家明斯基认为，框架是用于表征某个特定情境的数据结构。框架规定了图示的结构体系，定义了不同模型的分类、组合与分属，以及模型及其内部各部分的主要责任。作为一个基本结构的概念，分属的框架之中可填入具体值，以描述具体事物特征，用于解决或者处理该结构内部的各种问题。框架依据其不同的类型设计参数去实现特定的细节，描述变化的事物，表征不同的情境状态。

虚拟语境就是利用多个有一定关联的语境要素组成的框架系统，本质上是一种源语语境的再语境化，其以情境状态模型为研究对象，把语境要素表征为三维图形，以图示的形式来处理一个语境中所蕴含的各种语言信息，并据此完整而确切地把语言的述义表示出来。在语境建模中，推理不但取决于模型所映射的情境，同时也取决于模型所归属的分类。从这个意义上说，语境建模就是现实语境通过计算机"情境演算"程序所组成的一种"框架"结构。

59

虚拟语境建模的目的在于凸显自然语境对语言的潜在作用。自然语境具有释义和制约两大功能。释义功能指语境可用于解释传统语义学无法解释的语言意义，所谓无法解释，是指人类知识的多维性导致了语义概念的不确定性。在教学实践中，对某一教学对象所进行的语义识解，在语境发生变化时就不再适用，出现这种情况就必须结合语义范畴所涉及的语境进行解析。制约功能指语境在语言使用上对交际双方的制约作用。"语境论世界观"（contextualism as a worldview）把语境看作关于人们所言、所做和所思的框架，可见语境对语言的各个层面、各种现象都存在广泛而普遍的制约作用。一定语言环境中的所有语言都有其自身存在的特征，每种具体语言的特征都会受到使用场合以及使用人的语言意识的制约，交际者所使用的语言必须与语言环境相适应，对言语行为的解释不能超出语境的框架。

塑造或复原某种过往的环境状态是虚拟语境的主要认知表征，任何语境都是一个复杂的系统，而语境建模却是一种局部性的状态重塑。之所以强调语境建模的局部性，是因为在语境的框架内，语境建模只是有选择地复制了与语言有直接关系的语境要素而不是全部要素。例如，"Все до одного"既可以用于表示"全部东西"，也可以用于表示"所有的人"，这就需要根据说话人说话时的语境来确定这个固定用语的具体意义。再如物主形容词搭配"котиковое манто"（海狗皮女大衣），它的源语语境可能代表了多种表象，其中包括它的材质、外观、功能，以及在不同场景中的不同用途和形象隐喻，这就需要根据具体的语境来确定相应的述义。所以一方面，只有分层的、局部性的语境建模，才能准确复制自然语境中的释义功能；另一方面，不同语境不仅隐喻了不同的语义，还使得同一语词衍生出大量新的义位，而局部性的语境重塑是解决类似问题的有效方法，为了"以语境为框架，对这些所言、所做和所思进行解释"（Dilley，1999：4），语境建模要在纷繁复杂的语境中依据不同的词语义位，分别提取语境中与词语释义相对应的主要因素，在依据要素分类的模型建构过程中，既需要凸显自然语境的释义功能，也需要复制自然语境的制约功能，二者不能偏废。

第三节　语境建模要素分析

在分析语境模型建构要素之前，有必要对虚拟语境进行明确的定义和解析。

如同众多概念一样，虚拟语境的概念有广义和狭义之分。本书所指的虚拟语境是广义的，是具体应用于教学的虚拟语境，其与狭义的虚拟语境的主要区别是：它不仅仅是原始语境"数字孪生"的仿真与翻版，还包括以教学为目的的情境创设，以及对源语语境的技术性处理。虚拟语境是一个既基于又独立于现实语境的教学语境，作为自然环境与人为创设环境相融合的语境空间，它既包括自然语言环境的再现，也包括用于语言识解的结构图示，还包括应用于教学的情境案例，是展现物体局部细微结构、演示事物动作过程、呈现语篇层次体系的语境框架集合体，反映与折射了语言情境的语境建模。语境建模主要包括以下几点要素。

（1）语境建模的技术条件。语境建模需要一定的技术条件，在语境设计上主要选择相应的虚拟现实教学软件，在人物虚拟上可以运用 Xbox 虚拟形象编辑器，实现这些技术条件的基础是使计算机能理解自然语言文本的意义，要做到这一点就必须对自然语言进行计算机处理。作为计算机科学与人工智能研究的一个重要领域，自然语言处理（natural language processing，NLP）是一门融语言学、计算机科学、数学于一体的科学，是计算机科学的一部分。自然语言处理与虚拟现实相互连接的意义在于把自然语言处理认知的符号根基建立在三维网络的虚拟现实空间上。但就研究目的而言，这是一种能实现人与计算机之间用自然语言进行有效连接的理论和方法，旨在设置计算机程序用于语言理解，构建能够实现语言处理的解决方案。因此，自然语言处理与语言学智能化研究有着密切的联系。近年来，作为计算机科学领域与人工智能领域中的一个研究方向，自然语言处理已经获得了重要的研究成果。

目前，基于深度学习的自然语言处理技术已经走向了词嵌入、句子嵌入以及带有字符层次的编码解码模型阶段。多种自然语言处理技术的核心算法与解决方案已经全面覆盖了中文处理的各类语言需求。从认知的文本形式角度看，中文文本表现为由汉字、标点组成的一串串字符。从逻辑层次角度看，单字可以组成词，词可组成词组和句子，句子可以组成段落、章节和语篇。从语境认知的角度看，形式上相同的字符串，在不同的场景或语境下会有不同的语言指向性，因而可以理解成不同的词串、句串等，并生成不同的语言意义。一般情况下，它们中的大多数都可以根据相应的规则而纳入各类自然语言处理技术的云端 PaaS 服务接口。这种中文字符串的理解形式，一方面体现了计算机自然语言处理的内在逻辑，另一方面也为语境建模提供了基础性的技术支持。

虚拟语境的模型建构首先要根据课程内容选择建模软件。我们可以把所有的软件想象为"菜谱"，特定的软件就像一本菜谱中某一道菜的制作流程，只要按照菜谱所设定的技术条件制作，那么谁都可以做出一道美味的菜肴，这个做菜的步骤就可以理解为语境建模的步骤。各种软件具有不同的特点，例如 3D Studio Max 软件是基于个人电脑系统的三维动画渲染和制作软件，其广泛应用于广告、影视、工业设计、建筑设计、三维动画、多媒体制作以及工程可视化等领域。该软件在国内拥有众多的使用者，便于交流，网络上的教程也很多，制作流程简洁高效。运用 3D Studio Max 软件制作语境模型，操作也相对简便，在这个软件版本的基础上，后续的升级优化版更有利于学习者学习、体验与认知。在选择了恰当的软件之后，使用者就可以应用该软件的技术功能进行语境建模设计，并根据教学需要引入图形、语音、文本、三维渲染和人机交互等插件模块，从而形成完整的教学语境。

（2）语境建模的认知基础。认知心理学认为，人之所以能够快捷、符合逻辑地去判断新事物，是因为思维中存在一种类似该事物的"认知基模"。基模作为认知行为的基本模式，按照涉及个体的人物基模、涉及事物过程的事件基模和涉及社会背景的角色基模等进行分类。虚拟语境理论借鉴其要素分类方法，在模型建构上划分为主体模型、行为模型、背景模型和参照模型，形成语境建模的整体框架与分层设置。在此补充一个实例解析，以说明虚拟语境的基本模型建构，以此解读怎样通过要素分类的抽象基模去识解一段语词的述义："Ночь. Нянька Варька, девочка лет тринадцати, качает колыбель..."（深夜。保姆瓦丽卡，一个 13 岁左右的小姑娘，摇着摇篮……）这句话的背景要素是"深夜"（背景模型），主体要素是"保姆"（主体模型），行为要素是"摇着摇篮"（行为模型），另外还有一个具有指代意义的参照点"13 岁左右的小姑娘"（参照模型）。在人为设置的语境空间，当学习者阅读这段文字时，沉浸于文字内在的情境之中，通过对几个要素模型的视觉体验，就能够理解这一句式所蕴含的景中有情、情中有景、情景交融的意境。在人工智能的图式中，任何形式化的程序设计都意味着增加计算机的可读性，虚拟语境由上述四种建模形式表征出来，有利于计算机读取，从而进行进一步的智能化处理，其中语境的主体要素、行为要素、背景要素分别对应了人物基模、事件基模、角色基模等认知基模的功能分类，参照点则表征了虚拟语境在情境设计层面的对比性功能。

（3）语境建模的认知方法。语言的意义是由其生成的语境所决定的，如果人工智能要虚拟这个语境，那就需要在形式结构上引入自然语境对人类语言的表征方式，这种复杂的认知方式体现在虚拟语境的模型建构中，可以借鉴 Java 语言实现的递归算法，把虚拟语境建模问题分解成规模缩小的同类问题的子问题，以便使模型更简洁和易于理解。按照语境问题的性质分类，亦可以沿用此前所归纳出的语境建模的四个要素模型。

从认知方法的角度分析，在包罗万象的语境系统之中构建与分析这几类要素，所依据的是麦卡锡在《人工智能中的普遍性》（*Generality in Artificial Intelligence*）中所提出的"限制方法"。所谓限制方法，即"允许我们对世界中发生的实情做出一种可为常识所允许的近似性概括……而不必提到那些没有被罗列出来的前提"（徐英瑾，2015a：91）。就是说，所有的语境模型建构，都是在当下语境中最直接的特定模型推理，而非是全部语境条件下的普遍推理。

限制方法一方面可以提供背景知识，另一方面可以排除非直接内容。运用这一方法时，"主体和语境起着过滤器的作用，对始源域屏幕映射过来的影像做过滤性筛选，决定了目标域上的信息聚焦"（王寅，2020，133）。例如我们需要设置乘坐网约车去某地的语境，采用限制方法需要满足的条件是：①本地具有网约车的服务条件；②本人具有智能手机并下载了打车软件；③目的地在网约车的服务范围内；④所在地具备通行条件等。一些在正常范围以外的条件则不包括在内，例如：①网约车司机不愿意去某地；②突降暴雨致使交通瘫痪；③网约车司机因故无法到达约定乘车地点；④因手机丢失而中断了与司机的联系等。如若不采用这个限制方法，被罗列出的前提条件越多，所设定的语境参数就越复杂，系统的知识集合就难以体现主要的语境参数。这不仅使得计算机难以确定准确的语境选项，而且会增加语境中语言意义的不确定性。

一、主体模型语境建模分析

主体模型作为一种微观的语义模型，在诸语言要素模型中处于核心地位。虚拟语境建模的设置首先要考虑具备语义辞格表征的主体。主体模型是指在空间上具有主要语义特征的语境建模，在语法修辞上主要用于解析主语等主要句子成分，包括从事某种行为的人，如"Я шёл со старостой."（我跟着班长动身了。），或者具有语义特征的事件，如"Тихая речка не спеша, течёт по городу."（平静的小河缓慢地从城市流过）。其中"班长"和"小河"就是一幅局部性虚拟语境中的主体模型，用认知语言学的视角解析，即背景与图形关系中的后者。所以说，主体模型的隐喻指向由两个类别组成：一类是"个体模型"，另一类是"事件模型"。

"个体模型"是依照实物的形状和结构按比例设计的图示，主要体现以人类为标志的生物功能，其设计制作均需要相应的虚拟现实软件或运用 Xbox 虚拟形象编辑器。虚拟语境主体模型通过凸显人的抽象肢体动作，既要表现出仿真的人类智能行为，标识出其行为的目的性，又要模拟人类特有的思维功能，为虚拟语境中的说话人预设其行为心理意图和行为轨迹，还要将各种主体功能进行分类，通过人物的表情、眼神、衣着、举止等多项参数的集合数据进行列表编程处理，将需要表征的知识内容进行图示化，并以符号形式转化为计算机可以识别的语境方式，把最能够凸显语义的语境模型呈现在学习者面前，使其全面了解语境中行为主体的语言和表情信息。学习者通过三维语境解码的综合信息，会对相关教学内容的认知更加深刻，如果仅凭书面文本的线性解说，则难以系统掌握所识解语言的全部意义。

"事件模型"既包括针对某一事物或过程所进行的语境建模，也包括从自然界已有的事物中选择出来，用以代替原型作为教学对象的事物模型。由于客观条件的限制，教学中往往难以找到与源语语境相同或相似的自然语境模型。自然语境的这种局限性促使人们尝试运用虚拟现实技术来设计复制具有空间层次感的事物模型，用以再现事件的起因、过程和结果的逻辑结构。事物模型又可分为单主体模型和多主体模型，主体往往是异质的，不同类型的主体在属性与行为方式上有本质的差异，需要设计模型的不同体感、风格、色调去体现差别。语境建模中的主体可以是一个事物，也可以是多个事物，还可以是事物的某一部分，虚拟语境设计需要根据不同主体自身的存在逻辑去构建符合规律的语境模型。

由于自然语境对语义解析的制约性，某一主体对象在某一特定语境中进行语义识解，或许适用于解释某个特定的语义乃至义位或义素，在语境发生变化时原来的解释就不再适用，所以在解释语言时，需要将其所能够涉及的各种潜在的语境一一描述并储存起来。鉴于这种操作思路是困难而又缺乏效率的，所以要借鉴麦卡锡在人工智能语境创设中的"限制方法"，这一方法的本质表征是：只需把与教学内容直接相关的语境描述和储存起来，做到虚拟语境自身框架的大幅缩容，以此实现外语教学与虚拟现实技术的有效融合。

在计算机平台上实现语境的模型建构，既需要与之配套的技术手段，也需要虚拟现实技术学界能够开发出用于外语教学的智能化语境嵌入软件，也就是那种能够用以对各种生活情景或语言场景进行形式化表征的软件。此外，应用于教学的语境建模设置软件应该是模块化的，即某一主体模型或行为模型的设置，如果遇到相似类型的语境建模，只需进行某些要素的微调，就具备既可以应用于 A 场景也可以应用于 B 场景的兼容性。

二、行为模型语境建模分析

行为模型是指模型主体的行为方式，既包括人的行为模式，也包括物体的运动模式。构建局部性行为模型在语言性语境方面主要用于解析谓语等主要句子成分，即表达述谓性，在非语言性语境方面主要用于事物的运动过程，凸显主体的动作特征。行为模型按照其行为方式可以分为主动行为模型、被动行为模型、连续行为模型和虚拟位移行为模型。

主动行为模型体现主动的动词态，例如："Я бы предложил такую поправку."（我建议做这样的更正。）该模型所凸显的是一种主动行为。被动行为模型体现被动的动词态，例如："Статистические данные обрабатываются электронно-вычислительными машинами."（统计数据是由计算机处理的。）该模型所凸显的则是一种被动行为。连续行为模型反映的语词往往形象生动，体现了繁化动词谓语的形式，例如："Вы только шли, шли, как стадо овец!"（你们走了又走，就像羊群一样）。虚拟位移指物体在三维空间发生的隐喻化运动，其特点是使用位移动词表征不可移动的事件或情景，虚拟位移行为模型本身反映了物体沿着一定路径运动的过程，如走路、流水等常态化无界运动模式，其语境界面体现了物体虚拟位移的动作信息。在技术应用和语境对象化物体的选择上，运用 KAT Space 全向跑台系统就可以解决无限空间虚拟位移问题，让使用者在原地踏步时产生真实行走的感觉。

与语境建模要素分类相同，虚拟位移模型也存在自身的要素分类，包括主体位移模型、背景位移模型、行为位移模型和参照位移模型，位移的本质是移动，物体的运动是相对而言的，是其空间先后位置相对变化的结果。"在这个过程中并没有任何东西指示物体在我们观察之前的何时开始，或物体在以后的某个时刻达到目的。"（杨明天，2004：163）换句话说，虚拟位移界面所体现的是运动本身无界的动词性，是物体运动的本质。

行为模型的表征需要达到一定的目标，但并不要求其行为过程中的每一个状态都得到凸显，例如"прийти"（到达）的述义中隐含着一条延伸性的位移路径，语境建模只需明确表示其中的几个路径信息节点，其完成体动词的述义也只是运动的最后一段。但是虚拟位移模型的阶段性展示，就像整个行为过程的所有成分状态都逐一被凸显出来一样，有利于在头脑中形成用移动性动词描述静止性事物的语义认知。

行为模型的运用存在一定的规律性。斯坦福大学行为学家布莱恩·杰弗里·福格（Brian Jeffrey Fogg）教授所创设的行为模型总结了影响行为的三个重要因素：行动的动机、启动行动触发器和执行行为的能力。行为模型的构建需要考虑这三者的关系，而不是仅仅复制一个静态的行为动作模型。所以，行为模型的构建是以动态语境观为基础的、充分体现行为模型三要素的语境建模。在传统教学模式下，学习者实际接触到的往往是静态的语境，其"缺点在于忽视了交际中说话人和听话人的作用，对认知能力认识不够，不能很好地解释语境句的间接含意；动态语境观的优点在于充分考虑了说话人和听话人在会话中的重要作用，强调了人的认知能力，能很好地解释许多语用推理过程"（崔卫、徐莉，2004：18）。

我们采用一个教学片段来分析虚拟现实动态语境的教学过程："Автобус ехал почти час и наконец доехал до Лаврушинского переулка. Он подъехал к зданию Государственной Третьяковской галереи. Туристы вышли из автобуса и пошли на экскурсию. Экскурсия по Третьяковской галерее была очень интересной. Туристы переходили из одного зала в другой и узнавали много нового."（大巴车行驶了将近一个小时，终于抵达了拉夫鲁申斯基巷。它停靠在国家特列季亚科夫画廊的大楼旁。游客们下了车，开始参观游览。特列季亚科夫画廊的游览非常精彩。游客们穿梭于各个展厅之间，了解到了许多新知识。）教学中的问题是应该怎样理解并掌握不同前缀的运动动词如 ехать（行驶）、доехать（抵达）、подъехать（行驶靠近……）、выйти（走出）、пойти（开始走）、перейти（走过、穿过）等的语义区别，并在分析语法概念的基础上运用其进行对话演练。对于这样一段陈述行驶方向、路径、参观历史建筑以及旅行游览的课文，运用 3D MAX 软件对场景方案进行模拟还原，构建街景布局，搭建模型，场景就变得生动起来。演播室把这些问题放在虚拟的路径中，借助视觉、听觉及触觉等多种感官，沉浸式体验虚拟世界并与其进行交互操作，使学习者进入漫游中交互的状态，仿佛是在游览俄罗斯特列季亚科夫美术馆（Tretyakov Gallery），在那里欣赏俄罗斯的宗教美术杰作。他们置身于紧扣词语内容且具有引导指向的虚拟语境里，通过在街道上直行、转弯、识别路径、进入美术展馆等一系列动作，一边参观欣赏，一边学习知识，让思维、路径与情景三者相互对应，同时通过听觉、视觉、动觉的功能，具身体验用移动性动词描述静止事物的语言现象，由此而获得对俄语不同前缀的运动动词的理解。在虚拟位移的运动过程中，随着情景的演示脉络，形成视觉主体和视觉对象擦肩而过的感觉，循序渐进地厘清行为者的动机（要去何处）、行动触发器（要做何事）以及执行力（怎样行进、经过何处、看到什么）等相关内容的俄语表达方式。

三、背景模型语境建模分析

当一个语义结构所指向的内容被凸显时，其所参照的认知结构是背景，所指的内容就是图形。背景包括三维空间的一个或多个相对不凸显的认知结构，与图形被语法化为"主语"相对应，充当突出图形参照体的背景往往被映射为宾语、补语等句子成分。前面我们提到了麦卡锡的人工智能语境的两个重要概念："情境演算"与"框架"。背景模型就体现了其中"框架"的界限表征，它是指在框架结构中具有烘托主体意义的因素，是对人和事件起衬托作用的局部性语境建模。背景的原始意义是一种空间基底的概念，就像去表述"在黑板上写字"这个语义结构，其中"黑板"是背景，所写的"字"就是图形。所以，背景相对应的语义辞格是修饰语、说明语等次要句子成分。

修饰语作为修饰、限定事物和现象的语词，其语用目的在于强调所修饰语词的方位、性质等背景特征，它的框架与衬托形象会使得所涉语境建模比较抽象，并不像蓝天背景映衬白云图形那样简单，有时也需要凸显主体的某些特质，例如表达"солнечная улыбка"（阳光般的微笑），其语境要素往往会与主体的年龄、性别相关，因为它常用于修饰男孩子的帅气、阳光，把阳刚之气作为主体的一种气质性背景而塑造在面部表情上；有时则重在体现环境特征，如果体现"унылый дождь"（忧伤的雨滴），那就需要设计相应的潜意识背景，至于如何凸显雨滴的"忧伤"，则需要结合上下文语境，才能让雨滴融入忧伤的意境。例如，在萧瑟秋日的背景中，创意性地构建一幅晶莹的冷雨浸透长发沿着眼帘滴落的图形，进而去解析那种忧伤的雨滴冷到心头一般的思维意境。也就是说，要把物质的语境背景通过思维语境化从而形成一种伤感的认知，由此而引导思维，所获得的语言理解会更加深刻。所以，背景模型把来自文本的语言义位和来自自然界的相应信息通过计算机的"情境演算"加以智能化概括，选择最具形象性的信息作为注意力的焦点，形成基于特定情景和相应动作的逻辑语言。但需要指出的是，类似的渲染性背景模型是因教学需要而设计的，所以即便出自源语语境，也并非一定是源语语境的翻版。

67

背景模型的构建并不仅是一个抽象的衬托概念，它离不开背景与图形的关系，所以也是相对于人的主观感受而设计的语境建模。具体来讲，靠近自己的为图形，远离自己的是背景；结构具有整体性的是图形，相对松散的是背景；可以运动的为图形，相对静止的是背景。假定把二者放在表示同一语义的事件中，其中一个物体的运动或定位要参照另一个物体，那么前者是图形，后者就是背景。

如果把图形和背景的概念放在虚拟语境中，图形是指移动的或概念上可以移动的实体，它的路径、场所或方向是变量，值是相对的；背景则是一个参照实体框架，具有固定的位置，可以通过其来描述图形的路径、场所或方向，但作为一帧虚拟语境图示，它有别于语义解析中的具体参照物而更接近于框架。在语境建模中，图形的判定需要有参照物和参照框架，背景模型体现了人工智能语境"框架"的"界限"表征，在图形/背景的述义中，衬托图形的背景在语义上主要承载了一种主次的依存关系，在修辞上则体现为宾语和补语，且称之为"句法背景"（syntactic context）。在自然语言处理中，句法背景承载着一个词语、短语或句子的上下文信息，这些信息对于理解该词、短语或句子具有重要的意义。

虚拟语境中的图形与背景具有碎片化的特点，与现实教学场景中的背景不同，虚拟语境中的背景是可替换的。虚拟背景依托于图像分割技术将图片中的图形分割出来，根据教学需要对背景图片进行补充或替换。图像分割技术是把图像切分为若干独立图形的图像分析技术，是由图像处理到图像分析的重要环节，在对图形与背景的关系的研究与应用中，由于教学内容的多维性，学习者有时需要认知整个图形，而有时往往只需要对图像中的某些部分进行述义与识解，这些部分就是图像处理的目标。图像分割技术能够识别整体图形中的这些分层目标，并将它们从图像中分离提取出来，在此基础上才可以进行下一步的体验、认知与应用。图像分割技术可以按照教学目标将图形与背景分割成各具特征的部分或区域，并从这些区域中提取与教学内容直接相关的图形与背景，以便构建局部性语境模型。

四、参照模型语境建模分析

参照点（reference point）的述义源于决策理论，人们在对决策方案进行判断和评价时往往都隐含着一定的评价参照标准，这一作为评价标准的参照物就是"参照点"。认知参照点的构建原则源于罗纳德·W. 兰盖克（Ronald W. Langacker），他所构建的参照点模型（Reference-Point Model）是一个基本的认知模型，该模型基于一个被概念化的实体（参照点）与另一个实体（目标）建立其心智接触（兰盖克，2017：582），"率先将'物理性参照点'概念化为'认知性参照点'，使其成为一种认知机制，这才具有认知语言学上的研究价值，充分体现出人的主观识解性"（王寅，2020：373）。虚拟现实的空间定位需要通过观测多个参照点来确定目标指向，并通过立体视觉计算确定目标位置，故研究参照点的主观识解性对于参照模型的构建具有重要意义。

在虚拟语境中，参照模型即语境建模的对应参照物，所凸显的是具体的对比特征。从这个意义上来说，参照模型与上述三种语境建模具有不同的性质，它并不是虚拟事物的本身，而是创设与事物具有明显对比性的另外一个主体，也就是说参照模型是独立于事物主体之外的用于识解主体语境的语境建模。作为一种对应性的语境建模，参照模型也可用于表达恒长关系的情境，例如："Посёлок этот стоит у реки."（村镇坐落在河边。）其模型建构在语法上表示参照物与被参照物相互依存且始终存在的恒长关系。

参照模型的构建是基于行为主义的认知方法，其突出的表征是自下而上的对比研究路径，即通过对视觉语境中物体某一细部特征的比较（如明暗对比、色调对比），形成与整个物体的对比值，进而以这个对比值作为参照点去感知整个事物。换句话说，当教学界面涉及到某个知识点，参照模型就是为了解析这一教学知识点而即时构建的一种"语境参照物"，是在广泛背景中具有确定性指向的物体。但由于参照模型的意义不限于参照物体本身，其内在的含义包括二者相互比较、评价的过程，所以常用于补语、状语和一些指代性语词等次要句子成分的分析。

参照模型可以根据主体投影的折射原理从直接对应的语境中提取。例如："Лодка быстро плывёт по реке."（小船沿河急驶而去。）若事件发生在虚拟的语境中，那么除了小船与河流而外，水中的景物、岸边的景物和天空的景物就构成了一个可供选择的参照系统，而设计此类语境的焦点在于确定物体投影折射的参照点，即上述参照系统中的某一具体参照物。参照物作为事先选定的基准物体，是以解析语义指向为目的而定向选择的。

选择不同的参照物来描述同一个物体的运动状态，可能得出不同结论。同向运动会产生静止的感觉，反向运动会产生加速的感觉，所以运动和静止都是相对的。在研究地面上的物体运动时，通常以相对静止的物体作为参照物，但也不排除以运动方向的反衬作为参照物。例如在解析句中"по реке"（沿河）这一重要的状语成分时，可以把折射小船投影的流水作为运动的参照物，向后的流水反衬

69

了向前的小船，构筑了沿河行进这一状态，在这个环节需要淡化处理其他景物，在多重语境系统中定向选择语境参照物以构建局部性语境模型。

参照模型常用于凸显某一确定性的指代意义，以执行修辞遣句方面的功能，这一功能类似于射体—界标理论中的"分句界标"（clausal landmark）。例如，分别对老人和孩子说："Вы стóйте здесь, а ты там."（您站在这里，你站那里。）参照模型以老人与孩子的投影互为参照物，运用程序数据库进行模型建构，其中的"您"指代老人，应用老人的投影连接；而"你"指代小孩，则应用孩子的投影连接。由此可以归纳出参照模型的以下三个特征。

（1）客观性：世界上没有任何一种物体是孤立存在的。作为参照模型的物质承担者，参照物相对所参照的物体，其本身是一种具有独立图像的客观存在。我们在描述某一物体时，无论是否发现、运用参照物，参照物总是存在的，并在三维世界中呈现出空间感、尺度感和距离感的"具象化"表征，这就是参照物的客观性。参照物的这一特点决定了我们在识解语言时需要仔细地去发现它、甄别它和运用它。

（2）对比性：参照模型的本质意义是对比，没有比较就没有鉴别，对比可以在同类物体中找出差距、发现区别，将这些差距和区别作为认知语言的基本方式和重要工具。现实中对比性处处存在，运用对比是我们获得语言识解的有效途径。虚拟语境既然可以模拟仿真物体与事件，那就有条件设置对该事物进行识解的对比参照物。视觉图像中与视觉前景相对应的是衬托背景，构建参照模型的基本意义就在于凸显衬托作用的对比性，这既反映了语境建模的基本功能，也体现了语言意义的生成路径。

（3）程序性：对比本身是一个过程，参照模型相对于主体模型，其所强调的不是具体事物的本身，而是评价事物的过程。当对某一事物、事件做出评价时，另一个相对应的事物、事件就被激活，从而成为参照点评价的依据，这就是参照模型的程序性。凸显这一程序就是"参照"本身的意义所在。在非语言语境中，"过程"呈现参照物的行为步骤；在语言语境中，"过程"表示时间、地点、程度、方式等概念，所以参照模型在句子中可用于表示行为或状态特征的副词，而在程序的末端具体指向某一事物主体时，往往通过指代的方式。

上述特征决定了参照模型的多义性。由于语言本身的多义性和语境对语义的决定作用，对不同语境中同一语词的研究可以选取不同的参照模型，在不同参照模型的对比下，同一语词会呈现出不同的语义。这是因为当所选取的参照物不同时，对语言意义的描述结果也会不同，以此识解语言的多义性，更能体现出参照模型的多重对比特征。例如，乘坐高速列车的乘客，若以列车为参照物，他们坐在车厢内是静止的；若以铁路两侧的景物为参照物，他们则是高速运动的。

在计算机平台上从事上述四种类型的语境模型建构，还需要相应的专业工作程序，其主要步骤包括：①选择与教学内容相适应的虚拟现实软件制作语境模型；②运用虚拟现实软件融入模型并添加图形、语音、文本和交互编程；③通过浏览器播放插件把模型显示在屏幕上并设置人机互动交互区域。这些工作并非外语教师能够独立完成的，所以任何语境模型的构建都需要运用计算机技术手段以及虚拟现实技术业界专业人员的密切配合。

五、索引表达式

上述主体模型、行为模型、背景模型和参照模型构成了虚拟语境教学界面结构，四种语境要素模型相互联系、相互补充，在非语言语境中，与其相对应的是现实世界的四种结构形态；在语言语境中，与其相对应的是语言教学中的主语、谓语等主要句子成分和修饰、指代等语义辞格。宾语作为行为对象的承受者，适用于主语的模型图示。从计算机科学的视角看，每一种模型结构都可以被视为一个小模块，即执行特定语境要素的信息处理单元，每个单元单独处理其内部的信息而无法与另一个单元进行有效联系，所以需要专门构建一个执行语境搜索链接的程序性模块——索引表达式。索引表达式是通过计算或引用属性来快速访问数据的一种机制。之所以称其为"程序性模块"，是因为索引表达式自身并不具备独立的语言含义，它的语义内容由介入语境的内容而确定，并随着介入语境的变化而改变。

语境与语义之间的关系体现了语境建模用于修辞解析的路径脉络，这种思路源于意大利的人工智能专家福斯托·准奇利亚（Fausto Giunchiglia）和保罗·鲍奎特（Paolo Bouquet）的语境推导论。他们把语境归纳为语用性语境和认知性语境，并在二者之间构建穿针引线式的索引表达式。以色列哲学家耶霍舒亚·巴尔-希勒尔（Yehoshua Bar-Hillel）进一步论证了这种索引性语言表达式，并深刻分析了索引词与语境之间的内在逻辑关系，而这一关系则是以语境建模形式表征词语述义功能的重要理据性渊源。

索引词首先具有界定关系的作用。语言中无论是语篇还是句式，句子间的词汇通常是不会孤立存在的，需要将每句话中的所有词语按照语言述义的要求进行正确的连接才能够表达出相应的含义，一旦形成相互关联的句子，词语间就会形成相应的界定关系。如果缺少有效的界定，内容就会变得模棱两可，无法进行有效的理解。例如"他瞒着老师和同学悄悄地去海边了"这句话，如果不用索引词对介词"和"做出界定，计算机就很难识别这三个人在同一语言述义中的关系，进而难以明确表达语言的含义：究竟是老师和同学两个人都不知道他去海边，还是老师不知道他和同学两个人都去了海边。

索引词同时也具有选择主体的作用。如果某一事件发生在一个复杂的、多层级的语境中，那么提取这个语境自身所涉及的所有数据信息不仅说明不了问题，还会让人脑与机器均不堪重负，所以需要一个索引词。索引词具有指引性，引导说话人、说话时间、说话地点、话语场合等不同要素形成新的搭配关系，从而确定或改变语言的意义。索引词与语境密切相关，一旦离开语境，就无法确定其所指内容及含义。在技术层面，基于索引的三维引擎数据库具有高度的灵活性，该数据库易于扩展，可以添加、变换和删除模型，还可以容纳海量的数据并提高渲染速度。

关于索引词的述义可以解释为：索引词是在特定语境下才能确定其具体指称的词语，如果语言生成于某一特定语境，那么这一语境就是该语言生成的特定时空坐标与逻辑空间，它牵扯到这一语言说出的时间、地点、场所、氛围等诸多因素。虚拟语境设计不可能是包罗万象的，它需要在众多的语境要素中进行概括和选择，以确定最能够表达语义的要素。这种用于提炼语境因素的程序就是索引词。在虚拟语境界面中设置索引词，其内涵意义是构建该模型的主体、行为、背景和参照四个要素之间的内在联系，其外延意义是创设语境建模与修辞语义之间的信息传递路径。

索引词还具有语法上的指代作用。语言认知中的索引词是美国查尔斯·桑德斯·皮尔斯（Charles Sanders Peirce）提出的一种引导符号，主要指"你、我、他、她、它"等称谓代词，以及"过去、现在、将来、曾经"等时间副词等。索引词是特定语境中的词语，离开语境就不能确定其具体的指向，因而对语境研究具有重要意义。运用语境建模进行语言识解，客观上也需要一个索引表达的"导航系统"来给予辅助，以便找到需要的学习内容，能在任何时候准确地确定目前所在的位置，了解当时展现的语境与其他相关语境在结构上的关系，而不至于发生语境错配的现象。"在一个表征系统将语境中的那么多因素加以囊括，乃是很不现实的。因此就需要对语境所牵涉到的杂多因素加以割舍和提炼。而进行这种割舍

和提炼的关键，乃是对于'索引词'的引入。"（徐英瑾，2015a：62）

在解析词语多义的语用性指称时，索引词可以依据语词在文本中的义位切换不同的语境界面，用以激发学习者的认知神经机能，引导其心智从语境界面切换中选择出正确的文本解析图示。例如："Ну представь себе：еду（я）по шоссе, любуюсь природой, вдруг вижу..."（好吧，想象一下：沿着高速公路行驶，欣赏大自然的美景，突然我看到……）这句话涵盖了主体模型、行为模型和背景模型。教学中需要解析某一部分，索引性语言表达式就把凸显点引导指向那一部分。可问题是在这之后会出现另外一个主体，例如突然看见一片树林或者一个猎人，即便有储存的语境资料，仅仅靠电脑自身也不能完成正确的匹配，这就需要发挥索引词通过统计分类而生成的识别功能，用以锁定"突然看见"的那个主体。

虽然从语言认知角度来看，索引词没有独立于语境的语言意义，不可用以表达一个完整的述义，但在智能化语境界面中，索引词的意义可以延伸到建立学习者与学习内容之间的有效联系，为用户推荐恰当的知识内容以及与语境要素的精准连接。虚拟语境从其语用性来看，即语言生成环境的靶向性虚拟，其对语义的解析是通过索引获得的，而作为索引概念的程序符号，索引词的最基本特征是能够做出此图示情境就是彼现实语境的判断。但是索引词的功能也是受限的，如果我们以此作为外语教学语境界面的索引表达式，那么由于受制于符号系统的有限性与语义无限性之间的矛盾，历史文化语境的欠缺，以及非母语识解的语境空缺现象等因素的干扰，目前尚不具备完全意义上的时空共在的虚拟语境索引与角色连接功能，在缺乏强大软件功能与丰富资料储备的情况下，还不能做到一点击鼠标，就让历史文化语境再现于学习者面前。

语境在语言知识学习中具有基础性的作用，它是语用分析中最重要的一个因素，主要涉及上下文语境、现场语境、交际语境、背景知识语境等诸多方面。语境一方面对言语行为的内容和形式起着干预作用，另一方面又起着必不可少的补充作用。构词是语境中最基本的单位，它既具有在篇章中与其他构词组成句子的功能，也具有在语言中单独传情达意的作用。因此就需要有一个计算机能够识别的分类索引。索引词作为一种索引语言的概念单位，由关键词和描述性文字组成，能够在所介入的语境和语义内容之间起到一种映射作用，用于快速定位到具体的词义范畴。对词义的理解是准确理解每句话以至整个篇章段落的核心所在，但当词语进入具体的言语活动后，它所具有的语义往往是丰富而又复杂的，既有语言本身的意义，也有语境给予语言的意义。既然语义来自不同的层面，就不能只

73

从词汇意义和语法意义角度去理解，还需要结合构词的语境运用索引词给予恰当的判断。只有这样，才能在言语交际的过程中消除歧义现象，从而准确无误地理解和应用词义。索引表达式在语境建模中的作用主要体现在以下方面。

首先是确定词义的语境指向。一词多义是俄语中非常普遍的现象，词典中的义项是在不同语境条件下对词语的意义的注释，它是不确定的、不具体的，但是如果把一个词置于上下文的语境中，词的义项就确定了具体的语境指向，受单一语境的制约，并在具体语境中得到体现。例如，动词 разбить（打碎、毁坏、破坏……）在某种语境里所表达的词义是"разбить бокал"（打碎杯子），而在另一种语境里，它所表达的词义是"разбить жизнь"（毁坏生活），只有与相关语境联系起来，动词 разбить 的语义才能获得准确的识解，正如马林诺夫斯基所言，语境是确定词义的唯一因素，舍此别无意义可言（Malinowski，1923：307）。

其次是消除语言歧义。歧义是一个复杂的语言现象，造成歧义的原因也是多种多样的，当某一个单词、词组或句子的意义存在两种或两种以上的解释时，索引表达式可以联系相应语境，制约语词的理解与表达范围，把词义的识解限制在特定语境的框架内，从而避免多种解释的干扰，形成语境与语言符号在语形、语义、语用三个层面并行传输的方式，让语境数据分别在不同层面的信息通道中传递，便于索引追踪功能的快速实现。虚拟语境体验认知遵循了从语形到语义再到语用的逻辑分析路径，索引词有利于让语境形成与这三个层面的准确搭配，起到辨析语形、识解语义、指引语用、消除歧义的作用。

最后是提炼语境要素，实现数据整合。索引表达式是建立在数据库统计基础之上的语境要素提炼形式，它把虚拟现实技术在描述状态方面的功能与计算机在描述过程方面的功能有机融合在一起，实现虚拟语境教学应用在实体与程序上的有效连接。虚拟语境作为解析语言的重要实体工具，并不能自行实现对语言的识解，即便是语境的智能化，也需要相应的程序去配合。索引表达式承担了语境复制过程中的连接性、指称性任务，在虚拟语境的构建与应用过程中发挥着快速读取文本数据整合资料，保证情境数据与词语搭配的唯一性，以及实现语境与语义间参照的完整性等作用。

综上所述，虚拟语境依据基模理论的认知基础，构建主体模型、行为模型、背景模型和参照模型的模型分类，运用索引词穿针引线的功能，形成介入语境，帮助学习者理解话语意图，并对语义内容进行有效指称，以此构建语境建模的结构框架，实现虚拟语境在教学中的应用，参见图 3.1。

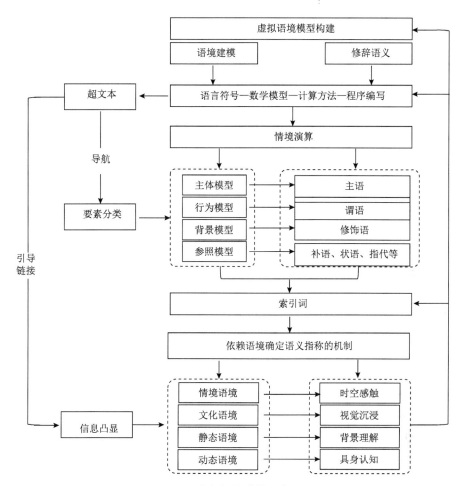

图 3.1 虚拟语境建模示意图

第四章　智能教学界面虚拟语境融入策略研究

第一节　语境融入的范畴与形式

虚拟语境作为人为创设的教学语境，是为了解决某一教学问题而植入智能教学界面，那么针对何种教学问题以及怎样去融入相应的语境，就成为值得研究的策略问题。由于语言交际是发生在自然语境中的言语行为，当学习者认知这种言语行为时，已经不在原来的语境中，这是造成某些外语知识认知困难的一个重要原因。虚拟语境的融入就是要复原言语行为发生时的现实语境，使学习者获得言语行为发生时的语境状态。但这里首先需要明确一个问题：虚拟语境是基于虚拟现实的语境建模，但是它并不等同于虚拟现实。虚拟现实是利用计算机生成的高度逼真的虚拟环境，是一种可以创建和体验虚拟世界的计算机技术，而虚拟语境是为了求解某一教学问题而创设的局部性语境模型。

虚拟语境的融入范畴只是与教学密切相关的那部分语境，其所植入的载体是以电子屏幕形式显示的教学界面，包括电视界面、平板显示器以及各种规格的演播显示屏等，凡是与计算机、互联网相连接的屏幕界面，都可作为语境植入的平台载体，但能够融入语境进行交互的只能是在虚拟现实演播室或配置了虚拟设备的教学场景中。虚拟语境通过这个载体，创设了一种包容历史与现实信息的多维化的语境空间，学习者不仅可以通过这个空间进行时空共在的外语学习，而且能够融入这个空间进行具身的交际、互动、体验和认知。

语境融入智能教学界面存在原有认知形式的转化问题，体现了由描述语境的抽象情境认知向融入语境的体验互动认知的转化。随着人工智能与现代信息技术的发展，基于情境的认知方法正在经历形式上的变革。外语教学话语空间的共享情境催生了由传统界面向智能界面加速转型的趋势，在这一趋势中，智能教学界面凭借自身的技术优势而成为语境植入的最佳平台，其原因就在于智能界面能够形象地植入所设计的情境，再现语境中揭示词语述义的构式原型，或者分别凸显植入情境的不同组成部分，把想象语境的抽象思维转变为虚拟现实的形象思维，以此还原语境中具体的语义值，语境融入既再现了生成语义的语境，也颠覆了语言识解的形式。如果把二者放在同一个框架中构建不同要素的语境建模，就可以把原先存在于个体头脑中的语境想象用统一的语境图示呈现出来，继而将过往的语言情境与现实的教学文本直接对应，以便于实现各种词语构式的规约化识解。

一、应用范畴

界面是基于操作逻辑的人机交互接口，智能教学界面指计算机与教学场景相互连接的教学平台。该平台在虚拟语境的外语教学中，具有植入情境识解语言的重要作用。任何语言符号都是在特定情境中生成的，"没有情境植入的符号不能作为语言理解的基础"（Glenberg & Robertson，2000：399），同样，没有植入情境中的言语行为不能作为语义认知的依据。在教学界面中植入语境解析教学内容，是一种基于虚拟现实的语言学习策略和语义识解方法，这种方法对于外语的词语解析和认知理解具有普遍的意义。其语境融入的基本路径是：通过植入一定情境成分的方法，在抽象的分类概念中锁定一个具体的概念实例去凸显事物或过程。无论被锁定的是语词、词组还是句式，一切言语行为都可以被语境化。

虚拟语境融入界面的应用范畴包括语言认知和语言教学两个方面，就语言认知方面而言，语言学家杰伊·诺伊兹（Jay Nuyts）主张情境成分的界定有狭义和广义之分，被植入的语境作为一种情境成分是广义的，它适用于语境与思维、语言相联系的所有认知范畴（Nuyts，2002）。"当我们分析范畴情境的类型、特点、变体形式等问题时，其实就是在分析实际言语中如何表达具有种种不同意味的祈使、愿望、时间、空间、性质、数量、所属、条件、原因、目的等语义，而且这种分析与说话人言语活动的设计密切相关。"（孙玉华、田秀坤，2011：14）也就是说，这些语义是出自语境而又可以被情境化的。与此同时，分析语境是以相关语言活动（时空、性质等）的设计为前提的，而融入的前提是必须对相关语境有准确而深入的认知。语境融入本质上是一种分析语言的语境设计，其假设的前提是只有把语言活动放在特定的语境中，才能得到恰当的语义识解。这种假设在分析情境/语境与语言/语义的关系的同时，也为运用语境植入智能界面、设计语言图示并解析语义提供了理据性。

如果说语言认知是语境融入的内涵结构，那么语言教学就是语境应用的外在体现。虚拟现实作为一门新兴的前沿性科学技术，则有条件深入其内涵而拓展其外延，设计创意逼真的学习场景，并为学习者提供与场景中的实体进行交互的认知场域。该场域并非仅以物理环境而言，也包括人的行为及相连因素。从外部环境来说，能够为学习者营造一个模拟真实的外语生成语境，使其克服非母语教学所带来的地域环境和人文环境的限制；从内在行为来说，可以使学习者融入虚拟语境之中，使其通过沉浸、交互、构想的学习方法，实现认知体验的外语智慧教学。

二、语　言　构　式

"构式"（construction）原指多个部分构筑在一起的结构，语言构式即述义语言的结构。从语言构式的角度来看，语境自然是这一结构的重要组成部分，融入界面的语境是多种要素结合的情境形式，而语言却表现为文本符号，中文文本需要改变为计算机能够识别的字符或字符串的形式，然后编辑带有字符层次的编码解码模型进行词语嵌入或句子嵌入。但从认知的角度看，"语言由构式组成，构式是独立的心理实体，语言的生成基于构式，而不是词汇投射，词法和句法、语义和语用并没有严格的界限等"（于鑫，2017：72）。这就是说，语言生成过程所依赖的是在思维中语境化的语言构式，而"构式（Construction）是大于等于两个象征单位的整合体，它在本质上也是音义或形义配对体"（王寅，2020：147）。所以，当虚拟语境作为语言构式的一个外在条件而融入这个构式中时，它就对这个构式产生了解释力。

解析语言构式需要经历一个形式与意义相匹配的过程，而这个过程是在思维中进行的，它需要经历一个逻辑归纳和判断的思维环节，所以说这是一种逻辑的、慢思维的语言解析形式。它首先需要假设处于某一语境中，然后通过人与这一语境的互动而获得感知经验，继而经验在思维系统内产生意象，最后经意象图示化生成语义的体验认知过程，这是阻碍认知效率提升的一个方面。另一方面，就语境认知而言，虽然处于相同的语境之中，但由于认知主体的差异性，所形成的语言构式也会有相应的差异，也就是说当回忆一段情境时，每个人头脑中的语境是不完全相同的，如果将这种差异性的语境作为语言认知的条件，那么就难以形成规约性（conventional）认知，这既是造成认知障碍的根本原因，也为虚拟语境的介入打开了空间。

智能界面中的语境图示是经过科学分析而预先设置的，所以它是统一的、直观的、快捷的，并且可以是多图同框的仿真语境，由此而生成对事物或过程的识解，省略了个体思维构式的形成过程，有利于形成统一的、规约性的概念，从而降低认知的难度，提高认知的效率，形成智能化认知的快思维形式，表征了认知语言学智能化的优势所在。

　　之所以说是快思维，是因为它依托了计算机的高速运算能力，省略了思维中的语境构图与知识转化的过程。由于"智能计算机系统通过数量不断增加的形式化表征'学会'更多的知识，而这种表征的实质是将人对世界的知识以陈述性知识和程序性知识的形式逐个固化在计算机系统中的"（董佳蓉，2016：33），所以其语境融入的运算及分析的速度与广度是人脑不可比拟的。也只有计算机智能界面才能在瞬间展示语言生成的历史情境并凸显现实的事物或过程，同时提供不同类别的语境参照物，使语境融入的述义过程真正实现具体化、规约化和形象化。如果把语境植入智能教学界面，以全域感知替代视听识记，不仅能够使这一语言使用特征在理论内涵上得以深化，而且在形态外延上也得以扩展，由此把传统外语教学思维语境中的语法通过细化的认知模型（Elaborated Epistemic Model）转化为智能界面现实语境中的识解，参见图4.1。

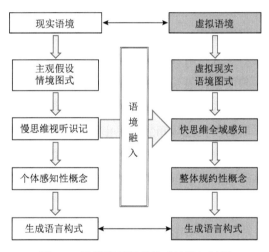

图 4.1　智能界面语言构式的认知过程

三、凸 显 形 式

　　"凸显"是人工智能表征事物的基本形式，它能使原本存在的事物更加清晰化。智能界面中的语境融入作为一种认知方式，其本质特征是"以情境成分引发的情境为参照点，凸显被情境化的事物或过程"（牛保义，2015：17）。情境认知理论认为，知识是情境化的，是个体与环境交互作用过程中建构的一种交互状态，而虚拟语境可以通过自身的情境交互表征再现词语的原始情境成分，使语言结构由思维情境化向可视情境转变，进而实现"凸显事物或过程的情境锁定其位置"

（兰盖克，2017：578），以此构建词语与情境二者在形式上的契合与意义上的搭配关系。

语境融入界面的识别形式以凸显图示的主要特征为基础，每个图示都有它的特征，例如字母 A 的顶端有尖角、P 的上面有半圆、Y 的两端有分叉等，对这些特征的凸显会辐射于字母整体并给人留下深刻的记忆。视觉主体通过眼睛的运动来完成不同凸显所提供的信息搜集，视线总是集中在图像所凸显的特征上，而且眼睛的扫描路线也总是依次从一个凸显点转到另一个凸显点，这是由于凸显位置表征的信息量最大。与此同时，当主体观察一个图示时，大脑里需要整合所有图像信息，并把分阶段获得的信息整理成一个完整的知觉映象。面对复杂繁多的图像信息，知觉机制必须排除多余信息，凸显关键信息。由此可见，在语境植入与情境识别过程中，凸显具有重要的识别意义。

情境认知理论为虚拟语境的融入提供了天然的土壤，虚拟语境的认知形式更加适用于情境语法的识解范畴，其融入的情境是针对特定语境中相关语词的认知结构和生成过程，相对于人脑语言认知的机理与功能而言，基于虚拟现实技术的智能界面可以从不同角度去凸显某一情境，从而形成更为精确完整的意象。当同一理念激发多个想象时，人工智能可以同时虚拟不同语境层级以进行广视角、多界面的展示，其预设的指向性把认知焦点集中于目的信息，使视觉神经形成一个高清晰度的区域，引导人脑的搜索机能，优化和提高语言认知效率，在认知语言学智能化的实践场域深入探索平行于语言生成语境的虚拟现实认知空间。

第二节　语境设置的构建特征

一、语境设置的思维同构性

情境认知理论（Situated Cognition Theory）认为，知识是情境化的知识，是在主体与环境交互作用过程中建构的。情境认知理论强调学习的设计要以学习者为主体，内容要与社会实践相联，并促进知识向真实生活情境转化，在类似真实的情境中，通过实践的方式来认知事物、组织教学。这一理论为虚拟语境的体验认知的思维逻辑提供了理论借鉴。然而，教学的主体语境是课堂教学，一切"真实的情境"只能是文本的记载或语言的描述，这就使得情境认知方法所依赖的是想象中的情境，其情境的模型建构及其图形结构是存在于不同个体的头脑中的，从认知的主体与过程的角度来看，就会发现其回避了一个重要的问题，即在具体语词的情境假设与构想上，不同的认知主体具有不同的思维定式，因此在头脑中所生成的语言情境必然是不同的。所谓"真实的情境"，只不过是存在于思维中的不同的想象构式而已。无论是文本记载的情境还是语言讲述的情境，在认知基础上都缺乏思维的同构性，如果只把注意力集中在情境的认知上，由于每个主体的思维不同，所注意的焦点不同，难以形成统一的、规约性的情境模型。所以，如何能够维系不同认知主体在分析情境时所获取的与融入信息的一致性，是情境认知过程中必须面对的一个问题。

基于智能教学界面的虚拟语境融入，在针对某一教学问题而设定情境时，把个体的分散认知统一于同一语义指向的语境建模框架内，以形成认知过程与认知情境的思维同构性，从而成为识解这一问题的有效手段，因为它突破了用个体思维去构建情境的复杂方式，通过计算机实现虚拟现实情境的编辑、锁定、凸显和回放，进行"情境互动+体验认知"的语言识解，让学习者的知觉、动觉都沉浸到融入的情境中。然而，图式的规约性并非限制了个人思维的想象空间，而是为这一想象构建了一个语境的认知基础，为了实现对某一确定情境的理解、设置和植入，就有必要考虑情境模型的构建方式和规则，以及利用情境模型进行词语融入和语义识解的方法。

在多维化特征之中，语境融入界面最基本的特征就是"凸显"。凸显作为虚拟语境的一种植入表征，从作用上说可以用突出显示的方法分别处理一组结构、解析一组异形词或识解一组语言，从功能上说重在由暗到明、由模糊到清晰、由多维到单一的标识与显现。通过凸显的程序，可以触发学习者的认知神经，引导其思维趋同于某一指向性的知识点，由此形成的构图既是多维的，又是统一的，当它代替了此前存在于不同个体头脑中的情境构图时，就形成了语境融入界面的思维同构性。基于信息凸显的知识叠加是智能化认知高阶发展的重要表征，虚拟现实中与凸显相对应的是增强现实，这是一种将现实世界信息和虚拟世界信息叠加集成的新技术，是把原本在现实世界的一定时间、空间范围内很难体验到的实体信息，通过计算机技术手段模拟仿真后再叠加，将增强后的信息应用到现实世界，实现由虚拟凸显到虚拟增强的图示过程。

二、语境设置的语言情境化

虚拟情境（virtual situation）是基于计算机图形、语义编程语言、虚拟现实和

81

人机交互等技术所创设的情境，其中"情境"这个概念来源于文化艺术。例如，电视是一种视觉情境，音乐是一种听觉情境。作为一种文化形式的时空存在，虚拟情境能够使学习者在虚拟的信息环境中进行时空共在的具身体验。智能界面中的情境认知处理过程既包括锁定具体事物的位置，也包括多维事物侧面的凸显，还包括情境的获得、保持与再现的全过程。其所塑造的言语场景是言语事件、事件参加者及其直接环境的融合。在虚拟现实的状态下，从语言融入场景到语言运用场景，再到语言描述场景，形成了一个语言场景化的闭环。由此而设置的语境建模，既是一个言语情境化的手段，也是对词语成分起决定作用的语义可视化形象表征，它依据凸显事物或过程的思维模型锁定词语的意义。

作为一种基本的认知方法，自然状态下的语境认知的主要表征在于通过一个与言语交际密切相关的认知模型来解析话语的认知结构，只不过这个模型是存在于头脑中的假设。虚拟现实技术可以再现思维中的各种认知结构假设，创造无限的应用场景，以应对语境的复杂性。智能教学界面把不同的语境设计融入特定的应用场景，运用情境凸显的方法锁定事物的位置，并通过对事物的不同形状、结构以及色彩值进行对比，找到事物的某些关键点，细化认知模型，发挥与提升其识解复杂场景的潜能，让语言学习在"能激活其概念层面的构建与编码化的环境中进行"（夏晓燕，2021：80）。

创设情境是模型建构的一种手段，是虚拟语境建模的一种应用形式。之所以把创设语境纳入"还原语境"的范畴，就需要重申一个观点：虚拟语境的概念具有广义和狭义之分，教学中的语境是广义的，它既包括客观存在的现实语言环境，也包括以教学为目的而人为创设的各种不同的教学情境。这些情境经过虚拟现实技术的三维成像，形成生动形象的教学图示，以智能化的形式实现了由意象到图示的转化过程，既渲染了课堂气氛，又优化了课堂教学结构，学习者可以融入情境中进行交际互动，在情境的引导下进行沉浸构想，根据情境的潜在指向性完成语义理解和语言表达等学习任务。

三、语境设置的场景共享化

场景化学习（scene learning）既是虚拟现实教学自身所具有的功能，也是情境教学的一种延伸应用。"场景"一词原指影视中特定的场面和情景，它渲染了特定时间、空间内人物和事件所构成的生活画面。场景共享化作为未来教育发展的一种趋势，主要是利用移动通信设备（手机、笔记本电脑等）的优势，在互联网情景下进行泛在学习。常见的场景化学习有三种状态：现场直播模式、微课演示模式和移动互动模式。与自然状态下的情境载体不同，人工智能情境借助虚拟现实技术所设置的情境是一种仿真视景，采用计算机图形图像技术根据仿真的目的构造仿真对象的三维模型称作视景仿真。视景仿真是充分利用人的视觉特性，通过三维图形的实时渲染而构建反映实体变化的三维图形结构，所提供的知识不是以抽象的形式植入头脑，而是以具体的结构植入界面。

智能教学界面既是以电子屏显示的教学话语空间，同时也是用于研究、模拟、延伸和凸显语言生成环境的人机交互平台。它以模型建构的共享场景形式再现了抽象的思维情境，所以在很大程度上消除了语境融入在个体头脑中的差异性。思维的差异性是与生俱来的，每个人都有自己的思维特点，就情境认知而言，在与情境接触的过程中，每个人的思维方向、思维顺序、思维重点和思维选择都不尽相同，在思维中所假设的同一情境未必会构成相同的意象图式，所以我们需要一种共享的情境，这种共享的情境既是智能界面的重要表征，也是互联网认知领域的一个普遍概念。

网络和虚拟现实技术都具有智能的基础，基于网络和虚拟现实技术的情境模型建构自然会有场景共享化的内在表征，这主要表现为虚拟现实智能界面从单机环境向互联网共享环境的技术发展。例如，分布式虚拟现实（distributed virtual reality）技术依托网络，可以使多个用户共用同一个虚拟语境，由计算机与其他用户进行交互并共享信息，使更多用户参与泛在学习以提高效率，并通过分布式虚拟现实技术记录共享者的行为机制，进行认知实验，展开分析研究，实时地反馈教学效果，进行教学评价。分布式虚拟现实本质上是虚拟现实技术的一种分类形式，其对于语境设置的场景共享化具有重要的意义。

由于虚拟现实技术为教学环境的创意设计创造了共享化条件，国内外学者对虚拟场景信息共享的教学方法已经达成共识，这在很大程度上是因为在国际教育领域"近些年涌现出很多在语言教学中运用虚拟现实的实例"（Schwienhorst，2002）。在国内新文科建设的背景下，"虚拟现实支持的沉浸式学习体验为外语教学提供了新思路和新模式"（郑春萍等，2021：86）。"利用 VR 技术构建虚拟外语教学场景、开发虚拟外语教学资源、培养学生外语语言技能、开展跨文化交际情境教学已成为趋势。"（王济军等，2021：57）把虚拟情境融入智能教学界面，通过 5G、云计算技术来支撑大规模用户的同时在线交互共享，模型建构的场景共享化已经具备充分的可行性。

四、语境设置的情境要素化

作为信息化外语教学的重要载体，智能界面一方面体现所植入的情景，另一方面构建能够准确体现不同义位的语义模型，以此明确所植入情境的语义成分，但这个语义模型也需要一个创建新结构的允准（sanction），即提供一个被范畴化的图式要素示例所需要的最基本的规定性特征。按照语言结构与语境要素的对应划分，该模型设置的基本规定性特征包括此前所述的主体模型、行为模型、背景模型和参照模型四个情境要素分类，词语以语境要素建模的形式植入智能界面，整体模型的设置主要考虑凸显被植入情境的语义表征，而不是仅仅复制某种语言环境，这一点是文化语境与非文化语境设计的重要区别。

根据句子成分与情境要素相对应的原则分类，主体模型是指在空间上具有主体性质的语境建模，其语境植入的述义是凸显被情境化的事物实体，包括从事某种行为的人或者具有某种物性意义的客观存在；行为模型是指模型主体的行为过程，既包括人的行为模式，也包括物体的运动模式，其语境植入的述义是凸显被情境化的行为；背景模型是指图形/背景结构中背景的图示化表达，凡是具有凸显主体意义的背景因素，都可以构建对人与事件起衬托作用的语境建模；参照模型是智能界面中为了解析某一教学知识点而即时构建的具有比较意义的"情境参照物"。

按照语言语境的实体结构与状态过程划分，主体模型、背景模型和参照模型都具有具体时空框架的表征，属于事件类的模型，显示语境中的实体及实体间的结构关系；行为模型则属于情节类模型，表征事件的过程与状态。语境植入的各种要素都有各自的模型图示，每一个图示在情境构式中都有一个具体的意义，未经凸显的意义都是语境植入语义的外延，其凸显的部分则是语义识解的内涵，围绕这个语义内涵的分类图示过程同时也是合成语言表达式的过程。

第三节　认知情境锚定

一、情境的锁定与凸显

计算机界面中的情境包括时间、地点、环境、主体、行为、状态等各种因素，对这些因素进行情境计算得到最适合的搜索结果，再将这一结果通过语境建模植入所识解的语义概念。虚拟语境植入概念中的所识解的事物的承载主体具有不同的层次，既有时空、物体、图形、背景等教学环境层面的主体，也有名词、动词、简单句、复合句等词类和句式层面的主体，还有行为、过程、速度等运动状态层面的主体。所以说语境植入的识解范畴是泛化的，所有融入教学界面的虚拟事物都是语境设置的对象，而其识解策略却是集中的，任何语境植入教学界面的应用形式都着重于焦点的锁定与凸显，以配合注意力方向的确定和聚焦视点的认知特性。

1. 锁定引起情境主体状态的原因

按照被锁定对象的属性，情境的锁定可以分为原因性锁定、单一性锁定和性质性锁定三种形式。原因性锁定即锁定造成某种结果的条件，从而识解某一特定的主体状态，这就需要植入这一状态的语境。例如，植入"Не давать покоя"（使……不得安宁）这样一种状态语境，应该弄清楚造成该状态的原因，是"Шум не даёт покоя людям."（噪声使人不得安宁。），还是"Комары не дают покоя людям."（蚊子使人不得安宁。），或者是其他什么原因。只有植入触发状态的情境，锁定形成状态的原因，才能准确表达"Не давать покоя"所反映的词语意义。所以说，锁定形成某一事物的原因是语境植入界面的第一步，这种状态性的原因锁定对语言述义的识解具有指引性。

2. 锁定情境主体的行为、性质与背景

凸显的意义在于单一性，"一个表达式，标示了一个在认识上得到情境化的过程，该过程可进一步识解为具有单一性（unitary）（即一个单一的事件或情景）"（兰盖克，2017：577）。例如，情境植入"Студенты третьего курса уехали в экспозицию."（三年级的大学生参加博览会去了。），其中"大学生""三年级""参加博览会"都是该句式的限定成分，但这个句式结构所生成的主要语义指向是参加博览会的行为，主要强调他们在做什么，其单一性即参加博览会行为的凸显，其他成分可暂为零角色（zero），即缺乏受事、感事独立属性的限定角色处理。因为语境中植入的"大学生""三年级"等主体情境并非焦点，而"参加博览会"的行为语境才是其主要的凸显点。由凸显而形成单一性锁定，是完成语境融入界面的第二步。

如果植入短语的情境为"В экспозицию уехали студенты третьего курса."（参

加博览会的是三年级的大学生。），该句式结构所生成的语义指向就转化为行为主体的性质，即强调参加博览会的是几年级的大学生，其单一性的焦点在于行为主体的身份背景。与此相适应，在智能教学界面中需要锁定"三年级的大学生"的身份，凸显带有明确的三年级标识的背景模型。锁定主体的性质是语境建模设置的选择标准，性质性锁定是完成语境融入界面的第三步。

3. 凸显情境主体的附加特征

情境主体附加特征的凸显具有不同的表现形式，主要体现在心理状态凸显、外部表情凸显和主体评价凸显等三个方面。例如，"От него отдаёт немного водкою。"（他身上有点伏特加酒的味道。）（Гоголь，2003：20），该语言构式的主要认知域（primary domain）是情境主体上附加的外在特征，或者说是伏特加酒的晶莹澄澈及烈焰般刺激的特性。这一情境特征的凸显策略可以综合运用醉酒形象、味觉形象的语境建模，通过虚拟味觉功能刺激学习者的感觉和味觉，使其信号系统产生望梅生津的感应，以凸显其情境主体外在的附加特征。从理论上说，这一附加特征的凸显方法目前已经能够实现，因为虚拟现实已经具备味觉技术，实现了数字化嗅觉产品的技术研发和应用。其原理是通过气敏传感器阵列、信号处理系统、模式识别系统等技术，实现气味信息的数字化、网络化传输和终端再现。构建开放性的数字气味生态环境，可为人们提供虚拟现实嗅觉体验。

4. 以外部表情凸显心理状态

心理状态是人在某一时刻的心理活动状况，如高兴、悲伤、惊喜、失望、激动、冷静等。心理状态所反映的是心理活动的背景，一个人在特定时刻的心理状态，是当前事物引起的心理过程。心理状态是一个合成结构，而这一结构的表现形式就是语境植入界面的切入点，例如："У девушки слёзы на глазах。"（这位姑娘两眼噙着泪水。）类似的语言表达式在语言内涵上包含了一个侧面决定体（profile determinant），需要通过一个成分结构的侧面去凸显该合成结构的内涵，即以两眼噙泪的行为模型去凸显姑娘的面部表情，用摄像机、计算机技术，凭借人工智能算力、算法和数据资源进行心智语境的预设，生成和调节心智状态图像的表情渲染程度，以表情变化过程为切入点进行外部表情的凸显，而凸显的意义在于投射其心智世界的内心状态，由此完成这一映射语言结构的图形合成。

5. 凸显对情境主体的评价

评价作为对某一事件或人物进行了解、判断、分析后的结论，既是语境判断的重要标准，也是语境融入的重要方面，它体现了主体与事物之间的一种关系性述义，例如："Для учёного главное—искать."（对于一个学者来说，重要的是探索。）评价性语言表达式呈现为一个关系性述义（relational predication）。对学者进行评价的关系性述义在于其不断探索的学术研究，那么植入的语境需要锁定学术研究的行为，聚焦学术研究的特点与成果，才能凸显对"学者"这个主体意义的评价，相应的图式则需要评价性行为模型的融入。虚拟语境评价具有多维的数据支撑和场景性、应用性优势，能够从外貌、性格、举止和成就等多个层面塑造人物的科研形象，凸显对主体行为的评价，还可以把行为主体、行为过程与结果放在仿真的环境中，综合外语的语音识别、语义解析和语用效果等各项指标的测试统计，以此验证所设置的解决方案是否正确，以及所述义的解析路径是否恰当。

二、语境融入的依存结构

教学中的虚拟语境可以起到解析语义的作用，同时也具有识解语言词法句法结构的功能。基于句法结构的依存关系，依存句法分析（dependency syntactic parsing）旨在识别词语之间相互联结、相互构建、相互识解的关系，语境融入的依存结构（dependent structure）表现为"其完全明示需要预设另一个结构（的存在）"（兰盖克，2017：576），这样才能实现"凸显事物或过程的情境锁定其位置"（兰盖克，2017：578），并在此基础上进行句法结构的依存分析。所谓"另一个结构"，是指事物或过程的依存结构。依存结构本质上是词和词之间的修饰关系，被修饰的词是情境凸显的核心词（core word），是事物或过程的内涵结构；起参照或对比作用的是纳入情境而未被锁定的依存词（dependent word），一个依存关系分别连接着核心与依存两种相互投射语义。具体到智能教学界面的构建上，为了解析某一语境融入的核心词，就需要一个依存词或者依存语素（dependent morpheme），体现在情境图式结构上，即设置一个类似"语境参照物"的参照模型。

1. 参照模型的依存表征

参照模型不同于背景模型，它是在广泛背景中具有确定性指向的物体，一般用于比较意义的识解。如果把一个词语所标识的比较级语境植入智能教学界面，就需要设定一个比较射体（trajector）。移动的图形叫射体，背景是射体的衬托而非具体的参照物，因其与射体相对应而称为界标（landmark），需要识解的图形与参照模型处于同一界标之内，构成主体-背景的关系。任何性质的物体都会有大小、多少、强弱等质量的对比，参照模型是在教学界面上为解析比较级分析形式而构建的一种语境参照物。例如："Солнце садилось. Было оно раза в два больше, чем днём."（太阳要下山了，看起来它的形状比白天大一倍左右。）如果在智能界面上仅仅植入落山的夕阳，那体现不出它的质量空间（quality space），所以需要一个比它小一半的参照模型，以准确识解"比白天大一倍"的数量概念。如果是"Небо было покрыто более густыми облаками, чем час тому назад."（天空中比一个小时前布满了更多的乌云。），则需要加载一个小时前后虚拟的乌云密度的参照模型。而"Он более слаб, чем его брат."（他的体质比他的兄弟弱。）就需要先虚拟设置一个体质较强的角色原型（role archetype）作为语境参照物，以识解体质较弱的主体特征。

语境融入的依存性可以通过多种形式来表达，例如在智能界面上析出图式单位或者设置多图同框对比效果，就会体现出具有合成性（compositionality）表征的依存结构。此类结构分别包含了实体模型（entity model）与参照点模型（reference-point model）两种性质的成分。基于内在特征，被凸显的结构视为情境化事物或过程的语义图式，另一成分结构则被定义为说明语义的参照点，参照点与主体结构映射了两个元素之间相互依存的比较关系，从而体现出智能教学界面中参照模型区别于背景模型的重要表征。

2. 背景模型的依存表征

背景模型作为一个概念化主体，依存于被凸显的图形而存在，与图形形成相互投射的关系，图形作为射体对应于句子的主语，而背景作为界标则对应于宾语。二者同属于事物或过程的内涵结构。它并非预设另一个结构的存在，不是广泛语境中具有确定性指向的另一个物体，而是融入情境本身的一种关系性述义，是情境自身内在的、具有凸显主体意义的因素。

在智能教学界面中，背景模型是对人和事件起映衬作用的局部性语境建模，只不过移动的图形比静止的背景更能引人注意，故而常常被观察者忽略。因为在融入的图形与背景中，语境的述义本身就存在着白与黑、明与暗、新与旧等衬托与凸显的依存关系。例如："В нашем районе построили новые дома."（我们区里盖起来一批新房子。）由于在"我们区里"这个语境中，自然会有原来的房子，所以原来的房子与新盖的房子形成了新旧对比的凸显关系。再如："Уже совсем стемнело, неполный месяц стоял высоко на небе."（天已经完全黑了，月牙儿高高悬在空中。）在图示化的整个语境中，包含了天空、黑暗、月牙、明亮等要素构成浑然一体的语言场景（setting），体现在屏幕界面中，夜空自然成为明月的背景，而黑暗的背景色调也自然具有凸显明月当空的结构意义。

如果语境融入的主体结构是一个词，其完全明示也需要预设另一个结构的存在。例如，我们在植入动词 разбить（打碎、打破）这一过程时，并不能完全识解其最终的述义，甚至会使人产生诸多联想：到底是"разбить тарелку"（打碎盘子）、"разбить сделку"（破坏交易），还是"Я разбил её последнюю надежду"（我打破了她最后的希望）？对于这些性质截然不同的事物或过程的主体意义，需要 разбить 之外的另一个依存结构才能述义其语法的完整性。也就是说，对于 разбить 的识解需要补充其述义指向的直接范围：是涉物的行为（盘子）、涉事的行为（交易），还是涉人的行为（希望）？在屏幕教学界面中，要根据依存结构的语义指向锁定知识点，并植入相应的语境分类模型去识解，进而避免因情境错配而导致语义冲突。

在俄语复合句中，如果语境融入的主体结构是并列句，我们通常能够想象它所标识的事物，而不需要参照该事物可能参与的任何过程；如果是主从复合句，由于它们的组成部分之间都有主从相依的关系，它在概念上是依存性的，每个结构成分之间只有修饰与被修饰的关系，没有语法上的完整性和独立性，其述义则必须通过相互依存的结构去识解。即便是具有独立性的完整句子，其内部的结构也是相互依存的，包括并列结构的句子，尽管其情境植入再现了语法上的互不从属关系，但在语义上也能够体现说明和依存关系。例如，"Чашки чаю, заваренного на брусничных листьях и потому красного, появились на столе."（用越橘茶叶煮的，所以是红色的一杯杯的茶摆在了桌上。）在这个句子中，"用越橘茶叶煮的"是表示原因的成分，它在意义上是用于说明主语的。与"一杯杯的茶"有联系的概念实体有"红色的""越橘茶叶煮的"等，它们在语法结构上是并列的，但在述义识解上却是相互依存的。在智能界面上植入这些不同情境的分类模型，每个实体（entity）都是在说明茶的颜色、数量、位置和成因，整体表达式通过有序的合成路径（compositional path）由成分结构依次整合而成。

再如："Всем я был: лесорубом, охотником, зверобоем."（我什么都干过：伐木工、猎人、捕兽者。）其中"我什么都干过"是本句的核心语义，与其相依存的结构"伐木工、猎人、捕兽者"起说明核心语义的作用，植入这些有联系实体的情境，需要在屏幕界面中构建伐木工、猎人、捕兽者的主体模型，说明这是一个辛勤的劳动者；否则，会在对"我什么都干过"这一结构不完整主句的联想中，引申出各种不同的甚至负面的因素，因而对述义的理解发生歧义。

三、语境融入的附加与省略

从基本的认识观念出发，虚拟语境融入的目的是凸显事物或过程，而不是要全面展示这一事物或完整再现这一事件。为提升识解语言的效率，其凸显的只是事物的焦点和用于教学的语境环节，其他情境则处于一种结构上的配价关系，只要有利于锁定或识解焦点，在不影响主体语义识解的情况下，为排除冗余信息的干扰，所植入的情境越简单，其识解的语义就越明确，所以语境融入的事物或过程是可以附加或省略的。

1. 附加是语境设置的补充与配价

例如这个表示过去瞬间动作的复合句："Вдруг что-то шумно упало в воду: я хвать за пояс—пистолета нет."（忽然有个什么东西咚一声掉进水里，我一摸腰间，手枪不在了。）（Лермонтов，2012：103）其中"手枪不在了"是整个句子要表达的核心内容，其他为识解核心内容的情境表述。将该情境植入智能教学界面，由于手枪已经掉进水里，只用咚一声去诠释过去发生的瞬间动作过程并不能体现出是手枪落水，而"一摸腰间"是一种关系性述义，并不能说明问题，因为作为一种配价关系，"价"这个概念主要是针对动词说的，是为了说明一个动词能支配多少种性质的名词性词语，"咚一声掉进水里"这个动词性结构述义在客观上就可以支配多少项名词性词语，或许腰间挂的是钥匙、配饰或其他物品也未可知。为了有效激活手枪落水的那个名词语义成素，需要再现情境，情境的述义又取决于其中某个重要成素（即中心成素）的认知量，在智能界面上附加或链接"枪套"这个名称成素的认知量，然后通过序列扫描（sequential scanning）依次激活成分状态，其结果是"我一摸腰间"，发现枪套空了，枪自然是掉进水里了。这在原句的文字中虽然没有，但却符合了语境融入基本的认知观念，体现了语境融入和语义功能的对应关系。

2. 省略是语境设置的优选与搭配

对于情境的认知，俄罗斯心理语言学家阿列克谢·列昂捷夫（Alexei Nikolaevich Leontyev）曾经提出两个概念：交往情境（ситуация общения）和主题情境（ситуация-тема）。交往情境即说话时所提到的情境，主题情境分为主位和述位内部结构。交往情境是动态的，有时会涉及多个情境，当一个语言事件的所有情境成分融入同一事物时，往往需要一个优选与搭配的过程，否则会构成一个复杂的述义范围（scope of predication），无从锁定具体的事件或过程。

由于词语的义位决定着其语境建模的分类，在进入智能教学界面的语言构建过程中，情境融入的不同义位会规律性地映射在主体模型、行为模型、背景模型、参照模型等不同的语境模型之中，由此形成词语多义位共存的组合形态，客观上需要一个优选与搭配的选择程序。例如，"Это земловодные животные или амфибии."（这是在陆上或水中生活的动物，或者说两栖动物。）该句以两个同等成素给同一事物以不同的名称，如果分别融入陆上动物和水中动物的主体模型，由此即生成了新的义位，从而造成语义冲突。如果在语境界面中省略陆上动物和水中动物的主体模型，而应用两栖动物这种既能够在路上行走又能够在水中游动的行为模型，既简化了这一偏正结构短语的表达方式，又直接凸显了两栖动物的特性，从而锁定该语言述义的本质。

任何语言、词汇都不能孤立地去解释，语境与语言构式的上下文有着密不可分的联系。无论是语言成素的附加还是省略，都要服从于语言构式的述义要求，都是基于话语意义与其上下文联系的最佳选择。正如 E. B. 拉赫琳娜（E. B. Рахилина）从俄语构式研究角度所指出的，目前词汇语义特性的研究中更为重视的是词汇上下文的组合分析（Рахилина，2008：156）。在智能界面中如果要解析词汇上下文的组合关系，那么语境融入的附加与省略是必不可少的，从理论上说，凭借大数据提取事先储存的上述关系资料，再运用计算机进行附加与省略的逻辑组合，所需的语境会以连续景物、转换视点、多图同框和景别表意等智能化技术形式系统地呈现出来，从而迅速优化词语形式的结构排序，锁定核心语义的凸显位置，完成语境设置的优选与搭配，但在实践中还有赖于语境数据库更大的储存量以及索引词更强大的功能。

3. 展示语言背后的背景信息

现实语境所呈现的语言信息单位"可以被称为隐藏在某一语言（言语）单位之

后的某物的象征，或使人回想起某些背景知识、某一文本的信号"（Верещагин &
Костомаров，1999：8）当一个语言信息单位在说话人、听话人，以及他们所掌握
的知识中得到思维图式的说明时，该实体的背景知识和文本信号就得到了认识的
锁定。然而，这些信息毕竟是隐藏在某一语言单位背后的，它们需要在一定的现
实语境状态下，通过记忆触发回想而获得认知，那么这一程序必然包括头脑中的
想象、分类、构图和心智接触等诸多思维过程，所以现实语境条件下所体现的是
一种抽象的、慢思维的逻辑思维模式，它虽然有利于识解语言认知、语法修辞方
面那些较为理性而深刻的问题，但外语学习者往往难以驾驭，况且每个人的思维
方式是不同的，靠想象中的语境去识解语言，其学习效果也难以适应信息时代认
知效率高阶发展的需求。

通过智能教学界面中的语境模块的附加，我们可以把识解语言信息的相关语
境建模通过标注缩放、左右分屏、定格静帧、多图同框等形式直接呈现在学习者
面前，其语境融入教学的形式发生了改变，原有的使用特征也随之发生变革，形
成提高外语认知效率的"快思维"模式。每当一个物体、一种行为的语言构式以
智能模块的形式呈现时，就无须在思维中经历语言的图示化过程，便会直接得出
规约性的认知，这会对外语的学习起到事半功倍的作用。

语言背后的背景信息有时会以心理语境的形式存在，心理语境可以理解为不
以文本形式存在的心理上下文，是一种内在的心理背景语境信息。它反映了说话
人当时的心理活动状态，在一些特定的场合，只有把字面信息植入说话人的心理
状态的语境里，才能获得语义的真值。所以说，语义不仅基于文本形式的诸真值
条件，也对应于语境植入的认知结构。在智能教学界面中，通过不同形态的语境
植入，可以获得溯本求源的多维意象信息，用以解析外语的单词、词组和句型结
构，从而把语境因素植入认知体验的智慧教学中。"基于信息技术的外语教学是
现代语言教学的主要方式和方法"（胡加圣，2015：18），心理语境表征了语言
交际中的情境参数，只有在情境教学的实践中，才能判断语境植入的认知效果，
也只有在语言使用的实证性研究中，才能印证语境植入这一智能化认知形式的普
遍意义。

第五章　虚拟语境空缺现象研究

第一节　从词汇空缺到语境空缺

外语认知中的空缺现象是指词汇空缺（lexical gap），即源语词汇所承载的文化信息在译语中没有与其直接对等的语言表述。由于不同文化间的差异，一种语言里的某些词语在另一种语言中可能找不到对应的词语，一种语言能用单个词语明确标记的东西在另一种语言中却需要从其他角度才能表达。那么为什么会出现词汇空缺呢？仅仅从文化差异的角度，还难以深入地说明问题，因为语言是人类在一定的自然环境（语境）中，为满足彼此交往的需要而创造的符号，每个符号都与语境有着割舍不断的内在联系，深深地打着语境的烙印。从这个意义上说，存在文化差异的主要原因是造就语言生成的语境差异。所以，在分析词汇空缺这一语言现象时，应该采取追根溯源的认知方法，从"语境空缺"的视域去认知语言，在语言生成的语境中去理解语言。如果某一词语的释义难以直接理解，仅凭想象空间又构思不出其释义的原因，同时也找不到词语生成的相应语境，那自然会产生词语认知的空缺现象，因为语境空缺才是产生词汇空缺的根源。

同一句话在不同的语境中就会产生不同的语义。以"喝西北风"这句话的释义为例，我们就会发现，在中国的语境中，很容易理解其中饥寒交迫的寓意，因为我国的西北部多沙漠，而且离海又远，所以那里的空气干冷，不利于农作物生长，严酷的环境使人背井离乡，所以每当刮起凛冽的西风，就会使人联想起又冷又饿的情境，并产生一种离别的愁绪。但是把它放在英国的语境中，大不列颠群岛上的西风从大海吹来，形成了英国的温带海洋性气候，冬季温暖、气候宜人，因此西北风以温暖柔和的印象植入人们的潜意识中，使得这一词语在英国反而受到普遍的赞颂。所以说汉语中"喝西北风"这一语言述义在英语中并不是空缺了这个词语，而是空缺了这个语境。

一、外语认知的语境空缺现象

由于语言文化生成于特定的语言环境，特别是有些语言来自特定地域、特定历史时期的某一历史事件，所以外语中某一语词的语境在不同国家或地区存在空缺是一种常见的现象。对这些现象进行分析，对人工智能外语教学中虚拟语境的认知研究具有重要的理论与实践意义。

"空缺"（лакуна）的基本词义为"空白"或"缺失"。20世纪中叶，美国语言学家查尔斯·弗朗西斯·霍凯特（Charles Francis Hocket）在对比两种语言的语法模式中首先发现了"偶然的缺口"（accidental gap）（Hocket，1954：114），此后苏联翻译理论家巴尔胡达罗夫（Л. С. Бархударов）在对比源语和译语的词汇时，采用了"无等值词汇"（безэквивалентная лексика）的术语。到了80年代末，苏联科学院心理语言学家索罗金（Ю. А. Сорокин）和马尔科维娜（И. Ю. Марковина）集语言空缺现象之大成对"空缺"进行了分类解读，并把其中的文化空缺现象分为主体空缺（субъектные или национально-психологические лакуны）、交际活动空缺（деятельностно-коммуникативные лакуны）和文化空间空缺（лакуны культурного пространства）三种基本类型，意在通过解读异文化的特有异质定义空缺现象，揭示"一种文化中有，但在另一种文化中没有"的文本语义特征。

如果按照空缺现象的分类成因分析，不论是文化的主体空缺、交际活动空缺还是文化空间空缺，归根结底都是一种文化语境的空缺。由于不同的历史背景、社会环境、信仰习俗造就了不同的文化语境，一种语言所负载的某些文化内涵可能在另一种语言中找不到直接对应物。从这个意义上说，语境空缺导致了异文化之间接口的缺失，这既是跨文化交际的主要障碍，也是形成文化冲突的主要根源。

外语学科是基于双语境条件进行教学的学科，随着虚拟现实技术的发展与应用，当外语语境重塑的问题在一定程度上得以实现时，双语互为认知的语境空缺问题却由"隐性空缺"（имплицитные лакуны）转化为"显性空缺"（эксплицитные лакуны），因为在"单语境条件下，空缺的存在不易被察觉，但在双语或跨语言交际条件下，它对不同的语言文化共同体的成员所造成的障碍就会凸现出来"（李向东等，2015：65）。语境作为民族世界图景构素的基底，是该民族对其集聚地人文地域环境认知的一种结果，维系着该民族独特的语言和思维活动。离开特定的文化环境，就会形成文化空间空缺现象，也就难以理解其赖以生成的语言。所以，只有对目的语语境有全面的理解，才能对目的语语言有深刻的认知。

二、外语对语境的依赖性分析

非母语的识解不仅需要词汇和语法的构建，也需要对所基于的客观背景和主体状态的规约性评价，而后者取决于语言所赖以生成的源语语境，由此形成对言语状态关系的准确述义，使得词汇的评价意义呈现出语境化。马林诺夫斯基的研究证实了这一点，他在深入探索土著文化时发现，一个划独木舟的人把船桨叫作wood（木头），如果不把该话语与当时的语境相联系，就很难理解 wood 指的是什么。他基于大量类似的实证性研究而得出以下结论：话语常常与其周边的环境联系在一起，任何话语的意义都离不开相应的"情景语境"。语言阐释对语境的依赖性也被诸多理论研究所证实。

英国学者查尔斯·凯·奥格登（Charles Kay Ogden）和艾弗·阿姆斯特朗·瑞恰慈（Ivor Armstrong Richards）在 1923 年出版的语义学著作《意义的意义》（*The Meaning of Meaning*）中提出语义三角论，分析了作为三角架构的词、意义和客观事物三要素之间的关系，并认为概念/思想（concept/thought）和指称物/事物（referent/thing）之间存在直接的联系；俄罗斯学者阿普列相（Апресян）进一步把语义架构一分为二，认为它只包括"客观存在的事件 P 以及对其进行的评价 R"（Апресян，2009：180），并把作为语境的客观事件由传统语义学结构中"三角形的一端"进一步提升为"并行两端的一边"，论证了概念是在客观事物的基础上概括而成的，客观事物寓于历史的语境之中；而约翰·华生（John Watson）的行为科学此前就更为激进地指出，除了极少数的简单反射行为以外，一切复杂行为都取决于环境影响（华生，2012）。可见语言学界关于语境对言语行为的作用的认知日渐深刻，就认知路径而言大致经历了"三角—两端——切"的线性逻辑心路历程。

作为根隐喻的语境，无论是在话语范围、话语基调还是话语方式的定位和使用上，它的思维特征和观念都深刻地镌刻在语言分析的各个方面，所以说是母语的生成环境决定了源语语境在外语教学中的特殊作用。无论是词汇、语篇还是阅读理解，没有对话语所赖以生成的语境的认知，就不可能准确识解它的含义。然而在传统的外语教学中，经过思维重塑的语言结构却难以用历史的语境去解码，这主要有两个重要原因：一是时过境迁，当初说话时的现实语境已经不复存在，而后人的追忆却存在诸多分歧；二是语言赖以生成的客观事物在不同民族、不同地域之间存在着语境空缺现象。

　　"外语不可能像数学那样，可以通过逻辑推理去掌握，语法推理出来的句子要有语境的'认可'方可通用。"（王初明，2006：81）这一论断的意义在于强调了语境对外语认知的特殊作用。如果说外语认知不仅需要文本语法的词典意义识解，也需要类似历史现在时的语境重塑，那么要将过去发生的事情描绘成仿佛就在眼前发生的一样，基于虚拟现实技术的虚拟语境无疑是最好的选择，因为它克服了现实语境的唯一性的局限，不仅能够还原话语产生时的情境，而且能够进入语境之中，在物体移动、时空转换和状态持续上进行多视角、多界面的情境演示与情境互动。当同一理念激发多个想象时，虚拟语境的指向性可以把思维的注意力集中于既定的目的性信息，同时能提供多种感知手段和情景交互方式，引导人脑的搜索功能，感知过往的语境状态，以较少的付出获取较多的言语信息和知识经验。

第二节　虚拟语境的补缺作用

一、语境观念与虚拟语境

　　语境作为语言学研究的重要领域，长期以来被视为多种语言要素整合而成的某种整体状态。"特别是在马林诺夫斯基（B. Malinowski）开创性的工作之后，语境观念从'言语语境'扩展到了'非言语语境'，包括'情景语境'、'文化语境'和'社会语境'。"（郭贵春，2006：28-29）在此基础上，罗伊·迪利（Roy Dilley）在《语境问题》（*The Problem of Context*）中进一步把"人们在语境中的所言、所做和所思，转变为了以语境为框架，对这些所言、所做和所思进行的解释"（Dilley，1999：4）。自此，语境的观念发生了重要的变化，这一变化既为思维创设语境开启了一个窗口，也为虚拟语境界面的语境建模提供了一个理据性的假设。尽管如此，在不同的语境分类中，至今尚没有虚拟语境的概念范畴，这一语境如何定性是一个值得研究的问题，它虽然是利用计算机模拟生成的一种教学环境，但却利用现实生活中的真实数据转化为学习者可以感受的环境现象，而这些现象所再现的是现实中真真切切的物体，其真实性在人的感觉中是一样的客观存在。虚拟现实、增强现实、大数据、区块链、人工智能、互联网等信息技术越来越与社会生活融合在一起，并且已经成为现代社会语境的重要组成部分，所以从语境分类变化的历史轨迹来分析，对语境的认知终究会随着新兴技术的发展而与时俱进。

虚拟语境借鉴了人工智能的理论成果，成就了历史与现实、源语语境与虚拟现实的连接，但二者的相互交融并非畅通无阻，即使在人工智能可以虚拟一切存在的背景下，外语教学中的语境空缺现象仍然阻碍着相互连接的通道。由于缺乏对语言生成环境的认知，一种语言能用单个词语明确标记的实体或事件，另一种语言却可能要通过不同侧面才能表达。于是我们借助虚拟现实技术解决这一问题，通过应用虚拟现实技术再现语境空缺的各种要素，在这个基础上对该语境的内涵和与此相关的言语行为进行深度挖掘，从而找回语境所空缺的事物原型痕迹，完成历史语言环境和现实语言场景相融合的虚拟语境重构。

虚拟语境作为用电子屏显示的智能化教学环境，在本质上属于设置、界定、描述和识解某一对象或事件的语境数据集合体。从这个意义上说，虚拟语境可以对任何语境空缺现象以模拟仿真的形式进行复制，所以在消除语境空缺、化解语言歧义方面具有一定的优势。作为语言教学与计算机科学相融合的一种语境界面，虚拟语境界面可以被看作一个基于语境的教学研究平台，该平台一方面用于模拟、复制和凸显语言的生成环境，另一方面用于对虚拟环境中教学理论、方法及认知规律进行研究，其技术表征在于通过分析某一教学语境的图示结构，仿真、复制或设计制作出类似源语语境的教学语境。

还原历史的话语成因表征了虚拟语境的构建意义所在，因为只有联系源语的语境，才能明白一种言语行为所表达的概念或所给予的判断。既然能够还原话语成因，也就能够实现语境补缺，但屏幕界面上所展示的并非语境原型的翻版，而是服务于教学需要的智能化、局域化模型。所以在语词的语境补缺方面需要提供更多的语境数据，用语境的多维化弥补语言符号的信息缺失问题。例如，"Пятое колесо в телеге"（画蛇添足）这个固定搭配如果缺失了上下文的文化语境，那么很可能直译为"推车的第五个轮子"。这里就存在一个语境多维化的问题，从功能对等的原则出发，它需要联系"画蛇添足"这一汉语表达方式的语境资料，那么这就不是原文中"车轮"的仿真与复制了。所以说虚拟语境是多维化的，而只有联系上下文的语言语境，才能推导出内在的"画蛇添足"这个语义。

作为多功能、多模态、多资源的多维语境，虚拟语境的优势就在于，它既可以通过对语境发生地域本身自然规律的分析，根据事物的生成机理来建模，也可以通过对语境系统的实验或统计数据处理，并根据相关信息库已有的知识和经验来建模，还可以兼容不同语言的转换要素进行功能对等的语境数据切换和言语行

97

为解码，由此而形成虚拟语境补缺的理论基础。外语教学要符合源语的认知规律，不同语种具有各自不同的语言特点，所以描述的语言关系各异。实现这一解析过程的智能行为也是多维的、语境化的。从广义上说，凡是用语境界面模型描述语言行为因果关系过程的都属于智能化语境建模的理论范畴，其依托庞大计算机数据库以及人工智能算力算法的语境建构模式是语境补缺的技术基础和最佳选择。

二、语境功能与语境要素

语境是交际活动的场所和言语行为的背景，不同的语境限定了交际的不同类型和方式，体现了不同的言语行为，所以语境对话语的语义、形式及语体风格等都有较大的影响和制约作用。因此，从语境功能的视域分析，任何语言现象的识解都必须与它所依赖的语境联系起来，若离开语境，把一个语言片段孤立起来做静态的分析，往往很难确定这个语言结构的语用功能和语言意义。

语境具有层级性，根据语境对语义的阐释功能的层级差异，语境可区分为上下文语境、时空语境、社会文化语境和认知背景语境，也有学者将其归纳为句级语境、句群语境、文化语境和背景语境。各级语境对语义的阐释功能并不相同，层级越高，阐释功能越重要，对语言的理解和表达的作用也越关键。从这个意义上说，语境功能所表征的是影响言语的产生和理解的一切直接和非直接因素。就语言认知的视域分析，这些因素可以归纳为主体因素、行为因素和背景因素。

如果着眼于整体语境系统中各分类语境的构成，那么从语境结构的角度分析，语境也不仅仅是一种环境，因为它必须立足于同言语行为的关系，从言语行为的视域看，语境可以分为言内语境（linguistic context）和言外语境（extra-linguistic context）两个方面，言内语境是狭义的语境，即上下文语境，除此之外即归属于言外语境。不管是言内语境还是言外语境，只有同说话人的思想及行为表达方式相联系的才能称为语境。所以说，语境本身也是由主体因素、行为因素和背景因素组合而成的，语境通过这些因素对其所联系的事物产生影响，或者说语境的主要功能是通过主体、行为和背景这三个要素，发挥对语言的生成和制约作用。一切语言应用和言语交际总是限定在某一个或全部的语境要素之中，因此，语境要素对语言的语词、语义、结构形式以及语言风格等方面都会有重要的影响和制约作用。

语境三要素表征了语境的功能发挥机制，解释了语境如何发挥作用的问题，同时也为语境建模的设置提供了认知基础与构建框架。在虚拟现实技术的介入下，虚拟语境的内在表征既是现实语境的客观反映，又是基于话语分析的语境理论与计算机程序的接口，表征着语境信息在人工语境中的表现、记载和图示。该领域的研究包括源语语境、语言认知、意象图式、自然语言处理、智能语境建构及心智哲学等认知范畴。

语境模型建构之所以包括主体模型、行为模型、背景模型和参照模型四种建模类型，与上述三个语境要素的功能发挥机制有直接的关系。如前所述，主体模型是指在空间上具有主要语义特征的语境模型。行为模型是指模型主体的行为方式，既包括人的行为模式，也包括物体的运动模式。背景模型是指修饰语词的方位、性质等背景特征，能够凸显主体特征，对人和事件起衬托作用。这里需要说明的是：当虚拟语境涉及某个知识点时，为了解析这一教学知识点而构建的一种"语境参照物"即参照模型，而参照模型并非源语语境本身的模型，它是独立于源语语境之外，并与源语语境模型形成对比的一种模型设置。此前之所以强调虚拟语境并非现实语境的完全仿真，与参照模型的设置有很大的关系。

任何一个民族的文化语境都是多维的、广义的，我们不可能全面识解与复制它，但却可以通过分类语境建模来反映其本质特征和主要侧面。在教学实践中，许多涉及民族特点的言语行为往往因为缺失了某种行为特质和思维方式，或者因为缺失了体现界面要素特征的语境参照物而形成"偶然的缺口"（Hockett，1954：106）。对此，有学者提出了"外语学习的语境补缺假说"："在补缺假说中，语境指情境，语境知识则指大脑内部的情境知识或图示，反映一个人对外部情境的体验。"（王初明，2011：15）语境分类建模可以通过创意设计外部情境知识体验的图示，用虚拟模型去解决外语教学中的语境补缺问题。

三、语境拆分与语境建模

"计算机要智能化，语言研究要现代化，语言学和计算机科学的结合是历史发展的必然趋势。"（黄曾阳，1998：4）四种语境建模类型需要从计算机处理信息的角度研究语言，立足于语言学与计算机科学的跨学科研究。为了使计算机获得语境中包含的语言信息，必须对语境进行形式化拆分描述，例如，要在短时间内呈现一个在现实中需要较长时间才能完成的事件，就像植物生长、日出日落等变化缓慢的进程，可以使用延时摄像技术去呈现。在这个过程中，只需在每一个设定的时间间隔拍摄一张照片，最后把一组照片衔接起来就可以获得一个动态的语境，而这一语境实际上是一系列语境过程从拆分到衔接的结果。教学中无论需要解析植物生长的哪一个阶段，或者呈现日出日落哪一个时段的情境，都可以做到阶段性拆分语境建模，以说明事物的过程。

这里需要指出的是，语境是一个动态的概念，但却只能用某一时段的静态形式去解析语言，这就形成了与语言相联系的"同一语境"中存在由于时空变化而形成的程度和状态的差异，而现实中的语境不存在拆分与衔接的问题，且不说静态语境，即使是动态语境，在同一时间也只能识解其动态过程中的某一个知识点，不可能瞬间目睹植物生长的全部变化或日出日落的全过程。从这个意义上说，虚拟语境完成了从语境被动适应到语境主动应用的转变，如果把这个意思再深入一层，那么可以说虚拟语境以自己特有的本质表征，呈现了语言识解的特有功能，因而完全可以确立在语境分类中的独立地位。

在自然语言理解（natural language understanding）的理论体系中，根据概念层次网络（hierarchical network of concepts，HNC）理论的主要思路，需要为不同层级的语言单位设计相应的模式基元，这样就能够以有限的基元表述无限的语言现象，让计算机通过对有限基元的控制完成对自然语言的认知处理。基于这种思路去假设，虚拟语境在设计思路上亦可以采取将源语语境分为词汇语境、句级语境、句群语境和语篇语境等层级分类方法，采用这一语境分类的目的在于能够有利于计算机的识别处理和智能检索，从而使计算机获得先验知识数据；然后设置领域句类的语境要素知识数据库，运用对领域句类知识的整合，形成分属一定语义范畴的语境要素结构；在此基础上通过句群分析对相应的句类进行建模分类配价、语境要素单元萃取和句群语境信息提取，结合教学内容构建领域句类表示式和具体语言表达式，实现领域知识的语境形式化表示；最后完成句群语境处理的程序处理，验证语境的可复制性和模型分类的实用性，从而表明虚拟语境建模是计算机获取和运用语境知识的有效方法，完成言语行为与计算机融合的智能语境教学界面构建。

语境的层级拆分在逻辑上契合了语言的 HNC 理论，体现了计算机语境建模用于语言解析的路径脉络。HNC 理论"提出了创新的自然语言理解处理思路……突破了现有自然语言的知识表述和处理模式，直接进入自然语言的语义深层进行处理，特别适用于非形态变化的汉语的理解与处理，在汉语语句理解处理方面达到国际先进水平"[①]。

---

① https://www.docin.com/p-220005.html[2024-08-20]。

第三节　语境空缺现象分类识解

一、主体模型空缺分析

人类生活在统一的现实世界，但地域环境以及与此相适应的生活方式之间却存在明显的差异，在此基础上生成的语境差异必然是某些语境要素而非整体语境的差异。这些差异或者体现在客观的社会生活环境上，或者存在于主体的生活习惯或思维方式中，由此而形成的语境空缺是一种语境要素的空缺，故分析语境空缺现象需要从具体的语境要素开始。

主体要素空缺并非空缺了某个人，而是空缺了他的某种思想抑或他的行为方式。所以，在俄罗斯语言学述义中，主体空缺亦即民族心理空缺，这一空缺即文本述义中关于行为主体民族性格特征、语旨行为、情感表达及性格特质的空缺现象。由于中俄生活环境不同，两国人民形成了不同的思维模式，对应到语言学习中的差别主要体现在词汇、语法以及表达上。俄语文本有其独特的编码与解码过程，在运用俄语思维方式进行交际的过程中，需要同时激活与话语内容相关的词典意义信息。词典意义信息既包括语法、词汇的文本形式，也包括民族心理的思维片段，要准确理解原文，那就要"在阅读文本时就像是在意识中将按顺序变换的片段……的剪辑拼接在一起"（许高渝等，2008：140）。其中某些文本片段往往是不同时期的民族心理思维在特定历史语境中的凝结，但文本因字面无法述义而空缺了这段历史成因。例如，"Между двух огней"（两堆火之间）按照辞源上的解释并非字面的语义，这一短语文本所空缺的是一段俄罗斯独特的历史文化记忆。词源是意识中的原初形式，它揭示了在俄罗斯民族文化的源头时期"Между двух огней"这一表述的原型特点：13世纪时，蒙古帝国军队征服了罗斯诸国，当时俄国的公爵们带着陈情书或诉状，前往蒙古军队驻扎地向其表达各自的诉求。送信人首先要从两堆燃起的篝火中通过，此情此景中单词 огонь（火）象征了危险，两堆篝火让使者处于腹背受敌的状态。这一幕特定的历史场景所形成的"腹背受敌、进退维谷"的语义，深深植入了俄罗斯人的心中，至今没有出现同等寓意的其他版本。

在"Между двух огней"的语言表达式中，教学界面上所空缺的是主体模型"使者"的心智状态。如果文本述义中不说明俄国公爵在危险境地赴汤蹈火前往请愿的源语语境，那么语言识解中"两堆火之间"只会形成一种物体间隔排列的线性思维，除此之外的任何空缺语境的语义识解都会造成这一线性思维的中断，其解析结果往往是基本词形高度相似，而内涵语义却相去甚远。所以"语境在所有翻译中都是最重要的因素，其重要性要大于任何法规、理论、基本词义"（Newmark，1982：113）。离开那段特定历史场景中行为主体的心理状态，就不知道是何物在"两堆火之间"，进而无从想象那"之间"到底发生了什么，也就无法解释"Между двух огней"的确切语义指向和语用功能。

二、行为模型空缺分析

行为的概念是宽泛的，包括肢体行为、交际行为和礼节行为等。语言学意义上的行为空缺（поведенческие лакуны）不仅包括物理上的行为，也包括用以表达某种言语行为的语谓行为、语旨行为和语效行为，以反映不同文化主体的传统思维方式和交际习惯的差异性。例如，根据俄罗斯约定俗成的行为规范，交际者不可以隔着门交谈或者握手，在宴席上也不能把空酒瓶放在桌上，因为在他们的意识中空酒瓶是 мертвый（死的），有用尽时间和精力而穷其一生的负面寓意。再如，俄罗斯人不会轻易把他所认识的人称作朋友，在谈到某一个人时一般会说"мой бывший одноклассник"（我以前的同学）、"один мой знакомый"（我认识的一个人）等。类似在宴席上放置空酒瓶或者一见面即以朋友相称的行为方式，如果不了解其中的风俗习惯，对于非母语的俄语学习者而言，在语言述义的理解上就空缺了行为方式的语境要素。

交际习俗的差异性会形成不同民族之间的行为语境空缺，由此造成语言的理解偏差较为常见，体现在文本上往往表现为空缺了行为的述义。例如，"У него на дню семь пятниц."，如果不了解其语言表达的行为述义，就会误译为"一周有七个星期五"，但是据《俄罗斯民族谚语俗语详解》（*Пословицы и поговорки русского народа: [Объяснительный словарь]*）的资料统计，早在 18 世纪时，这个固定用语经常用来形容不顾社会舆论、不守信用、拒绝履行约定义务的人。词源上对生成该言语行为的语境解释为：每逢星期五，人们可以到集市上，在雇用的证人在场的情况下去完成各种不同的交易。如果需要解除交易约定或重新修改订约，那必须在下一个星期五，而且还是在那些证人到场的情况下才能完成。所谓"一周有七个星期五"，指的是多次、反复修改合约的行为。如果离开这个语境，那"У него на дню семь пятниц."则在语言词汇和语法规则上完全失去了对应关系，其字面意义仅仅是一组不可思议的日期排序。而在历史的语境中，其最基本的含义显然不是日期，而是在讥讽反复的、善变的行为。所以，解析这一语言表达式需要弥补历史语境中"交易""立约""悔约"等行为模型的空缺。

在民族语言的生成过程中，历史语境是语言大厦的基石，同一俄语词语与不同的历史语境相结合，会传达出不同的语言信息，反映在智能教学界面中，就是要结合历史事件发生的时间、地点和人文环境进行词汇分析和语言释义，而能够还原这一环境和事件并进行动态图示化的技术基础就是虚拟现实。

三、背景模型空缺分析

当某一事物进入视野时，大脑需要一个认知理解该事物的感知平台，在感知中突出的部分是图形，而这个感知平台就是背景。虚拟语境的背景有两层含义：一是衬托主体事物的自然景物，二是对人物、事件起凸显作用的历史情境或现实环境。从语言认知的角度讲，背景是一个语义范畴，它是图形/背景相对性空间思想的一种语言诠释，同时也是涵盖了语言中词法、句法、词汇等各个层面的语义场。在这个语义场中，图形/背景是一种相互说明的关系述义，背景是对图形的描述，而图形则是对背景的研究结果。当一方出现空缺现象的时候，另一方的意义就无从解释。

背景模型的语用功能主要体现在三个方面。首先，背景知识能够帮助我们理解概念，具有认知的提示功能。当我们学习新知识的时候，能够与更多的背景知识建立连接，从而加深对知识的理解。从联系与发展的辩证视域来看，人脑是通过旧知识来理解新知识的，脑子里存储了越多的旧知识，就越能够接受新知识。其次，背景知识可以填补逻辑空白，具有知识的连接作用。许多话语表面上看似逻辑不通，但是对于了解其背景知识的人来说，他们却能够理解话语背后所蕴含的深意。最后，背景知识的积累可以形成组合模块，不同背景模块的相互映射作用可以构成知识的复合效应。交际双方的背景知识的一致性越强，相互沟通就越方便。人对于一个方面了解得越多，就越便于接受这个方面的信息。

背景对于语义的准确理解是不言而喻的，假设在没有背景知识的情况下，当我们看到固定用语"Деревня на семи кирпичах построена."（村庄建在七块砖上。）时，就会难以想象用七块砖建成的村庄是什么样的。如果结合这方面的背景知识，就会知道"七块砖"实际上是泛指建设的重要基础，在此背景下的数词 семь 并非专指数量，而是通过一定的数量去体现稳固性的含义，就如同"罗马建在七座山丘上"一样。这是因为"七丘之城"是罗马的别称,而莫斯科也是建在七座山丘之上的。历史上,莫斯科曾被称为"第三罗马",这一称号作为一种精神力量推动了俄罗斯的统一。当两个罗马沦陷以后,建立在博罗维茨克山、斯列坚斯克山、特维尔山、特廖赫戈尔内山、塔甘斯基山、列佛尔托夫斯基山和麻雀山上的莫斯科站起来了。"Деревня на семи кирпичах построена."就蕴含了这方面的寓意。

四、参照模型空缺分析

如果某一语言表达式是把两个相反的、相对的事物或同一事物相反的、相对的两个方面放在一起,用比较的方法加以描述或说明,那么其中缺少了的一方就形成了语言述义上的参照空缺(контрастивные лакуны)。参照空缺现象概括了使用语言的多种情境特征,但必然都与民族特有的文化、传统、风俗和习惯相关。与此相联系的参照语境空缺既是一种文化空间空缺,也是一种隐性空缺。它通过隐去该语言表达式所生成的文化背景的方式,反映出民族语言文化的异质性。

例如,"Раз-два и готово!"(一、二,准备好!)这个语言表达式来自军事用语,这一句式本身就暗含了一个参照语境的空缺。俄罗斯学者 A. K. 毕力赫(А. К. Бирих)对此解释说:"苏联红军很快就能做出一些操作枪的动作(如举起步枪、扛到肩上等),也就是 1、2 两个动作的次数。而在沙皇的军队中,他们要数 1、2、3 才能做出一个操枪动作。"(Бирих и др,2001:681)这就是说,就语义而言,"Раз-два и готово!"(一、二,准备好!)="очень быстро"(行动迅速)。这种在战争年代语境中形成的表达方式一直沿用至今,只是由于隐去了该文本的生成背景而形成参照空缺,隐性空缺体现出俄罗斯文化在某些表征上所反映的民族特色。

概念背景的不同或概念外延的不完全对等都会导致背景空缺或参照空缺,在虚拟语境教学过程中,解析该固定用语可以弥补苏联红军与沙皇军队的背景模型以及其操枪动作对比的参照模型空缺,并运用虚拟现实技术在动作对比中凸显行动迅速的语言述义,使教学最大限度地接近历史现实,呈现出不同时空的学习者仿佛存在于俄罗斯相关历史场景中的虚拟语境效果。

语言发生在具体的语境里,是在客观环境中交流互动的产物,局部自然、地理环境的差异造成了语言文化的差异,使得语言与地域人文的风俗习惯潜移默化地形成了一系列母语特征,而母语最为突出的特征是对本土文化的语境依赖性,这种依赖性让每个人都成为天生的母语思维者,甚至在学会语言之前就已经具备母语思维能力，所以跨文化的识解需要通晓语言背后的生成语境，才能准确理解语言里的"话中话"和原文中的"义中义"。

综上所述，不同民族之间有着不同的文化传承，某一语言述义的识解依赖于其特定的语言环境，当运用其他语言去识解这一语言时，如果不完全具备该语言的生成环境，就会使得该语言赖以认知的条件出现空缺，形成某一语言所依托的环境条件或客观事物在另一语言中没有相对应的部分，从而产生了语言认知的语境空缺现象。在外语教学信息化发展中，虚拟语境的应用是解决语境空缺问题的有效途径。与此相应的创意设计、语境重塑、建模分类、模型识解与语言诠释等诸多模块结合在一起形成了虚拟语境外语教学的整体研究框架。在此基础上，以虚拟现实全场景教学界面为载体的外语智慧教学体系与研究体系正在形成，而源语语境的空缺理论是其中不可或缺的组成部分，在外语识解中有其独特的作用。对这些问题的认知、理解和探索，逐步形成了基于虚拟现实技术的语言语境、认知语境和知识语境的多元融合，以此所构建的语境界面体验认知教学模式必将对外语教学的发展趋势产生深远影响。

第六章　虚拟语境界面语言认知

第一节　智能界面中的认知路径

一、智能语境形成的渊源

界面作为计算机与教学环境交融的接口，既可以构成点、线、面的框架形式，也可以构成文本、图示的结构形式，其与特定的教学方法相结合，能够对某一学科的问题、观念和理论，以智能化的方式进行解析。界面这一重要功能给我们带来了一种新的学习环境，虚拟现实是基于新一代人机接口技术的界面环境，应用这个界面，就可以把某种语言所赖以生成的语境通过计算机设置到界面教学环境中，形成数字化、智能化的虚拟语境教学平台。

人工智能是用于模拟、延伸和扩展人类智能的理论、技术及应用。美国国家科学奖章获得者麦卡锡在 1956 年首次提出了"人工智能"的概念，后又于 1958 年基于 λ 演算创造了列表编程语言即表处理语言 Lisp。在分析编程语言与认知语境的关系中，他归纳了投影语境、近似性语境、歧义性语境、心智状态语境等四类语境，并论证了"麦卡锡和古哈对于四类语境中推理活动的形式化思路"（徐英瑾，2015a：124）。

投影语境（projection context）是语言主体形象信息的浓缩与折射，所体现的是语法中的逻辑语义关系。作为一种语境下的语言投影，虚拟语境可以通过投影式语境设计，把语境投射到教学界面上获得图形，构建沉浸式教学互动投影界面，由语义指向所涉及的投影线、投影面，凸显语境建模中投影折射关系的某些对比性情境成素，例如："Лодка мчалась стрелой."（小船箭一般地疾驶。）解析句中"箭一般地"这一句子成分，应该把折射小船投影的流水作为对比性情境成素，通过逆向流动的参照效果来塑造急速运行的小船，据此凸显语言所描述的"箭一般地"关键性特征。

近似性语境（approximation context）是对与复杂语境相关的参数进行属性近似或结构近似归类，以提高信息处理效率的一种语境表达式。这种表达式在虚拟语境的教学界面中经常应用，例如："Кто из спортсменок пришла первой?"（哪个女运动员最先来？）语境界面解析此类泛指某一类人的语言述义时，鉴于以类别为界限划分物体并进行描述时整句意义的真值取决于其组成部分意义的真值，语境表述只要求类似而不需要精确的特点，可以应用属性近似的构图策略，只需创建"女运动员"这一典型形象并将其设置为索引词储存于数据库中就可以了。这样既提高了虚拟语境的设置效率，也提升了学习者的认知效果。

歧义性语境（ambiguity context）是指未定义明确指向或定义不清楚而在理解上会产生多种可能的语境，这种歧义对语言意义的表征具有潜在的语境敏感性。例如，"Кто-то вошел в дверь."（有人走进来了。），其主语为不定代词кто-то（任何人、无论是谁），我们遇到这样的问题时往往需要做"消歧"处理，语境"消歧"的方法有两种：一是将语境分类后采用近似性语境建模的方法，依托分类语境中的共同属性进行模型建构，把语境歧义排除在分类语境之外；二是依据文本的上下文或语言的具体指向确定相应的虚拟主体，设置符合语句意义的教学情境，以此设计更具针对性的语境。

心智状态是心理过程和个性心理特征的外在表现，主要包括紧张、轻松、忧伤、喜悦等不同的表现形式。心智状态语境（Mental State Context）是指表示心智状态的心理动词功能所指向的语境以及人体思维状态的语境。例如，"Уедем отсюда и забудем все неприятности."（离开这里并忘掉所有不快乐的事吧。）这一类语境不是根据语境自身所包含的内容的性质来对等界定，而是根据语境自身的产生机制或者说产生心智状态的原因而得以界定的。也就是说，设计这种语境需要凸显其语境形成背后的因果背景，让学习者通过心智语境的背景资源深度理解文本生动的语义，并从语言背景中了解俄罗斯文化，提升学习者的人文素养和语言知识能力。

论证投影语境、近似性语境、歧义性语境和心智状态语境的理论意义在于跨语境的推理，这四类语境相对于虚拟语境研究来讲，就等于构建了语境重塑逻辑思想的阶梯，可以通过诸语境之间共享的"惯性重合区"，成为一个事件得以完成的"跨语境漫游"。这一构思的现实意义是开拓了人工智能语境范畴的绿色通道，奠定了人工智能语境范畴的语言认知理论基础。此后的虚拟现实技术实现了现实语境与虚拟语境之间的仿真复制关系，而后者是网络时代人与计算机之间建立联系、交换信息的人工智能语境建模。

二、语境界面的认知分析

虚拟语境作为人为创设的语境,其呈现的载体是智能化教学界面。基于界面的语言认知有自身的特点、方法和路径。具体而言,它是一种能提供在虚拟现实技术条件下进行语言学习,并促进认知向现实语言生成环境转化的认知理论。这一理论所关注的是认知主体与人工智能环境界面的交互过程,以及在此基础上的认知策略、认知方法和认知路径。它并不仅仅是把语言知识看作学生对书本理解的心理表征,还把语言知识与语言生成环境相联系,从而对语言进行具身学习与心智体验相联系的具身认知。与传统教学环境中的认知方法有所不同,智能化语境界面中的语言认知呈现出基于计算机的数字化生成式人工智能时代特征。

1. 借助"机器词典"认知计算机语言

虚拟语境设计通过计算机、摄像机,运用不同的虚拟现实软件,模拟语言生成的各种复杂的客观环境,并使之形成符合教学需要的数字化多维教学语境界面。计算机建模是一种新的语言环境模型建构方法,基于虚拟现实的语境建模必须建立在算力、算法和数据的基础上,同时在文字方面也需要中文信息处理技术,因为从本质上说,所有人工智能语言环境都是通过计算的方式产生的,这种环境的突出特点是字符化和可计算性。与此同时,虚拟语境中的语言文本也是通过机器计算而生成的,目前,在利用计算机把源语转变为目标语言的自然语言处理系统中,通常有一部包括句法、语义信息的电子词典。在虚拟现实教学中,语言的认知同样需要借助于面向计算机自然语言处理的机器词典,如《现代汉语语法信息词典》等,借助"机器词典"认知计算机语言,可以通过机器词典查询计算机语言的指令和概念,使用算法提取词义,并基于语法规则制定词条对应关系,了解其含义和用法,加深对计算机语言的理解。

在智能教学界面的认知过程中,"词义在语义理解系统中占有突出位置。一些句子中的核心词甚至直接就可以表明句子的意思。机器对词语意义的'理解'来自机器词典。机器词典描述了每个词的词法、句法、语义甚至是语用知识"(董佳蓉,2016:99)。基于计算机的语境认知首先需要运用机器词典进行语言文本处理从而获得语言述义。对于编程语言来讲,语境是理解和实现程序语言的环境,包括编译环境和运行环境。由于虚拟语境的认知是一种层次化的、针对某一具体问题的认知,因此需要把系统化的内容分割成相对独立的知识点,如果运用语境图示去解析单一的知识点，那就要把复杂的语境结构分解成若干简单的语境模型——主体模型、背景模型、行为模型和参照模型。通过这些直观的语境模型，在虚拟现实技术的介入下，学习者能够直观地了解词语表述的相关语境。通过语言文本教学内容与语境建模情境相对应，采取分别识解的方法实现知识的构建。

2. 通过人机互动掌握认知规律

计算机人机交互界面的设计，从原理上说是基于使用者对计算机系统程序的理解，从而形成一种系统程序的适用性。由此而实现的人与计算机的交流互动，在客观上形成了人与计算机这两个主体之间的心智模型。这一模型的认知规律则体现为：人越是能够熟练地掌握计算机技术，人机之间的数据信息联系就越通畅，人对相关知识的认知理解就越深刻。人机互动是一种人机协同的互动协作教学模式，凸显了自主性和参与性两大特征。在智能界面中，语言的认知并不能凭借机器词典解决全部问题，语义是在虚拟语境中产生的，语用平面是语义平面的延伸，由于每个词所蕴含的语义具有概括性和多义性，学习者需要借助该词所在的语境，才能形成对语义中不同义项的正确选择。然而通过语境建模认知事物，并融入语境进行人机互动，还需要自主感知和具身参与这两个环节，才能够获得具身的体验认知，进而自我构建知识并形成解决问题的思路。所以，虚拟现实的人机互动是认知主体思维与计算机运算符号之间的信息交流，表征了人与计算机系统之间所进行的双向信息交换，包括输入程序、获得反馈、观察推理、分析操作等人机交互过程，以及语音表达、面部表情、手势动作、身体移位等具身体验过程，以此获得语境中研究对象的本质特征、构成要素及相互关系的认知，进而利用语境模型掌握语言的生成规律。

3. 凸显沉浸、交互、构想的认知作用

沉浸（immersion）、交互（interaction）、构想（imagination）作为虚拟现实系统的三个基本特征，强调了人在虚拟环境中的主导作用，凸显了智能教学界面中的认知规律。这一规律区别于传统认知的特征体现于三个方面：从主体的认知形式上看，传统认知只能通过从计算机系统所显示的外部环境去认知语言的意义，而虚拟语境中人能够沉浸到计算机系统所创建的环境中构建具身的主体认知；从主体的认知手段上看，过去人只能通过键盘、鼠标与屏幕界面中的单维平面信息进行互动，而虚拟现实技术使人能够运用头盔式显示器、数据手套等多种传感

器，在模拟仿真的语境中进行具身的体验认知；从主体的认知深度上看，传统环境下学习者只能在黑板、书本、屏幕页面等二维平面中形成对事物的认识，而虚拟语境是使学习者在综合集成的三维环境中进行深度体验，并在语言生成的虚拟现实中生成构想，从而让知识概念的认知得以深化。

虚拟语境具有一种沉浸其中的临场感，使学习者主动进入 360 度全时空场景，感受到作为主角存在于语言环境中的真实程度，同时也体现了虚拟语境的性能尺度。学习者融入实景化虚拟语境之中，用一种近乎自然的方式进行交互，不仅可以利用键盘、鼠标，还可以借助专用的三维交互设备，根据所获取的多维信息和自身在虚拟现实中的角色定位，以第一人称的视角参与到场景中做出认知反映，体验不同的认知心路历程，进而发现语言知识的细节和文本背后的语境信息，由此生成无限的遐想空间，通过联想、推理和逻辑判断等思维过程萌发构想，在沉浸、交互、构想的逻辑演进中，顿悟与理解知识的内在含义，掌握隐含在语境深层次的语言机理和认知规律。

4. 践行"双重编码"的认知路径

"双重编码"是美国心理学家艾伦·佩维奥（Allan Paivio）提出的一种认知理论。他认为人脑中存在语言和意象（非语言）两个认知加工系统：语言系统以语言为代码，表征和处理语言信息，而意象系统以形象图示为代码，表征和处理物体及事件，认知就是通过这两个相互关联的系统形成的。意象代码是一种抽象的意义表征，是用于表达感情、思想和概念的视觉或听觉编码符号，而语言代码是一种具体的意义表征，用来代表不同语言的编码符号。传统外语教学中对于语言系统的表征已经足够充分，而意象系统则缺乏物体和事件的直观性。虚拟现实技术支持的外语教学则可以弥补意象系统表征的短板，让来自经验表述和实物、事件的图示两个系统共同发挥作用，如此学习者才能获得更加深刻的认知和持久的记忆。

在双重编码的认知过程中，既要避免计算机中文信息处理技术中认知符号运算方法的不足，也不能完全依靠机器词典的语言代码而忽视了民族文化和语言背景的信息。要把语言和意象的双重编码认知方法与新文科建设的学科交叉教育理念相联系，注重传统外语教学中语言系统与虚拟现实中的形象图示交叉融合，充分发挥双重编码理论的功能，在虚拟演播室教学过程中融合开发两个认知系统，同时用视觉图示和语言文本两种形式呈现信息，一方面对非语词事物、事件的映象进行表征，另一方面则对语言的文本信息进行处理，以增强信息的凸显与识别，在此基础上关注基于语境的有意识的推理和思考，构建基于双重编码理论的虚拟语境外语教学模式，让认知主体由外部语言系统的灌输对象内化为知识意义的主动建构者。

三、背景与图形的淡化、聚焦与转换

图形背景是以突显原则为基础的心理认知理论，该理论在虚拟语境的模型建构中具有重要的认知意义。广义的认知心理学旨在研究记忆、注意、感知、知识表征、推理、创造力及问题解决方案的运作，是一门涵盖广泛研究领域的认知科学。狭义的认知心理学即信息加工心理学，是指用信息加工的观点和术语，通过与计算机的类比、模拟、验证等方法，来研究人的认知过程。信息加工心理学把智力看作为达成目标而在心理结构中进行信息加工的能力，认为人的认知过程就是信息的接收、编码、储存、交换、操作、检索、提取和使用的过程，并将这一过程归纳为四种系统的逻辑演进模式，即由感受器（感知系统）到记忆器（记忆系统），再到加工器（控制系统），最后由效应器（反映系统）做出反馈。

背景图形理论作为一个有关认知心理学感知系统的重要理论，最早出现在库尔特·考夫卡（Kurt Koffka）的《格式塔心理学原理》（*Principles of Gestalt Psychology*）中，该理论认为，在一定的配置场内，某一对象凸显而形成图形，某些对象则隐退到衬托地位而成为背景。图形与背景的关系是互补的，图形与背景的区分度越大，图形就越可突出而成为我们的知觉对象。例如，寂静之夜的钟声会格外清晰，红花在万绿丛中更加容易被发现。反之，图形与背景的区分度越小，就越是难以把图形与背景分开。与此同时，图形与背景的关系也是可以相互转化的，因为图形与背景是相对而言的，人的注意力的不同决定了对图形、背景的选择不同。背景一旦成为观察者的注意中心，便又成为图形，反之亦然。这反映了人类视觉系统聚焦区的特征。

需要指出的是，这些特征就其主导方面而言的，不是物理刺激物的特性，而是心理场的特性。一个物体，例如一块晶莹剔透的冰，就其物理意义而言，具有轮廓、硬度、高度及温度等特性，但如果只注意冰中的气泡或纹理，冰的整体没有成为注意的中心，其在心理层面就不会成为图形，而只能成为背景，因为在观察者的心理场内淡化了它的存在，一旦它成为观察者的注意中心，便又成为图形，呈现出轮廓、硬度、高度、温度等特征。虚拟语境中的场景渲染与凸显技术则以

111

VR/AR 的形式去渲染图形与背景之间的明暗、强弱、虚实等变化，为学习者提供使某一事物成为注意中心的有效方法。

虚拟现实三维场景渲染技术，是指将三维虚拟场景转化为二维图像的技术，是计算机从场景内获取模型、材质和光照等基本信息，通过光线处理、纹理处理和图形显示处理，经由复杂计算而输出高度真实感图像的过程。该项技术在图形与背景的设置上具有天然的适配性。受制于时代性科技发展的程度，传统教学环境中的图形背景理论多为语言或文本描述，所以它只是存在于认知主体的思维中，在其心理反应的假设中，深入情境、操作图形、体验认知、触发构想的技术背景与体验环节是空缺的。虚拟现实三维场景渲染技术从实践上改变了这一现状，学习者不仅可以亲眼看到如前所述的那块冰，还可以用手去触摸它并产生触碰感，从而以具身体验印证图形背景理论。所以，虚拟现实技术为学习者提供了在模拟真实环境中应用图形背景理论的技术条件，使之成为提升外语认知效率的重要路径。

我们都知道，心理语言学把来自自然界的信息分为图形和背景两部分加以处理，以便更有效地选择最关键的信息作为注意力的焦点。VR/AR 技术本身就携带聚焦的功能，聚焦范围之内的信息为图形，它给人以较为清晰的意象，而聚焦范围之外的信息为背景，执行衬托焦点的功能，其特点是范围广阔、视野朦胧，以分散生成集中，以淡化凸显浓缩，从而塑造注意的焦点。"经过视觉登录后的信息，只有受到注意的那一部分，才有可能对它进行视知觉的分析并且产生意义。"（陈忠，2006：263）

在背景/图形的功能设置上，VR/AR 技术能够利用智能抠图设计透明背景、纯色背景或自定义背景，通过技术手段淡化背景从而突出主体，给视觉神经营造一个高清晰度的区域，以优化和提高认知效率。在程序设计上，首先应用摄像机跟踪技术，获得同步摄像数据，然后将这些数据与计算机生成的背景结合在一起。背景成像依据的是摄像机拍摄所得到的镜头参数，因而和参与主体的三维透视关系完全一致，这既避免了不真实、不自然的感觉，又有利于集中凸显某一特定区域。从初步的教学案例可以看出，在虚拟语境中，能够通过背景与图形的淡化、聚焦与转换，营造不同的语言识解区域，实现智能化的俄语教学新模态。下面通过一组教学案例，说明虚拟现实界面中的背景与图形的认知过程。

案例 1：俄语恒定动作现在时（постоянное настоящее время）表示从过去一直延续到现在且在长时间内会持续存在的一种动态。如果按照图形和背景相分离的原则去认知表述动态的句例 "Тихая речка не спеша, течёт по городу."（平静的小河缓慢地从城市流过。），需要把小河所经过的城市淡化为朦胧的背景，把流动的河水设为相对清晰的图形。运用虚拟现实背景虚化的视觉跟踪技术，跟踪光在图像投影平面上不同时刻和不同位置的投影，营造深度创意的视点感。在恒定动作现在时的语境中，此设计意在体现俄语现在时中恒长关系的语法形式，因为这种形式所表现的内容不以时间的延续为条件，所设置的情景是以城市稳定的存在感衬托了始终在流淌的小河。这种由对比获得认知体验的创意还体现在情景的切换上，如下例。

案例 2："Стремительная река весело течёт по роще."（湍急的小河飞快地从一片小树林流过。），情景中要凸显河水的流速加快，可以通过图形和背景的转换，一个人工智能信息处理系统应当具备相关语境参数的转换能力，能够把本来静止的沿岸树林设计成流动的图形，而把小河转换为背景，用在眼前飞快经过的树林衬托出湍急的流水。人工智能技术可以进行图像识别和自动程序设计，虚拟现实 3D 摄像机通常采用两个镜头，以一定的间距和夹角记录影像的变化，模拟人的视觉生理现象，通过双眼视觉中背景与图形的淡化、聚焦与转换构成动态的语境。随着话语内容的变化，虚拟语境也要做相应的切换，呈现出不断变化的语言情境，让学生学会通过语境转换来理解动态知识，一方面运用语境因素为言语交际创造条件，另一方面从中获得体验认知。

四、俄语中意象图式的扫描方式

意象作为信息处理的重要心理表征，从本质上说是来自身体所体验的空间运动，以及视觉、听觉和动觉的刺激。但这种刺激并非现实物质存在所触发的，而是由曾经的记忆意象所唤起的。其突出特征是对于不在视觉范围内的物体，却能够想象出该物体的形象及特质。图式是对当时特定语境中相关信息的扫描方式和编码过程，是借助于意象而形成的抽象思维结构。图式的突出特征是程序性的连接与架构。其作为"连接感知和概念的纽带（a bridge between percepts and concepts），是建立概念与物体之间联系的手段，也是建构意象、创造意义的必要程序，个体共有的想象结构"（王寅，2007：172）。意象图式的结合形成了认知模型理论中的一个重要概念，而这个概念的核心观点在于通过对现实世界的体验，在头脑中形成抽象的思维或者推理过程，从而理解文本概念的语义结构和句法结构。但在现实的外语教学中，文本的表述往往是过往的情境，那么应用意象图式理论去识解教学中的问题，就需要重塑当时的话语情境，只有再现说话时的那些

113

所闻、所见、所思，才能获得对教学内容进行体验认知的基础。

用于教学的虚拟语境不是现实语境全部要素的翻版，它以教学为目的，坚持对事物与过程进行要素性建模与识解。作为从现实语境中精练出的语境界面，它使得其意象图式形成的基础得以优化，对情景构思的扫描方式相应地有所拓展，对俄语认知的解码过程也更有效率。现实语境所体现的界面相对固定，视觉扫描当时的动作过程后瞬间即逝，语境凸显的往往是最终状态而非全部过程，将所有过程省略后把结果一次性呈现出来，其间的每个形成细节要凭借抽象思维去做追忆性感知。虚拟语境可以"依次扫描不同进程的不同状态，像慢镜头一样，凸显各个不同状态之间的切换性、关联性。"（陈忠，2006：254）也就是说，现实语境对于连续性时空概念只能展示其中的一个时段，虚拟语境既可以按照时间顺序对事物进行顺次的连续性扫描，也可以根据认知需要对事物的不同阶段进行拆分式扫描。前者按照俄语的时态要求依次展开场景的开始、过程或者终止等不同的时段背景，以体现其过去、现在或将来不同时态的语言环境；后者一方面展示场景，另一方面根据语言的内容和感情色彩配置交际者的相应动作特征，如语调、手势、面部表情等，意在凸显其心理活动的轨迹。

案例 1："Смотреть туда, где потерялась черта между небом и землёю, было хорошо."（眺望那天空和地平线毗连的远方使人感到舒畅。）这是一幅视知觉语境，包含了视觉接收和视觉认知两个部分，反映了从眼球接收景物到视觉刺激后语境信息一路传导到大脑中被接收并识别的过程。设计这幅语境时，由于场景中存在不同景深的物体，可以利用双眼视差，通过图像的变形（warping）与合并（merging）生成所需图像。解释这个主从复合句时，虚拟语境设计可以对地面与空间展开顺次性连续扫描，从而体现俄语中"（смотреть）туда"等表示方向或位置的指示词，把从句中所指的景物由近及远地展示出来，让学习者融入景物，并在场景中设置触碰节点以增加真实感，然后通过拆分式扫描，一方面显示视觉对象所处的景物变化，另一方面凸显观察者的表情特写，引起学习者思维的定向反射，使认知过程指向由面部表情而折射出的心理状态，进一步把主句中人的思想感情刻画出来。

案例 2：像"Ах! Какой прекрасный сад!"（啊！多么美的花园！）这种表示赞美的句子，如果运用虚拟现实技术，就不会和书面语一样只用感叹号标识一下，而是可以在周围环境中选择有意义的事物作为反映对象，由于意象中存在图像和文字两种编码系统，借助虚拟现实信息表征方式可以绘制情境，通过多个视点上的旋转摄像机生成花园的 2D 全景图，然后由立体匹配生成分层立体 360 度全景图。在展现花园整体景色的同时，捕捉观察者赞美时的表情变化，进行拆分式扫描合成，一方面通过图式进行非语言的表象加工，另一方面通过文本进行语言的符号加工，使认知过程不仅能够将注意力集中于文本符号对象，而且能够由情境图示深入对象之中，以学习对象的动作表情引发学习者自身的体验认知，从主观和客观两个方面全方位解析 "Ax! Какой прекрасный сад!" 这一句式的内在感悟，在心灵中描述美丽的花园。

上述案例表征了俄语中意象图式的扫描方式，从智能程序上说，扫描即通过电子束的左右移动，在屏幕界面上显示出图形或文字，分别实现对所需文字图案的复制、记忆和保存，然后根据教学需要把拆分的扫描结果进行合成展示。但由此也体现出 "拆分—指向—合成—集中" 这一智能化的认知过程，表征了基于计算机语境建模的语言认知规律。

智能化认知具有明确的指向性，规律的指向性体现了学习者在外语学习过程中总是在众多知识点中选择有意义的节点作为反映对象，同时也就暂时离开了其余的节点，以保持注意力的集中。规律的集中性表明了在人工智能的语境中，学习者在学习过程中不仅指向所凸显的对象，而且能够运用索引词深入到语境对象的相关知识中去，同时抑制一切与该活动无关的程序和事物，以保证对选择的认知对象有清晰的大脑反应，从而获得对凸显知识点的深刻理解。

意象图式的认知过程告诉我们，只要学习者沉浸在虚拟教学语境之中，并且在智能化引导下沉浸到知识点里面去，就会自然生成一种探究反射，离开或抑制一切与此无关的事物，以获得对外语教学内容的深度体验。图式作为语境中的信息编码，借助于语境形成抽象的意象。也就是说，意象不是与生俱来的，而是受环境因素的影响而通过具身体验得来的。认知产生于主体与环境的交互过程，从智能化认知语言与认知行为的角度分析，这个过程就是意象图式的拆分与合成的扫描过程。

第二节　基于源语语境的体验认知

一、还原语言的生成路径

语言是帮助人类走向文明的基础，沿袭了由劳动而脱离动物界、结成社会、发展思维、组织生产并取得科技进步的生成路径。对于俄语而言，还原其生成路径对词义的理解同样具有重要的现实意义。例如，通过 пять（5）这个数词的原始生成路径，我们可以从一个侧面去认知俄语数词的起源。如果应用虚拟现实技术复原相关资料，就会展现出这样的情境：居住在古代俄罗斯堪察加半岛上的塔玛尼克人习惯用手指计数，一个手指表示 1，两个手指表示 2，整个手掌（пясть）表示 5，从中可见俄语数词 пять 在古俄语中归属于名词词类。因为 пять（5）这个数词是由名词 пясть（手掌）变异而来的。通过这段虚拟现实情境教学，学生不仅学会了 пять 这个单词，更重要的是理解了俄语数词的观念来源于其物性的意义。类似情景体验的仿真系统设计需经过一定的程序过程，首先是基于几何与图像的三维建模技术进行场景设计和场景渲染等虚拟场景设置，确立源语语境的初始状态，然后运用摄像机拍摄图像并进行优化处理，形成足够的基础材质、贴图、图像和视频，以提升画面质量和仿真效果，最后选择相应的软件工具，通过虚拟现实技术逐步创建场景中的每一个元素对象，综合生成一种逼真的视、听、触、动等感觉的教学场景，进一步增强虚拟仿真环境的沉浸感，让学习者和体验者通过视觉观察源语语境，通过动觉进入源语语境，乃至通过触觉感受源语语境，从而获得语言的认知。

虚拟语境俄语教学所基于的认知逻辑是：外语教学要符合源语的认知规律，俄语有其独特的编码与解码过程，在感知和理解的过程中，阅读文本就像在意识中将不同语境变换的图示按照事件的生成顺序连接在一起，然而这仅凭文本去假设或者追忆的语境是不够的，虚拟语境则可以将所需的情景图示——复制出来，构建能够高度仿真的三维立体语言图景，综合视觉、知觉、听觉、动觉而产生一个多维的信息空间，让学习者具身体验身临其境的感受。

"认知主义强调人的认知不是由外界刺激直接给予的，而是由外界刺激和认知主体内部心理过程相互作用的结果。"（马武林、蒋艳，2010：51）这一相互作用从内在机理上揭示了语言生成的认知路径，即学习者透过认知过程的外界刺激，引发了对各种资料信息进行储存及组织的心理过程，从而形成对知识的归纳和词义的表征，但这一认知过程客观上需要现代信息技术的介入。例如，俄语表示行为与时间关系的动词时态包括三种：现在时表示在说话时刻正在进行的行为，即行为和说话时间同步；过去时表示在说话时刻之前发生过的行为；将来时则表示在说话时刻之后要进行的行为。解释这些行为需要还原行为进行时的情景，这就需要以语境建模形式构建与认知过程相对应的外界刺激标的物，而完成这一任务需要计算机系统去处理文本、图像、声音等语境数据信息。"一个足够智能的信息处理系统，应当具备对相关的语境参数的起码的敏感性。"（徐英瑾，2015a：1）只有在人工智能的语境系统中，才能敏感地捕捉到稍纵即逝的状态语境，激活语法信息所指向的真实语义，而虚拟语境教学则有条件为不同俄语语法的认知还原其原始的状态语境。

二、分析语言的民族特点

从历史的视域看，语言的生成、变化和发展与交际需求、地区差异、外来文化和技术更新具有内在的联系。地域特有的生活方式也对语言的生成产生重要的影响，并在一定程度上丰富了某种行为的词汇和语义。透过时代背景和社会生活的窗口，我们可以看到约定俗成的风俗习惯引起的群体言语行为的规约性导向，从而形成了一些特有的语言结构，也包括个体的言语行为。以俄语数词 семь（7）为例，其背后的语言含义早已超越了单纯的数量概念，寄托幸运和吉祥是 семь 区别于其他数词的重要特点。同一个民族的人们对数字概念的认识都是一致的，那是因为"思维是全人类共同的"，然而"和思维形影相随的语言却有很强的民族特点"（叶蜚声、徐通锵，1981：23）。俄语数词 семь 作为数字文化的民族特点就是从古斯拉夫时期传承下来的灵物崇拜，这种崇拜经过历代相传转化为吉祥幸运的标记。例如，如果在俄罗斯的游戏厅、赌场或者其他娱乐场所的入口上方，人们能够看见三个并列的 7，没有人认为这种排列表示数字 777，而是普遍将其理解为三个连为一体的 7 的幸运状态，顾客看到这个数字自然就会联想到幸运和吉祥。对此，俄罗斯学者 А. А. 奥西波娃（А. А. Осипова）也曾明确阐述其观点："семь 这个数词被认为是幸运的符号和吉祥的预兆。"（Осипова，2005：80）所以 семь 这个数字内含了俄罗斯的民族认同感，如果抛开其民族语境把这一数字直接输入计算机，那么它仅仅是一个数字，但把它融入娱乐场所入口的虚拟语境之中，依据人工智能对语境数据的敏感性，其内涵的语义特征才会体现出来。富有民族特色的语境会刺激学习者的大脑神经网络，唤起其对过往经验的回忆，从而加深对语言述义的理解与记忆。

三、追溯语言的历史成因

语言是在以时间为纵轴的历史中形成的用以记载和解释一系列人类社会生活进程的事件表述，因而具有浓厚的时代因素。鉴于有些俄语句式生成于特定的历

117

史语言环境，其中蕴含着俄罗斯民族历史文化的深刻记忆，所以在识解这些语词时，需要追溯语言的历史成因，还原其语言生成的源语语境。例如，"Один глаз на нас — другой в Арзамас."（一只眼睛看向我们，另一只眼睛看向阿尔扎马斯。）诸如此类的语言表述离开其历史成因是难以理解的。在解析这句话的语义时，就需要还原语言的成因，那么通过虚拟语境的场景模拟，会再现出这样的情境：阿尔扎马斯是俄罗斯下诺夫哥罗德州南部的一个边远小城，列夫·尼古拉耶维奇·托尔斯泰曾经于深夜在此地的旅馆中感到一种从未有过的忧愁和恐怖，从此便有了所谓"阿尔扎马斯的恐怖"的说法，这种"恐怖"流传至今还有一个重要的原因，就是阿尔扎马斯一直是俄罗斯的核武器研究中心和物理研究实验室的所在地。这句话本来是对人的生理缺陷——斜眼的一种调侃，但 один 的指代意义为阿尔扎马斯，如果学习者沉浸在此历史语境中，其内心的"核恐怖"意识会被唤起，从句法角度来看，运用这种手法去加重调侃的语气，充分体现了俄罗斯民族语言的异质性。

　　还原历史是虚拟语境的重要表征。虚拟语境就其本质而言，是一种用于模拟、延伸和融入语境的教学技术，是一种用虚拟的现实语境模仿历史现实语境，以促成人对语境的理解及应用的教学模式。伴随着计算机技术的发展，仿真技术日臻成熟并逐步自成体系，成为继数学推理、科学实验之后人类认识自然界客观规律的第三类基本方法，基于仿真技术的虚拟语境因而也会在学习者认知语言的过程中发挥研究性、应用性和创新性作用。

四、凸显语言的象征意义

　　虚拟现实教学的三个基本表征为沉浸、交互、构想，从三者的逻辑关系来讲，沉浸、交互是手段，构想才是目的。所以说构想性是虚拟现实最突出的本质表征。这一表征对于凸显语言的象征性具有重要的意义。就具体的俄语认知而言，俄罗斯话语体系中的词法、句法都具有深刻的象征意义，仅凭字面的直译难以准确理解。例如，在"Семь топоров вместе лежат, а две прялки врозь."（七把斧子放一起，两部纺车分开放。）这一固定用语中，семь（七）象征了"众多的"这一数量概念，топор（斧子）象征男子的形象，而"прялка"（纺车）是典型的女性劳动工具，象征着女人。那么多的斧子能够放在一起，所对比的是仅有的两架纺车却要分开放置，所以整个短语所生成的意思是"男人的友谊比女人更坚固"，而"坚固"是由众多的斧子能够合在一起引申出来的，这种应用方式具有生动性和感染力。这一深刻的语言意义需要诸多生动的图示形象去表达，当学习者沉浸于该短语所描述的语境中，面对这些象征性实体工具进行交互时，其生成的构想就会脱离这些工具实物，从而理解隐含在斧子与纺车背后的语言述义。

当学习者处于客观的环境中时，其认知过程依赖于语境，其行为是语境化的。而虚拟语境课程界面是人工智能的产物，当学习者处于虚拟环境中时，其认知过程是被语境化的。现实界面能够再现历史的属性，是凸显语言的象征意义的必要条件，也是外语课程真正实现其源语语境化的关键因素。通过虚拟化界面特征研究我们认识到：一方面，现实语境与虚拟语境来源于同一语境基底，但学习者在视觉上却未必反映和凸显相同的语境界面；另一方面，虚拟语境对某一课文片段、某一句型或语词的解读只具有相对而具体的意义，不具有绝对和抽象的意义。

诚然，以现有的认知未必能够完美逆溯自然历史语境，从形式逻辑到数理逻辑去完成自然语言的认知还有很长的路要走。然而认识到问题的复杂性并不代表可以因噎废食，毕竟历史已经进入了信息化时代，语言的魅力在于它不会拒绝任何新的表达形式，虚拟现实技术正逐渐解构和重构学习者的知识结构，它的价值在于整合教育资源。在虚拟现实的链接点上，所有的时空语境都可以穿越至学习者的眼前，让学习者变得更加智慧，能够在语言生成的语境中自主完成知识构建的全部过程。

119

第三节　虚拟语境和语义的关系分析

一、语境是语义体认的"锚"

传统语义学将语言与外部客观世界联系起来，强调表达式的意义在于对客观世界的描述，对具体语法、语义问题的理解取决于我们对人类语言的假设，尤其是对意义的假设，而不是那些依赖语境的推理性意义。构建主义的认知观念认为，语境是语义的基础，语义因语境的存在而产生，随语境的变化而变化，语境是语义体认的"锚"，离开这个锚去谈语义，就失去了语言述义的基本意义。这一原理在认知语言学的智能化方面同样适用。智能化认知的基础是实现计算机对自然语言的理解，自然语言处理系统通过每个词的语义模块和词与词的语法关系模块就能够推导出句子的意义。也就是说，"机器对词语的理解来自'机器词典'。机器词典描述了每个词的词法、句法、语义甚至是语用知识"（董佳蓉，2016：

99）。但这些知识往往是多义的，需要把它们放在具体的语境之中才能获得语义和语用的识解。

与建构主义同时出现的情境认知理论也对语境给予了高度的重视，其理论体系更适合于虚拟语境的理论构建。该理论涉及教学情境设计与语言情境认知等多方面的教学理念。它认为传统的教学方法往往是完全依靠信息描述而忽视了文化背景产生的错误认知，所以要促进知识向真实生活情境的转化，才能够实现有意义的学习。虚拟的语言文化语境作为一种创新性的情景对话工具，已经能够建构情境认知理论所描述的文化背景，模拟创造各种不同的语言情境，为"知识向真实生活情境的转化"提供可实现的基础，从而使学习者能够融入情境准确习得语言，在视景仿真的虚拟语境中理解话语的意义。

建构主义的教学理论同样把创设情景作为教学的首要环节，其主要的教学模式即"实例式教学"（anchored instruction）或"抛锚式教学"，通过创设情境、确定问题、具身学习等一系列教学环节而最终解决问题。构建主义指出创设情境就是使学习能在和现实情况基本一致或相类似的情境中发生，但是并没有解决如何去创设这一情境的问题。虚拟仿真技术的出现为解决这一问题提供了技术的支持，它可以把与当前学习主题密切相关的真实性事件设置为语境建模，利用虚拟语境作为"锚"，为教与学提供一个可以依托的仿真背景。这是一种基于问题的教学方法，其要求学生到实际的环境中去直接感受和体验问题，把语境当作语义体认的"锚"，而不是听书面经验的间接讲解。

外语作为非母语思维与交际的符号，是产生于既定语境中的语音、语法、语义的有机组合。当虚拟现实技术把学习者带入虚拟真实的环境时，其对俄语的解释力至少还可以在以下三个方面体现：首先，在词汇的教学上，它能够通过人的视觉器官、听觉器官和感觉器官在仿真语境中加深对俄语单词的记忆，这对词的理解以及词汇量的积累具有直接意义，因为"当某个生词能够和具体的物体形象联系起来或者获得相应的视觉线索支撑时，词义习得将更加容易"（范烨，2014：31）；其次，虚拟语境教学也有助于对语义的理解，三维场景可以塑造不同的互动角色，通过动作或表情来揭示对话人的动态心理变化，在捕捉瞬间变化的某种状态过程中准确把握其语用目的的改变，因为这种变化既可能由发话者用立体视觉表情或动作去直接表达，也可能由受话者根据三维环境的变化而间接去感知；最后，虚拟的真实情景可以更直观地去揭示对话双方的意图，通过情态分析，评价和挖掘潜伏在对话内容背后的语用意义。对于俄语中一些常见的复杂长句或者多义性对话内容，如果把它们置于虚拟的真实场景中去学习，既有助于教师讲解，也能使学生准确理解词汇或者句子的多维度含义，还能从全景展示的角度为学习者提示语用环境和语用方法，这对外语教学的深入发展具有直接意义。

二、语境对语义的制约作用

"外语教育技术学是新时代信息技术语境下的外语教学方法论和学科教学论，它既是对'外语教学研究'学科的继承和发展，也是从研究范式上对其的突破与超越。"（胡加圣，2015：18）从教学方法论的视域看，一堂课的成功与否并不取决于学生的短期记忆，从根本上说还有赖于引导其对语言的真正理解。短期记忆只是对词或句的孤立意义进行单一编码的记忆，应用时可能形成不同语言之间词语的机械转换现象，得出的结果往往不能准确表达源语的意义。只有理解了某种语言的意义，才能把它转换成自己的语言，进而去运用这一语言。从学科教学论的视域看，语境对语义的制约作用对外语学科相关领域的影响尤为突出。外语学科本质上是双语境教学，客观上存在语境和文本的双重认知编码，如果离开语言生成的源语语境，仅仅依靠非母语条件下的外语教学，那么学习者对语义的认知理解就缺乏了生成语境的基础。

教学方法论是研究教与学相互作用的策略方法，而学科教学论注重课程教学理论与学科实践相结合。当二者统一于信息技术语境之下，就凸显了外语学科人本主义的体验性和唯物主义的实践性，从而在"现实—认知—语言"的体认语言学理论中融入智能化的元素。从体认语言学的视域看，体认语言理论以体验哲学的心智体验性为重要原则，主张具身体验和具身认知的相互作用，在双语境的外语教学实践中，如果要跨语境理解外语知识，只有融入信息化语境中，沿着源语语境条件下"现实—认知—语言"的认知路径，才能够让体验与认知二者融为一体，实现对语言自身和语言表达内容的全面理解。所以，在众多的外语认知理论中，有两个概念是最基本的：一个是语义，另一个是语境。二者是一个有机整体，学习任何一种语言，都不能离开语境去研究它的语义。无论是外语的认知方法论还是学科教学论，其作用于外语教育领域的突出短板就是缺乏现实语境识解的母语教学环境。虚拟语境教学就是弥补这一短板的创新型工具，可以根据教学内容创建某一语言生成的环境，这有助于展现在特定情景中的特定话语，并通过高度的仿真效果来理解语言的意义。虚拟语境不仅仅是演示媒体、语言学习的工具，而且渗透着学习的理念和方法，是一种基于外语认知方法论和学科教学论的具体

121

的教学模态。它以视觉沉浸的形式创设了一个语境化的多维信息空间，为学习者体验和认知某种语言生成的具体环境提供了可能。

语言表达内容，并构成语义，使语言具有目的性，但离开适合的语境，就不能恰当地体现语义，因此需要在语境的参与下，运用话语情境推理才能确定语义。另外语境与说话人的信念、动机、心理因素相关，而这些因素都是在特定的历史语境中形成的，某一时代背景中可能蕴含着语义的形成条件，同时也会影响语言的关联意义乃至基本语义，从而对语义的指向具有制约作用。

在古代俄国的语境中，俄语曾直接用名词表示数量，一些古俄语文本中单独数目的名称起源于物品的名称，例如数词 сорок（40）起源于能够放置一定数目（40 张）兽皮的口袋。在古斯拉夫时期，古斯拉夫人过着捕鱼打猎等的原始氏族生活，当时没有抽象的数量概念，数被看作是某一具体事物的属性，所以能放 40张兽皮的口袋就成了"40"这个数字的符号。只有通过对这个历史语境的解析，才能由"口袋"这个名词性语境的形式推导出"40"这个数词性语境的内容，并形成名称与数量两种语境的思维切换，实现从表述具体事物的文字性思维向表示抽象数量的符号性思维的转变。

在讨论语境对语义的制约性的同时，我们需要明确一下静态语境和动态语境的不同表征。如果我们只把具体情境中抽象出来的一些与语言相关的确定性因素看作语境，那么这一语境就是静态语境，它是在学习场景中事先确定的、可以直接观察到的一种简单的情境状态，但是"在动态的言语交际过程中，语境不是事先确定的、一成不变的外在因素的简单汇合，不是围绕话语的一组静态的共有知识集合，而是不断发展变化，不断被创设、被选取、被延伸的动态系统"（曹京渊，2005：14），那么这一反映语境变化的系统就是动态语境。例如，"Событие чревато опасными последствиями."（此事件会引起危险的后果。）这个句子表述了由一个事件语境到另外一个后果语境的动态语境过程，所体现的是从一个语境表征中推断出另一个语境内容的逻辑推理关系，而静态语境就难以完成这个推理过程。

如果教学中沿用静态语境，往往会脱离真实的语境，造成学习者对实践的认知出现偏差，而这种偏差是在交际中出现失误的重要原因。况且，"由于客观世界不是直接反映在语言中，而是通过说话人的意识间接地反映出来的，所以，同样一个客观世界的事件可能被人完全不同地理解并用完全不同的方法呈现在语言中"（郭淑芬，2012：27）。这就需要学习者了解说话人和受话人交际时所处的动态语境，并理解该语境动态趋势对话语潜在的指向性，"只有理解了语境，才能理解话语。所以，语境是交际不可或缺的条件，这里所说的语境，既包括说话人预想的语境，也包括受话人理解时使用的语境。说话人语境和受话人语境相符，交际才能顺利进行，反之则导致交际失误"（丁昕，2007：97）。上述观点为我们假设了动静分类语境对语义识解的不同效果，其潜在的意义在于既要发挥语境对语言理解的补充作用，也要注意语境对语义所构成的制约作用。

下篇　虚拟语境教学实践研究

第七章 虚拟语境教学应用研究

第一节 虚拟语境外语教学综述

虚拟语境教学作为一项高端的视觉沉浸教学形式，其主要作用就是使教学能在建构主义所倡导的和现实情况相类似的情境中进行。创设语境建模作为这种教学模式的首要环节，意在把历史或现实语境中的特定内容转换为以三维图形、立体图像等方式构成的意象图式，用以进行语言信息的表述、交流和传递。这种以语境复制形式呈现的虚拟教学环境，既符合在语言生成环境中学习语言的认知规律，也适应学习者以知觉、视觉、听觉和动觉进行人机交流的生理功能特点，这就为外语教学开创了一个模拟现实语境的学习平台，同时也为信息化教学建构了一种新的研究界面。鉴于外语需要在源语语境中去认知，虚拟现实技术又能够实现这一构想，所以虚拟语境的外语教学范式就有了研究的基础与实践的场域。

在计算机信息与教学技术不断融合的趋势下，虚拟现实应用在外语教学领域具有重要的研究与实践意义。一方面，它是以人工智能语境论的视角来认识和分析现阶段的外语教学；另一方面，可以在认知体验的智慧教学中印证人工智能语境的理论成果。这一学术思想既奠定了虚拟语境教学范式创新发展的研究基础，也开拓了虚拟现实这一前沿性技术进入外语教学场域的演进路径。

一种信息化的教学新模式只有与应用相结合，并与应用研究和应用实践同步推进，其价值才能在资源共享中得以体现。虚拟语境理论研究与俄语课程教学、微课、慕课及在线教学实践同步推进，其科研成果随即应用到教学过程中，这种思路对信息化教学环境中俄语的认知具有现实意义。虚拟语境教学界面作为信息化教学模式的重要载体，重塑了一个语境认知泛在学习的模拟世界，其本身即是人工智能应用于外语教学的重要体现。

在教育部《教师教育振兴行动计划（2018—2022年）》的通知中，已把虚拟现实教育作为创新教学的改革方式。该计划明确指出，要充分利用云计算、大数据、虚拟现实、人工智能等新技术，推进教师教育信息化教学服务平台的建设和应用，推动以自主、合作、探究为主要特征的教学方式变革。

目前高校外语教学基本都配备了听力教室和多媒体教室，这是一项庞大的、未被充分利用的宝贵资源，如果把这些系统有选择地升级为虚拟现实教学系统，从计算机桌面系统软件到服务器、云终端，实现一站式的全套解决方案，推进支持移动学习、互动学习、远程学习、泛在学习的"智慧教室"建设，结合微课视频等在线教育形式，统筹构建"互联网+外语教学"的信息化教学资源，可以以最小的投入获取最大的应用效果，产生"1+1＞2"的倍增效应，在教学理念、学习能力、认知效率、模式创新等方面形成现实与虚拟相结合、资源共享的信息化外语教学平台，应用虚拟的"小环境"去解决传统外语教学模式的"大问题"，从而加速外语教学与信息技术融合的步伐。当然，传统的外语教学模式无论是在教学资源、教学方法上，还是在教学手段上，都积蓄了丰富的经验，在新的教学模态创建过程中，只有充分汲取以往教学理念的精华，虚拟的情境才会有现实的基础，新的教学模式才会有创建的根基。

一、虚拟现实教学应用的动态梳理

虚拟现实技术是一种计算机仿真系统，可以利用计算机生成模拟环境，构建多源信息融合的、交互式的三维动态视景，能够进行包括视觉、听觉、触觉等多种感觉路径的实时模拟和实时交互，让参与者认知和体验虚拟世界。作为一种高端人机接口，它能同时提供视觉、听觉、触觉等多种直观而又自然的实时感知媒介，是发展到一定水平的计算机技术与思维科学相结合的产物，它的出现为人类认知世界开辟了一条新途径。

21 世纪初，我国建设了 3D 虚拟世界 HiPiHi、"由我世界"（uWorld）等以网络游戏产业为主的虚拟交互平台，虚拟现实逐渐成为科技界关注的一个热点，并迅速在物理、医学临床实训、工业模型等领域应用于教学实践。在基础研究方面，2018 年 9 月 14 日，教育部正式宣布在《普通高等学校高等职业教育（专科）专业目录》中增设"虚拟现实应用技术"专业，从 2019 年开始执行。据此，2019 年成为虚拟现实应用技术被纳入我国本科专业的第一年。到 2020 年初，已有 71 所高职院校开设了"虚拟现实应用技术"专业，具有代表性的院校主要包括北京航空航天大学、河北工程技术学院、山西传媒学院、大连东软信息学院、哈尔滨信息工程学院、华东交通大学等。

虚拟现实技术专业主要培养掌握 VR/AR 技术相关专业理论知识，具备VR/AR 项目交互功能设计与开发、三维模型与动画制作、软硬件平台设备搭建和调试等能力，以及从事 VR/AR 项目设计、开发、调试等工作的高素质技术技能人才。北京航空航天大学依托"虚拟现实技术与系统国家重点实验室"，综合计算机科学与技术、控制科学与工程和机械工程三个一级学科，交叉开展不同学科方向的虚拟现实技术基础研究、应用基础研究和战略高技术研究，进行原始创新和集成创新，并开发研制了可以支持异地分布式虚拟现实研究与开发的支撑环境DVENET、分布交互仿真开发与运行平台 BH HLA/RTI、实时三维图形平台BH_GRAPH、协同交互的实时三维建模和虚实交互实验环境等若干支撑虚拟现实理论与技术研究的硬件设备和软件平台。

在外语教学领域，虚拟现实技术与外语课堂教学的融合是教学模式改革的全新尝试，四川外国语大学依托中央与地方共建项目"多媒体、多模态、多语言、多语境的外语课程中心"支持下的外语学习与课程中心，在俄语课堂教学中率先进行信息化教学改革试验，选择部分课程在 3D 虚拟现实演播系统中进行，让学生直接融入国际会议、商务交流、社会生活等多种虚拟现实的环境中进行角色互动，逼真的三维情境与课程教学内容保持一致，从而活跃学生的思维，开阔学生的视野，实现视觉沉浸技术与俄语教学的深度融合。

国外教育界对虚拟现实技术支持下的教学普遍给予高度重视，美国北卡罗来纳大学的计算机系是进行虚拟现实研究最早、最著名的大学。华盛顿大学的人机界面技术实验室将虚拟现实研究引入了教育领域。日本东京大学广濑研究室重点研究虚拟现实的可视化问题。为了克服当前显示和交互作用技术的局限性，他们研究开发了虚拟现实全息成像系统。以"第二人生"为代表的虚拟世界在教育中的应用一直是热门研究领域，美国的哈佛大学、斯坦福大学、普林斯顿大学等世界一流大学已经在"第二人生"中建立了自己的虚拟校园。

虚拟现实教学作为基于视觉沉浸技术的教学创新实践，已成为当今世界各国高校的课堂教学中正在积极探索的一种教学模式。俄罗斯关于虚拟现实技术的研究起步较早，当该技术于 20 世纪 80 年代末在欧美走出实验室时，俄罗斯对此形成了几种不同的解释。例如，亚历山大·维克多维奇·彼得罗夫（Александр Викторович Петров）认为虚拟现实由物理系统和非物理系统两个系统构成，一些参数具有具体的物理及现实特性，而另一些参数则具有抽象的虚拟特性。鲍里斯·尼古拉耶维奇·塔拉索夫（Борис Николаевич Тарасов）的研究提出，现代虚拟现实系统的研制要求结合计算机科学、人工智能、机器人技术、系统论、心理学，以及人机工程学中所使用的聚合体、方式、方法及手段，而结合的前提条件是使用系统（功能—结构）的方式，来建立人与虚拟现实空间的智能的人机通信。在 1995 年俄罗斯虚拟现实学术会议上，与会学者将虚拟现实概括为模型类、程式类、幻想类和混合类四种类型，并认定其开始进入实用化阶段。在虚拟现实研究的演进过程中，俄罗斯也出现了神秘主义现实观，认为虚拟现实技术把人类带入了"另一个神秘的世界，这里有另一些具有非常规特性的'真实'现实，在这个世界中人可以获得自我救赎和真实的存在"（罗津，2018：206）。但主流的观点则把虚拟现实的创建看作继计算机信息技术发明之后的"第五次技术革命的起源"。

在俄语教育领域，俄罗斯互联网发展研究院社会项目部主任弗拉基米尔·亚布隆斯基（Владимир Яблонский）在出席"互联网+教育"论坛时表示，俄罗斯互联网发展研究院将建设教育软件与服务数据库，以促进现实教学与虚拟教学的同步。俄罗斯圣彼得堡国立大学的专家们进行了基于虚拟环境（virtual environment，VE）技术的计算机辅助语言学习（Computer-Assisted Language Learning，CALL），以及 ВМРЯ 理论和应用研究。此项目的主持人之一韦列科谢利斯基认为，ВМРЯ 旨在使俄语学习者完全进入虚拟语境中，使教学情景最大化地接近现实交际，以及最大化地实现直观性，从而为外国俄语学习者提供逼真的俄语社会文化环境，他的观点对虚拟语境教学模式具有重要的借鉴意义（Великосельский，2004）。

二、虚拟现实与传统媒介的差异性

虚拟现实是人类技术革命的一项标志性成果，这一成果从整体上看既是一套可以体验虚拟世界的计算机仿真系统，也是一种利用计算机生成的模拟环境，其与传统媒介存在范式层级上的差异性。传统媒介是相对于目前的网络媒介而言的传播方式，主要包括报刊、通信、广播、电视、收录音设备等传统意义上的传播媒介，其媒介的传播层级体现了视觉媒体和听觉媒体两个方面的传播表征，视觉媒体主要包括文本、图形、动画、图像和符号等物理的二维平面传播载体，听觉媒体主要包括语言、声响、音乐和自然界的各种声音。相对于虚拟现实的传播方式，传统媒介没有感觉方面的功能，不能体现三维立体的沉浸式构想和基于人工智能的人机交互，所以不论是在认知体验上，还是在互动方式上，虚拟现实与传统媒介都存在着明显的差异性。

1. 虚拟现实的视觉效果

虚拟现实的视觉技术与传统媒介存在明显的层级差异，主要体现在情境图示效果上，而不是文本书面上。传统媒介的视觉效果通常是二维的，即便有三维的，也只能定向展现出一个或者几个侧面，情境的图示层级较低：首先，这些图示都是静止的，它只能定点展示某个侧面且不可改变；其次，这些图示往往需要加以文字说明才能使人理解，其图示具有机械性、片面性和不完整性，它需要使用者发挥空间想象力，在思维中呈现物体（事件）的原貌，识解物体（事件）的意义。

虚拟现实技术把智能界面作为观察虚拟世界的一个窗口，通过输入设备与虚拟现实中的物体（事件）进行互交，完美地解决了上述问题。在计算机智能界面的场景展示中，物体和镜头皆可运动，如设定多个观察点，可以从一个观察点移动到另一个，也就是全景物体展示方式的综合运用。这个展示方式更加真实，物体和镜头都可运动，亦可以实现相对静止，与现实生活一样，能够观察 360 度范围内的物体（事件）的整体面貌和全部过程。数据手套有触觉反馈功能，可以模拟真实的触摸体验，包括形状、重量、温度和力量，从而获取立体视觉深度信息，直接融入虚拟场景，亲自操作其中的物体，经历其中的事件，并沉浸其中产生解决问题的构想。VR/AR 所生成的虚拟自身图像，能够形成自我与虚拟身份的分离，进行自我观察、自我感知，并同时以第一人称和第三人称的视角观察世界，实现传统媒介不可能达到的视觉效果。

虚拟现实是通过一系列传感设施（立体眼镜、头盔式显示器、数据手套等）实现的三维现实，让学习者通过听觉、视觉、嗅觉及触觉等来全域感知世界，从而形成一种自然模拟、逼真体验的过程与方法，这一过程和方法表征了虚拟现实与传统媒介的层级差异。由于双眼视差的作用，通过头盔式显示器等辅助显示设备观察三维物体的语境建模，可以获得传统显示器无法达到的深度和广度，其原理在于人们在观察物体（事件）的时候，每只眼睛的视网膜中心凹上都会形成一个单独的物像，双眼物像引起的神经冲动传入大脑视觉皮层，经过大脑皮层的综合作用，最终就会形成一个单一的、具有立体感的深度视觉影像。虚拟现实技术通过各种辅助传感设备的应用，彻底拉开了与传统媒介的距离，增强了观察者在虚拟场景中的真实感受，从而进一步推动了计算机视觉技术的发展。

2. 虚拟现实的触觉与动觉

虚拟现实教学的最终目标在于实现模拟真实的体验认知，而体验的关键方法是实现基于计算机的人机互动。人机互动本质上是人与计算机系统的交互，系统可以是各种不同的信息设备，也可以是计算机化的系统和软件。通过人与计算机或其他电子设备之间的信息交换，实现用户与系统的有效沟通和互动。互动是触觉的真实体验，同时也是视觉与听觉更为贴近、更为逼真的源泉。触觉与动觉基础依赖于触觉传感器、触觉反馈设备以及人机交互技术。虚拟现实数字交互系统常用的人机交互设备是头盔式显示器和数据手套，头盔式显示器是虚拟现实应用中的显示与观察设备，数据手套用于采集手部运动的数据，学习者通过头盔的转动和手套的运动，随即向计算机中输入各种自然的动作信息，从而在视觉、听觉及触觉等感知器官中得到不断变化的虚拟现实感觉世界，这种动感使得参与者产生一种身临其境的临场感，与传统媒介相比具有明显的层级范式差异。

虚拟现实不再局限于视觉和听觉，数据手套能在虚拟现实世界中提供真实触感，头盔式显示器让体验者沉浸于虚拟世界，把虚拟感知拓展到人的触觉和动觉机能。从感知的视域介入，神经科学家开发出一款名为 Grabity 的虎钳，该设备可用来拾取虚拟物体，只需通过特定的振动，就能让人体会到物体的重量和特性，可以让人自然地摸到情境中的物体，并使物体产生接近天然材料的触感，还原自然状态下交互的真实感觉。这种抓取式触觉技术结合了高清视频、音频和交互式组件，并创建了一种独特的"面对面"接触感，使得虚拟现实技术能够由皮肤、肌肉中的皮下神经元传导，使人产生触觉与动觉的体验。

南加利福尼亚大学计算机科学家希瑟·卡尔伯森（Heather Culbertson）所研制的一种"数据驱动触觉"设备，通过收集物体划过各种表面材料时的纹理数据，能够逼真地模拟物体表面的粗糙度、硬度和光滑度。学习者走进虚拟场景，可以手持粉笔在虚拟黑板上"书写"，当用笔划过黑板时，由于不同的振动对应不同的纹理，学习者就能在黑板上获得相应的振动反馈，并通过触感感受到手指的压力。虚拟现实技术让感官的维度得以延伸，而所延伸的这一触感维度被机器人专家们称为"机器语言"，这种以触觉感知为表征的机器语言，为认知语言学的智能化研究构建了一个新的重要元素。

三、虚拟语境建模的设置与演进路径

近年来，我国高度重视虚拟现实技术与产业发展，并积极加强产业布局。《国家中长期科学和技术发展规划纲要（2006—2020 年）》把"虚拟现实技术"列为前沿技术中信息技术部分的三大技术之一。《国家创新驱动发展战略纲要》《信

息产业发展指南》《"十三五"国家信息化规划》等国家重大规划均对推进虚拟现实技术和产业的发展做了具体部署，以期抢占全球虚拟现实战略制高点。互联网教育智能技术及应用国家工程研究中心于 2023 年 9 月发布《虚拟现实教育应用白皮书》，明确指出以虚拟现实和人工智能为代表的新一代信息技术为加快推进教育数字化转型和智能升级提供了重要支撑。

1. 现实语境与虚拟语境

虚拟语境的设置为学习者学习语言、认识语言的学习活动拓宽了视野。虚拟语境本身不同于现实语境，但却依托于现实语境，它只不过是对现实语境的一种间接再现。虚拟语境和现实语境最终将统一于语境的客观性。从这个意义上说，学习者的体验认知活动归根结底是以直接再现的现实语境而不是间接再现的虚拟语境为基础，但虚拟语境却对过往现实语境的再现提供了技术上的可能性。因此，虚拟语境的设置给现实世界的学习者带来了新的视野、新的方法和新的机遇，这就需要我们正确认识虚拟现实技术给外语教学改革带来的契机，正确处理传统外语认知、外语教学与智能化外语学习之间的关系，坚持传统教学与智能化教学相互支撑的改革思想，践行现实语境与虚拟语境在外语教育领域交叉融合的教学方法。

虚拟现实技术极大地加深了人类对自然空间的认知，成为连接人、社会与信息空间、物理空间关系的下一代信息系统计算平台。基于这一平台的虚拟语境，是由软件和其所能够兼容的硬件组合而成的三维教学场景，它可以通过分析某一教学语境中的图式结构要素，复制出类似于源语的虚拟语境建模，还能设计在模拟的源语语境下做出反应的人机交互教学环境，其构建的意义在于还原历史的话语成因，这一功能对外语教学具有重要意义。因为只有联系源语语境，才能理解一种言语行为所表达的概念或所给予的判断。

虚拟语境所展示的并不是语境复杂原型的翻版，而是服务于教学需要的智能化模型建构。语境建模既可以再现源语语境中某一特定的自然环境要素，也可以复制被储存的语境数据和语境信息，还可以凸显源语语境中说话人的某种表情、动作或心理状态。外语教学要符合源语的认知规律，不同语种具有各自不同的语言特点，所描述的语言关系各异，因此实现这一解析过程的智能行为也是多维的、语境化的。从广义上说，凡是用虚拟语境复制现实语境，以及用界面模型描述语言行为因果关系及发生过程的情境图式，都属于智能化语境建模的范畴。

133

2. 语境建模的演进路径

语境作为语言环境，既是研究语言学时一个不可回避的概念，也是多种环境要素的综合体。马林诺夫斯基提出了情境、文化和社会等不同的语境概念分类，从而使语境观念突破了单纯语言要素的束缚，确立了语境广泛性的基底。罗伊·迪利进一步完成了思维、语言和行为的语境化，并把这些思维、语言和行为放在特定的语境框架中去解释。自此，语境的观念发生了根本性的变化，这一突破既为思维创设语境开启了一个窗口，也为智能教学语境界面的语境建模的设置与应用奠定了理据性基础。这就是说语境不仅是自然与人文的客观存在，也可以是由人的思维去复制的一种存在。以此为逻辑起点而构建的虚拟语境建模结构体系，在理论上是认知语言学智能化研究的一个实践场域，在实践中是应用虚拟软件中所设置的主体模型、行为模型、背景模型、参照模型和索引表达式等语境建模的结构形式，在技术上是依托虚拟软件及智能化界面的虚拟现实外语教学场景。

"在美国人工智能届的元老级人物麦卡锡（John McCarthy）看来，语境建模工作若要照顾到人们在日常生活中所遭遇到的种种'语境'，就必须对相关的常识进行记录和整编，然后再输入计算机，以便让计算机也能够像人那样在不同的语境中持有不同的信念。"（徐英瑾，2015b：20）由此推断，是麦卡锡开启了用计算机建模的方式，来体现语境要素数据，以及表征语境认知的历史进程。不同的语境模型反映了不同的语言述义，故而按照语境要素分类的语境模块的设计有利于计算机在不同的语境中持有不同的信念，从路径上说，这需要语言学与计算机科学的结合，为了使计算机获得语境中包含的语言信息，还必须对语境进行形式化拆分描述，而 HNC 理论将语言类语境再分为词汇语境、句级语境、句群语境和语篇语境等层级，就是对语境的一种形式化拆分描述。这一语境层级拆分的目的在于使语境能够应用于计算机的自然语言理解，有利于进行语境教学界面构建。

从语言教学的视域分析，自然语言理解能够使计算机理解、解释和生成人类语言，从而实现与人类的有效沟通，是人工智能在语言教学领域重要实践应用的探索，同时也是虚拟语境建模的重要理论支点。语境建模的意义在于构建一个认知模型，去表述语境因素在自然语言的认知机制的运作中所起的作用，由此我们可以得到的语境建模应用步骤是：①从现实情境中抽象出语境要素并形成语言图示；②由计算机提取该语言图示的数据信息并构成语境模型；③依据语境模型分析自然语言的核心意义；④对语境建模表达的信息进行概括评价并实现教学目标。实现语言教学目标的语境建模完全基于计算机（包括软件和硬件）的支持，并按照语境数据收集、模型设计、模型优化、模型应用与评估的程序完成构建，计算机通过对大数据的模式进行数据识别，系统吸收可识别的文本字符、声音信号和图像像素，从而建立与学习任务相关的智能化语境模型。这种由计算程序支持的认知过程说明了语言学智能化认知路径，这既包括用计算机对客观物质进行分析，也涉及以情感计算对主观行为进行求解，同时还表征了以计算思维为核心、以计算过程为主线的认知架构。

四、外部语言情境的虚拟创设

从主观与客观的视域划分，语境分为内部语境和外部语境。内部语境即内在的、主观的、行为的语境，外部语境即外在的、客观的、物理的语境。虚拟外部语言情境是指对语言所基于或涉及的外部环境的复制，即语言假设中所反映的外部状态的还原。课堂教学中的外部语境所基于的只是一种假设，即凭借教师的语言描述或学生的经验回忆形成的语言情境。然而由于不同个体的生活经验不同，其头脑中构建的语言环境也是千差万别的，每一个个体对待想象中的语境往往是某一时段的静态时空形式，这就造成用于识解语言的同一语境在不同的个体思维中存在着程度、状态上的差异，难以形成与同一情境相对应的语言构式。所以虚拟现实技术首先要解决的是课堂学习脱离外部语言环境的问题，创设符合教学内容的外部情景语境建模。

一段完整的课文必有自己真实的背景，一次成功的课堂教学必有相应的教学环境。在"基础俄语"教学中，其课文、句式、对话乃至语法都涉及不同的语言情境，语言认知需要依托于这些外部语言情境，例如在《大学俄语》教材中的《圣彼得堡欢迎你！》（"Санкт-Петербург приглашает!"）这一篇课文中，如果教师按照传统的教学方法阐述课文并解释关于圣彼得堡景色的课后问题，既重复烦琐又难以给学生留下记忆，而虚拟语境可以采用视觉沉浸技术创设圣彼得堡的仿真视景，经过色键抠像与虚拟情境合成技术，可以让学生直接进入具有交互性、沉浸感的虚拟学习场景，教师虽然只是站在蓝箱中，但学生看到的却是教师在冬宫悠长的画廊上对艾尔米塔什博物馆进行讲解。在完成此环节的教学目标后，教师随即转换场景，学生自身也仿佛置身于涅瓦河畔，亲自游览久负盛名的"北方威尼斯"，体验圣彼得堡白夜那种"黄昏未尽，黎明已至"的奇特景观，教材中所要记忆的内容融合于这仿真的虚拟三维全景之中，从而使学生获得具身的体验认知。

视觉沉浸技术让教学双方共同融于虚拟现实的三维语境中，相对于通过文本描述知识内容的二维平面语言教学，虚拟语境的情境渲染发挥了重要作用。这种数字化的三维空间不仅仅是一种教学情境的展示形式，更是凭借其 360 度无死角的沉浸式场景，从包围感、深度感和移动感等三个不同的维度，构成体验认知的教学环境，学生参与到虚拟语境中，根据教学安排获得相应角色，视觉所见是虚拟全景影像，听觉所闻是三维立体声音，他们在计算机所创造的世界中扮演课程所指向的角色，从角色定位中获得知识体验，并产生强烈的全域感官刺激，对所学的知识留下深刻的印象。

虚拟外部语言情境是虚拟语境的一种重要形式，它不仅是学习者与外界环境相互交际的媒介，同时也是学习者对外部事物的假设进行感知与思维的手段与工具。"当某个生词能够和具体的物体形象联系起来或者获得相应的视觉线索支撑时，词义习得将更加容易。"（范烨，2014：31）"实施情境教学的关键是创设一个与所学内容相适宜的情境，这种情境的创设，首先应在教师指导下，通过背景材料，使学生感悟情境，然后教师运用恰当的语言进行启发、描述、渲染，使学生进入角色。"（杨小英，2008：149）虚拟外部语境构成了情境教学的底层逻辑，虚拟语境的教学过程也是由创设情境开始的。

虚拟外部语言环境创设所依赖的背景技术支持，其核心不在于硬件设备，而在于教学软件的技术含量。教学软件是虚拟语境的载体，虚拟现实软件可以提供主要的环境内容，应用于不同领域，主要包括 Vega Prime、Unity3D、Virtools、WTK 和 Converse3D 等。Vega Prime 将先进的模拟功能和易用的兼容工具相结合，能够提供便捷的创建、编辑和驱动工具，可以支持多源数据集成、场景渲染及动态交互，形成视点与观察者之间的特殊效果。Unity3D 是一个可以让用户轻松创建诸如三维视频游戏、实时三维动画的综合型游戏开发工具。Virtools 可制作具有沉浸感的虚拟环境，它可以使参与者生成诸如视觉、听觉、触觉、味觉等各种感官信息，给参与者一种身临其境的感觉。上述软件的一些应用程序适用于教育领域，特别是外语情境教学的人机交互系统，但在具体应用方面需要科技企业为普通高校、职业院校在语言教育、科研实训方面提供专业的数字化模拟语境的解决方案。虚拟现实软件不仅是虚拟外部语言环境的主要载体，同时也是整体虚拟语境设计创意的技术平台，它为外语教学提供了稳定、兼容、易用的智能工具，依托这些工具可以进行虚拟语境教学的课件设计。

虚拟语境教学课件区别于普通课件的主要特点就是增加了虚拟语境创意，以电子屏幕取代了黑板，兼容了文本语言和脚本语言两种形式，并形成了包括虚拟景物、实物、音效、程序、链接等非文字元素的超文本标记语言。基于超文本标记语言的情境教学课件的特色在于把不同空间的资源整合在一起，充分利用虚拟现实视觉沉浸技术和人机互动接口程序，通过视觉感官、语言形象和具身体验，将教学过程转变为智能化的双向互动过程，使课堂教学达到沉浸、交互、构想的全新境界。

作为基于虚拟现实技术的一种教学方法，虚拟语境以还原学习者主体思维的外部对象为手段，去创设语言图景，激起学生的学习热情，从而把学生的情境体验与认知互动有机结合起来。在传统教学模式下，由于学生所学习的语言知识都是在假设的语境中形成的认知，在每次交际活动中，这一模式是基本保持不变的，所以学生实际接触到的本质上是静态的教学语境，这就导致交际双方都不考虑语境的变化，也没有身临其境的沉浸感。静态语境忽视了交际本身的动态性引发的交际语境的动态性，不能很好地解释语境句的间接含义。动态语境观旨在发挥说话人和听话人在会话中的重要作用，以便更好地解释语用推理过程，但却没有涉及如何获得这种语境。那么在教学中怎样才能更好地发挥这种作用，以解释语言的推理过程呢？教学实践证明，仅仅凭借想象中的动态是很抽象的，虚拟外部语言情境的创设让语境真正实现了动态化，从而让应用于教学的语境发生了质的变化。

虚拟现实可以在现代技术手段的支持下创建一个虚拟场景，让学习者走进这个环境去体验环境中的对象，在这个虚拟场景中获得如同在现实中一样的视觉、感觉和动觉。基于虚拟现实的教学环境涉及了一个虚物实体化的过程，这一过程体现为将计算机所收集储存的相关数据符号转化为可以显示的图形图像、可以听到的声音和可以感觉到的触碰感，这是让学生融入虚拟语境并产生存在感的技术基础。例如教学中有一段涉及绘画的课文：列维坦画了一幅名为《秋天，猎鹰者》的画。"好画"，尼古拉说，"但我觉得，画中似乎缺点什么。"尼古拉没有再说缺什么，他拿起画笔，很快画出一个穿着深色连衣裙慢慢地行走在林荫道上的姑娘，这幅画立刻烘托出了另外一种心境。如果把对话放在虚拟现实的动态语境中，通过视觉沉浸技术，把尼古拉的画龙点睛之笔展示出来，那么当学生融入画面的语境之中，感觉到轻盈的脚步踏着落叶沙沙作响的时候，就能够发挥虚拟语境感性形式的优势，让思维与情景相互对应，以切实的内心体验参与艺术的感悟，从而实现以情境切入、以理性引导的教学方法。

从语法上讲，通过虚拟语境行为模型的构建，可以让学生运用听觉、视觉、动觉等功能去理解俄语不同前缀的运动动词这一教学难点，形象地解析带前缀的运动动词完成体的不同表现形式。随着虚拟场景的演示脉络，学生进一步主动融入语境，循序渐进地理解怎样运用俄语表示一次性的动作、说话前经常发生的动作，说话后将要经常发生的动作等教学知识点，形象地厘清怎样行进、到达什么地方、看到了何种景物等相关内容的俄语句式与表达，以具身体验的行为方式置身于虚拟动态的语境中，边观察、边互动、边理解，通过自主的认知体验，主动掌握语言的应用方式和语义的推理过程。

五、虚拟语境外语教学的比较优势

虚拟语境学习环境在技术架构上涉及网络环境、语境资源、大数据处理、虚拟软件和交互界面，在组成结构上包括科技语境、信息语境、心理语境和义化语境，在系统要素上涵盖复合资源、智能工具、意象图式、具身学习和体验认知，在培养目标上强调促进学习者视所觉慧、闻所生慧、思所成慧的智慧教学。

虚拟语境教学的主要特点是教学内容的三维形象化、资源的广泛共享化和形式的虚拟网络化。授课不再是老师对学生的单向灌输，而是在虚拟的场景中老师与学生融入在一起进行角色互动，逼真的三维实景界面能够活跃学生的思维，开阔学生的视野，实现视觉技术与俄语教学的深度融合。虚拟现实超越了历史语境时空分离的阻碍，将重新塑造外语教育时空共在的新形态，在虚拟语境外语教学的实践场域，利用视觉沉浸技术改变学习环境，具有明显的比较优势和广阔的发展空间。

随着我国高等教育由精英型向普及型过渡，社会对于复合型外语人才及实践型教学建设的需求日益增加，同时也对虚拟现实的教学技术寄予了更多的期盼。从理论构架、设备应用、课件设计、教学实践等方面去分析，虚拟语境外语教学涉及语言学、神经心理学、技术哲学等不同学科领域，并在情境教学的基础上增加了虚拟现实的因素，从而导致认知逻辑上出现了学科交叉，这一教学形式是基于情境教学的一种创新发展，它表征了互联网、虚拟现实技术与情景教学相互连接的新文科教学模式。

基于对人工智能语境范式发展的认识，同传统的教学模式相比较，虚拟语境教学在内容与形式上存在明显的比较优势，它改变了受限于二维空间的平面线性教学思维，克服了教学内容沉浸感不强、语言形象轮廓不鲜明、缺乏语言培养环境、受教知识印象不深刻的问题，其良好的三维性、灵活的交互性及全方位的场景展示开阔了学习者的视野，不仅能够重塑一个具有可视化虚拟真实现场特点的语境界面，而且能够让学习者具身融入这个界面，践行沉浸、交互、构想的虚拟现实外语学习方法。

从语言认知的视域看，语境与语义相伴而生，它不是一个凝固的、静止的、平面的结构，而是一个动态的三维立体系统。著名英国语言学家杰弗里·利奇（Geoffrey Leech）把语义分为理性意义、内涵意义、社会意义、情感意义、反映意义、搭配意义和主题意义的综合体（利奇，1987），这在客观上需要在一个三维立体的语境中得到认知。特别是俄语词汇的语义层次复杂，包含多方位的语言指向，每一个完整的语言述义都蕴含着思维，在反映客观现实时，若干语境片断分别决定着某一认知取向。语义包括显性语义和隐性语义，显性语义即文本表面约定成俗的意义，它体现了语形、语义和语用功能的统一；隐性语义是字面下隐含的意义，它需要与特定的语境相联系，并通过感知能力和思维能力共同来实现。而这种感受需要模拟真实的语言环境，特别是有些多义性词汇的实际语用指向只有在本来的语境中才能够完全反映出来。

由于语义的多重性识解对语境具有依赖性，同传统的教学模式相比，虚拟语境教学的比较优势是不言而喻的。在传统的课堂上，俄语教学注重讲解，教师迫于语言掌握难度和教学进度的压力，往往无暇顾及语境的呈现和语义的延伸。而在虚拟语境教学模式下，教学资源数据可以便捷提取，教师的主导角色被赋予了新的内涵，他们既是演播课程的编剧和导演，又是出场的译者和演员；学生的角色也发生了变化，他们从坐在教室里的听课者变成了演播室里的参与者，积极主动地参与整个教学过程，从而形成了以学生为中心的教学氛围，缓解了教学双方的压力，活跃了教学气氛，激发了学生的认知潜能。

从教学环境上说，虚拟演播室不仅仅是上课的教室，还是虚拟语境的教学平台和学习者沉浸其中的互动场所。其对学生的学习能力的培养形成了由感知能力到语言能力再到逻辑思维能力的自我发展序列。对于上述两种教学模式的优劣，我们可以借助表7.1，从主体体验（教师和学生）、学习场景、教学生态、交际方式、信息传递、信号系统、条件反射、记忆规律和教学理念等方面进行对比分析，并通过一系列教学环节与三维场景的衔接印证，来说明虚拟语境外语教学的比较优势。

139

表 7.1　两种外语教学模式分析对比

分类	传统教学模式	虚拟语境教学模式
教师	课堂讲授、设问、解答	语境中的精准教学
学生	课堂听讲、提问	伙伴学习、人机互动
学习场景	教室及语音室	虚拟演播室及仿真实训平台
教学生态	教室讲台、黑板文本、教师语言描述情境、学生被动角色定位	网络环境、智能界面、三维虚拟语境、学生自主角色定位
交际方式	教室内语言交流学习	语境中语言交际互动
信息传递	视听说读写+文本资源	视听说读写+网络资源
信号系统	第二信号系统	第一信号系统
条件反射	以词语为条件刺激建立条件反射，信号较弱	以具体事物为条件刺激建立的条件反射，信号较强
记忆规律	在听课与对话中形成记忆	在语言生成环境中学习，在体验认知中形成记忆
教学理念	教师统领课堂，以单向灌输为主、自主学习为辅	以学生为主体、以教师为主导的角色互换与具身学习

从认知路径的视域分析，虚拟现实能够在一定程度上模拟大脑的认知路径。俄罗斯心理学家伊万·彼得罗维奇·巴甫洛夫（Иван Петрович Павлов）从认知的角度解释了大脑接受知识的途径，他把以具体事物作为条件刺激的反射称为第一信号系统，以语词作为条件刺激的反射称为第二信号系统，从而第一次揭示了三维立体的真实景物与语言文字等书面解说之间在认知作用上的巨大差异。这就像在情景教学中展现出的一颗红梅子，在虚拟语境中，体验者可以走进语境去触摸它，并体验梅子的手感，甚至可以闻到虚拟现实技术所设置的梅子的味道，借助梅子酸甜的特性来刺激学习者的大脑，使其出现心理条件反射，这远比在传统教学环境中的认知效果要深刻。两种教学模式认知路径的差异如图 7.1 所示。

图 7.1 显示，虚拟语境教学模式以仿真的具体事物作为条件反射的第一信号系统更有利于调动学生的生理感官体验，构建语言知识语境化的认知路径。教学方法的选择与评价策略的设计、学习环境及资源的利用、视频和音频文件与三维场景的衔接等一系列环节中都渗透着教学理念转型的因素。

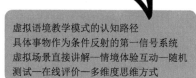

图 7.1 两种外语教学模式认知路径示意图

第二节 虚拟现实与俄语发音规律

一、俄语认知的规律性特征

信息技术条件下的俄语学习必须遵循恰当的方法，毋庸置疑，在虚拟语境中学习俄语与在自然语境中学习俄语依然存在巨大差别，因为虚拟语境对语言环境的模拟是将自然语境以形式化的方式输入计算机来实现的，而自然界始终处于变化发展的过程之中，形式化的虚拟语境与发展中的自然语境由于形成的基础不同导致了学习机制的差别。

就认知路径而言，即便虚拟现实在一定程度上提供了语言认知的语境，也没有现实语境中无处不在、无时不在的自然环境，但这并不妨碍虚拟语境对认知环境的敏感性。由于学习者并不具备俄语的母语基础，所以首先要培养俄语的发音习惯，借助虚拟现实技术凝练俄语在自然语境中形成的"语感"。所谓"语感"，指的是学习者接触并内化了大量的语言现象，根据潜意识中的印象自然破解语言和组织语言的能力。语感不同于死记硬背，它是在潜意识中出现的自发感知过程，随着这一过程的发展，进而形成俄语的思维方式。以俄语思维方式来指导学习方法，能够化繁为简，取得事半功倍的学习效果。就这一点而言，虚拟语境虽然不能复制自然语境的全部效果，但却能够仿真语言生成的局部环境，因而对培养语感具有重要的促进作用。

语感来自视、听、说、读等一系列环节，在不具备到目的语国家学习语言的条件下，虚拟现实技术的介入对于语感的形成具有实践意义。针对外语发音缺乏可视性，以及学生因看不到发音过程而造成模仿存在困难等问题，可以运用虚拟现实技术，采用语境建模、3D 动画、语音识别、人机交互等技术，将生理的发音流程进行可视化处理，从发音器官、口型舌位、气流阻碍方式的角度掌握发音原理，以虚拟与现实相结合的形式，解决外语教学中发音原理的认知瓶颈问题。所以，虚拟语境中的俄语认知规律是现实语境中认知规律与虚拟语境教学的融合，是建立在现实语境之上的俄语虚拟语境教学的经验归纳和总结。在现实语境中，俄语认知呈现出以下规律性特征。

（1）听说规律：语言的本原是声音传播而非文本交流，语言首先通过听觉的生理媒介传递至大脑，而大脑经过对声音的加工形成认知，进而通过语言进行认知的信息传递。因此，在俄语学习的听、说、读、写、译五大技能中，听具有本原的重要性。声音既是语形和语法的内在传递，也是语义和语用的外在表达。俄语的音变规则复杂，词形变化丰富，人称变化会带来词形变化，从而导致重音的移动，学习者只有具备良好的听力才能迅速分辨俄语单词、词组和句式，进而准确理解话语内容。培养听说能力的最好方法是置身于现实语境中，因为周围的环境会加深学习者对语音的理解和记忆，只要掌握了俄语的读音规律，拼写的技能自然就形成了。

（2）年龄规律：汉语是孤立语，缺乏形态的变化，语序与虚词（介词、连词、助词等）是主要的语法手段；而俄语是典型的屈折语，词素趋向连在一起，一个词缀经常同时表达多种意思且富于词形变化。两种截然不同的语言习惯不是一朝一夕能够养成的，所以学习俄语最好从青少年时期开始，对信息技术的掌握也是一样。心理学研究证实，语言学习能力随年龄的增长而衰退，即年龄越小，语言学习能力越强、学习效率越高；反之，年龄越大，语言学习能力越弱，学习效率越低。3—7 岁的儿童处于敏感期，认知能力迅速发展，思维敏捷，容易接受新的事物，能够较快地掌握俄语的基本表达。如果学习者在生理上错过了语言形成的最佳时期，其听说能力会有明显的局限性，必然导致俄语学习效率降低的结果。

（3）文化规律：语言生成于民族文化语境，依赖民族文化而发展，因应自然的交流而形成。语言的生命力根植于文化，想要形成俄语思维，就要融入俄罗斯本土的文化，体验俄罗斯人的生活。为什么呢？因为俄罗斯人之所以是这种思维，是由于他们长期以来在生活中的所见所闻形成的，学习者只有深入俄语语境，体验他们的生活，才能像他们那样去思考、去表达。学习俄语既要学会语言，也要熟悉俄罗斯文化，脱离了文化素养的语言教学是无源之水、无本之木。即便从语言本身是交流工具这一功能来说，如果只是单一化的语言教学，学习者缺乏相关的文化知识培养，那么习得的语言既难以保持记忆，也难以满足交际的需要。因为语言的记忆应与相应的文化背景联系在一起，抛开文化背景孤立地去死记硬背，就会缺乏形成记忆的联系过程，不符合记忆的形成规律。

（4）语音规律：大学俄语虽然属于高等教育的范畴，但基础俄语在听、说、读、写各个方面都蕴含着对俄语认知启蒙教育的因素，这一因素导致俄语教材在知识结构上存在较大的落差，体现在语音阶段的教学内容上，就是从最基础的字母发音到较为复杂的辅音音变基本规则，再到能够体现各种语义的俄语调型结构，综合形成了基础俄语语音阶段教学互为条件的三条主线，其语音规律就蕴含于其字母发音—辅音音变—调型结构的演进脉络之中。

俄语对个体的发音素质和辨音能力有一定的要求，根据生源的学情分析，高校中相当数量的学生具有一定的方言基底，在发音吐字上呈现出地域性语流音变。由于方言负迁移的影响，学生的口语或多或少都带有乡音的痕迹。例如，我国川渝地区的学生对辅音字母 з-ж、с-ш、ф-х 的发音掌握不准，对鼻音 н 和辅音 л 的区分含混不清，经常出现把 знать 发成“ж”нать、школа 发成“с”кола、художник 发成“ф”удожник，以及 Нина 发成“Л”ина 的问题，而东北地区的方言儿化音比较重，俄语里是没有儿化音的。例如，字母 ж、р 在单词 можно、тетрадь 里的发音，北方的学生往往无意识地把儿化音带进俄语里。总体而言，俄语专业多数学生在入学前从未接触过俄语，只是在文本理解能力上具有大学生的水准，其俄语听说能力几乎是一张白纸。

听说是关于接受、记忆和输出话语信息的课程。俄语初学者会感到单词、词组、句式结构繁多且信息量大，这是一个共性问题，特别是对于不同地区的学生来说，他们即便可以听懂语音，接收信息，同时也能够背熟句式、记忆信息，但在语言表达方面却总显得生涩，可见其核心的教学难点并非信息的接收端和记忆端，而在于基础口音所导致的输出端不规范。针对这一问题，在教学中融入虚拟现实，借助仿真技术制定差异化的语音矫正方案，虚拟发音器官、发音部位、发音过程的动态仿真演示，因人而异选择相应的练习重点，分别进行舌位仿真、声带仿真、送气仿真和吐音仿真，设计局部性语境建模指导发音练习。俄语发音容易受到相邻音节的音素影响，在一些音节中，吐音和声调会发生变化，故矫正语音不仅要进行口型和音位训练，也要对声带和气流进行控制训练，以分担喉部压力，调节吐气开声，并在发音难点配置发音部位示意图，采用视觉记忆和听觉记忆相结合的识记方法，旨在使学习者在接触俄语的第一时间就打下规范的语音基础，在一张白纸上书写纯正的俄语底色。

二、虚拟现实发音器官

发音器官是语音的物理基础，外语口语发音与说话者的口型、鼻腔、舌位具有直接的关系，当发音器官运用不当或者口型开度不对时，学习者就很难达到标准正确的发音效果。运用虚拟现实技术仿真发音器官是外语教学创新的一个实践场域，江苏师范大学公开了一种名为"基于虚拟现实技术的外语发音自主学习训练系统及其方法"的系统，该系统包括计算机、虚拟场景、口型传感器系统、语音采集系统、无线拖动示教器等。通过口型传感器系统，可实现教师标准发音口型和学生发音口型的图像对比，使学生在自主学习过程中认识到每次发音的口型特点，及时发现发音不标准的原因，同时可以对学生的发音效果进行及时的对比分析和评判，以提高外语学生的口语学习效率。

字母的发音是语音教学的基础，元音字母清晰而圆满，辅音字母屈折而富于变化。发元音时，气流通过口腔不受阻碍，声音由口型来调节，发音方法比较容易掌握；而发辅音时，气流必须通过发音器官所构成的间隙和阻碍来形成摩擦、塞擦、爆破等各具特色的音素，发音方法复杂多变，所以辅音字母是发音的重点和难点所在。结合大学新生俄语基础薄弱而逻辑性思维较强的学习特点，从发音器官的生理角度介入仿真技术，通过高度仿真的器官模型，让学生加深对语音的理性认识，结合发音器官运动的实景演示，使学习者及时矫正自己的发音部位，运用虚拟现实技术进行口型模拟，获得生理基础角度的发音指导，以完善基于发音器官生理表征的发音方法。不同发音器官的运用特点和发音形式分析如下。

（1）双唇音，指发音时双唇闭拢，由上下唇形成阻塞而发出的音。比如辅音字母 п 和 б，这是一对清浊辅音，都属于爆破音的范畴，虚拟现实应用重在双唇闭合动作的模仿，其发音的特点及仿真部位是：①音变的部位集中于双唇，由于双唇逐渐闭拢，所以气流集中在双唇之间的窄缝中振动，属于闭口音；②从发音方法上看，当受到阻塞的气流逼近双唇时，双唇迅速分开，受阻碍的气流瞬间爆破而出，从而形成了具有爆发性特色的声音；③类似这种成对的清浊辅音在发音时都呈现出明显的规律性，这主要表现为它们的发音口型、发音部位和发音方法基本上是一致的，有所不同的仅仅是声带和气流的控制，运用这些规律可以破解许多俄语发音的难点，如浊塞音 б、г、д 这三个爆破音在成音时各部分的分解动作并不难，"困难在于合成，如果将发音器官先置放在发对应的清辅音的位置上，然后振动声带"，气流由弱转强并逐渐带出嗓音，"待嗓音达到一定强度时，使发音器官轻轻脱离接触，浊辅音基本就形成了"（古骏，1986：6）。

（2）唇齿音，指发音时上齿轻触下唇且留下一条很窄的缝隙而发出的音，包括辅音字母ф、в。这也是一对清浊辅音，虚拟现实应用重在唇齿间闭合动作的模仿，其发音的特点及仿真部位是：①音变的部位集中于唇齿之间，上齿与下唇在逐渐并拢中成音，属于闭口音；②发音时舌面向上抬起，气流从唇齿间狭窄的缝隙中摩擦而出，由于气流的运动方向在冲出口腔时产生了由内向外到向下的转折，可以微微感觉到气流在唇齿之间受阻而产生的振动，这时发出的是清辅音ф；如果启动声带，让气流带音，自然就会形成浊辅音в。这是因为二者的发音部位都在于唇齿之间，都是用气流摩擦成音的闭口音，只是在声带和气流的控制上有所区别，体现出了相互对应的清浊辅音的发音规律。

（3）舌尖音，指舌尖起主导作用而发出的音，由辅音字母с、з和р组成，前两个是一对清浊辅音，发音时舌尖轻触下齿前部靠近齿龈形成缝隙，气流从该缝隙中摩擦而出，属于摩擦音的范畴，关于摩擦音的发音要领，这里不再赘述。р是舌尖稍稍卷起并与上齿龈接近，由气流冲击舌尖使其颤动而发出的音，是特别具有俄罗斯语音特色的舌尖颤音，其发音是一个难点，刚刚入学的新生尤其难以掌握其发音要领。发颤音时应该注意以下几点：一是口型的掌握，发音时舌尖稍稍卷起，接近上齿根或齿龈；二是气流的掌握，从肺部呼出的气流经过咽喉向外吐气，根据发音效果及时调节气流强弱，让气流全部从舌尖部位冲出使舌尖发生颤动；三是根据学生发音器官的不同生理特点，制定出适合每人的训练方法，例如运用虚拟现实仿真发音器官的慢动作，先把字母的音素分开来发音，然后再合并，或者先发近似的字母或音素，然后再转成舌尖颤音等分解练习的方法，也可以通过虚拟现实口型传感器进行发音口型图像对比，配合舌尖颤动的虚拟慢速仿真特写，以掌握其发音要领。特别应指出的是：舌尖是最富有弹性的发音部位，舌的功能与其他肢体功能一样具有可塑性，其阻碍气流时发出快速弹动的动作是可以通过反复练习来掌握的，学生可以尝试先由比较慢的弹动逐步锻炼成比较快的弹动，然后由断续弹动锻炼成连续的弹动，直到发出清晰的舌尖颤音。

（4）前舌音，指主要运用前舌部位发音，共有т、д、ш、ж、л、щ、ц、ч等8个辅音字母。其中т和д是一对清浊辅音，发音时舌前部紧贴上齿背及齿龈，前舌阻塞的部位要大一些，当气流逼近阻塞时，前舌与齿龈迅速分开而形成爆破音，口型稍扁，略微向两侧分开。ш 和 ж 也是一对清浊辅音，发音时双唇圆撮，舌尖上翘，舌前部与硬腭接近并保留缝隙，受阻气流自缝隙中摩擦而出，从发音方法角度来讲是摩擦音，而从发音口型来讲则是撮口音。面对诸如此类在发音技术上较为复杂的情况，教师可以借助发音器官动态仿真演示，模仿其发音的主要特点，让学生进行反复训练，针对撮口音口型的变化进行仿真口型辅助教学。上述两对辅音只要利用其发音的主要特点，按照音变规律去调节声带和气流，就可以满足清浊化的发音需要，但清浊辅音的发音并非一成不变，浊辅音在清辅音前要读成相对应的清辅音，如 посадка（д-т）、ложка（ж-ш）。л 是浊辅音，发音时整个舌要用力形成勺状，带音的气流从舌的两边缝隙摩擦而出形成摩擦音。щ 是清辅音，发音时要对声带进行控制，不要带出嗓音，应使较弱的气流从舌前部与上齿龈后沿之间的缝隙摩擦而出，发出的是一个清擦音。另外前舌音中还有两个字母属于塞擦音的范畴，它们是 ц 和 ч，发音时舌前部紧贴上齿龈形成阻塞，气流冲开阻塞时留下一条缝隙，然后再由缝隙中摩擦成音。从字母 ц 发音的虚拟现实慢动作分解过程来看，应先发出爆破音 т 的音素，时值较短，然后发出摩擦音 с 的音素，时值较长，二者之间没有停顿只有转折，由塞到擦的过程应是一个完整的发音过程。

（5）后舌音，发音部位集中于后舌与软腭之间，其发音特点是：①主要发音部位集中在喉头与口腔之间，即舌后部与软腭和硬腭的连接处；②发音的过程就是口腔张开的过程，气流在口腔后端与鼻腔之间形成共鸣，属于开口音。后舌音包括 к、г 和 х 这三个辅音字母，其中 к 和 г 是一对清浊辅音，发音时舌后部紧贴软腭前沿构成阻塞，受阻气流冲破阻塞形成爆破音。发清辅音 к 时声带不振动且气流较弱，发浊辅音 г 时气流较强并带嗓音。х 的发音方法与前两个字母不同，气流从后舌与软腭前部之间的缝隙摩擦而出，是一个声带不振动的清擦音，但发音部位基本一致，都是在口腔的后端，而且都是开口音。

（6）舌面音及鼻音，包括字母 й、м、н 这三个无对应的浊辅音，其中 й 是舌面音，发音的方法是舌中部向上腭抬起，舌面与上腭间的阻塞部分比较大，气流从舌面与上腭间的缝隙摩擦而出，气流稍强，声带振动，是一个浊擦音。由于 й 没有相对应的清辅音，其发音方法需结合元音字母 и 以区别发音时值的长短去记忆。而 м 和 н 都是鼻音，这两个鼻音的不同点是 м 在发音时双唇紧闭形成阻塞，而 н 在发音时舌前部紧贴上齿背及齿龈形成阻塞，相同点是气流都主要通过在鼻腔振动成音。由于其发音部位特殊，鼻音字母是很容易记忆的。

上述发音要领为分开描述，但人讲话时的口型、舌位、气流的动作应该是连续的过程，为解决整体描述过于抽象的问题，虚拟语境建模可以将仿真的口型、舌位、气流等动作按照发音的难易程度和教学需要进行拆分，简化为某一具体部位的分解动作，并让发音部位与发音特点相互对应（表 7.2）。

表 7.2　发音部位与发音特点对应表

发音部位	爆破音		摩擦音		塞擦音	颤音	浊辅音
	清辅音	浊辅音	清辅音	浊辅音	清辅音	浊辅音	
双唇音	п	б					
唇齿音			ф	в			
舌尖音			с	з		р	
前舌音	т	д	щ，ш	л，ж	ц，ч		
后舌音	к	г	х				
舌面音				й			
鼻音							м，н

"基于虚拟现实技术的外语发音自主学习训练系统及其方法"通过虚拟现实技术可实现教师标准发音口型和学生发音口型的图像对比，使学生在自主学习过程中认识到每次的发音口型特点及其不足，所设置的虚拟现实教学场景是利用开放式图形库（Open Graphics Library，OpenGL）在计算机中建立的，可以完全反映现实外语口语教学场景特征的虚拟空间，该空间中的口型传感器具备阵列式应变传感设备，针对上述生理器官的发音部位与发音特点的对应关系，使用者的口型、鼻腔、舌位的变化会引起应变式传感器阻值的变化，从而测试出口型的变大或变小等发音器官的动作，以矫正发音部位运用不正确导致的发音不标准等问题。

三、虚拟现实发音训练

语音练习需要规则，然而"徒法不足以自行"，仅仅掌握了发音的部位和规则，而没有与此相适应的训练方法相配合，也难以达到理想的发音效果，而模拟仿真训练方法则为解决这一问题提供了智能化的路径。基于语言自主训练的虚拟现实设备系统的主要工作程序是利用 OpenGL 在计算机中建立反映外语口语教学场景特征的虚拟空间，运用语音输入模块进行教学内容的语音输入，运用音频外放模块进行音频的输出，运用显示模块进行学习内容的显示播放，将语言学习模

147

块以插件的形式内嵌在应用中，并根据学习内容进行发音。通过这一系列用于语言学习的虚拟现实设备功能，就能够准确辨识人体发音器官和发音部位，描述语音发音的流动过程和语流音变，渲染并示范爆破音、摩擦音、塞擦音等各种发音形式，凸显在发音过程中气流阻碍方式的差异、送气音与不送气音的区别，以及清浊音的对立等。在虚拟现实技术辅助听音、发音和辨音技术的支持下，可以运用几何图示建模表现外部口型的同时，展示内部发音器官在发出不同音素时舌尖、舌根的起伏运动，软腭的上下运动，气流的形成过程，以及发音部位的闭塞与展开，让学生直观地看到发音过程，在理解发音原理的基础上对外语发音进行计算机辅助下的自主训练，以提高外语学习者的语音学习效率。

在相互对应的辅音的发音过程中，辅音的清浊音变技巧依赖于学习者的口语基本功，每个学生都有自身不同的发音和听力条件，鉴于个体语言能力的差异，不规范的音变经常会发生，因为学生内心想要发出的音和实际发出的音往往是不一致的，所以单词末的清辅音常常被读成浊辅音，例如 автобус（公交车）、космонавт（宇航员）这类词在发音时就会出现这样的情况，而在词末的浊辅音清化现象也常常被忽视，例如在读 завод（工厂）、таз（盆）时，词尾的浊辅音音变不清晰。然而出现这种读音错误时学生自身却察觉不到，其中一个深层次原因就是限于个体对语音辨别的敏感度，有的学生认为有些辅音的清音和浊音听起来差别不大，他们对于别人能够轻松地分辨这两个音而感到不可思议。面对这种情况，学生特别需要发音器官动作仿真图示的对比，以便于借助视觉功能补充听觉功能的不足。具体流程为学生通过虚拟现实语音采集系统对上述语音问题进行采集，通过交互式语音智能识别系统对语音进行识别，然后通过虚拟现实的口型运用、语速调节和语音凸显功能清晰地认识到自己的发音在哪些方面出现了何种问题，从而使语音纠错达到立竿见影的效果。

俄语专业的大学生在入学前大都没有接触过俄语，他们在生理上已经错过了语言形成的最佳时期，其听说能力有着明显的局限性。虽然他们的思维不乏智慧和敏捷，但在短时间内去理解大量的陌生语言信息也会感到应接不暇。为了使教学方案的设计与学生现有的基础相匹配，教师可以利用"基于虚拟现实技术的外语发音自主学习训练系统及其方法"，按照辅音的发音特点和音变规律进行分类训练，配合发音器官、发音过程的模拟仿真动态语境，将生理的发音过程进行图示化处理，形成外语发音的可视性效果，有的放矢地指导学生纠正自身的发音，以增强学生对俄语发音及音变规律性的理解，以解决传统的外语口语发音教学手段落后，以及学生发音口型不正确和音位不标准等问题。

目前已经存在"基于虚拟现实技术的外语发音自主学习训练系统及其方法"的专利技术，其设定的外语发音训练步骤大体可以归纳为以下几步：①佩戴虚拟现实头盔显示设备和数据手套（无线拖动示教设备），虚拟场景中口型处于闭合初始状态；②开始发音，口型传感器和语音采集器收集并展示学生的口型和发音信息；③通过计算机分析，以界面文字形式呈现口型契合度、发音准确度对比数据。该训练系统是针对外语教学整体而言的，尚没有针对俄语专业的解决方案和训练方法。在具备俄语虚拟现实发音软件的情况下，学习者可以结合发音部位仿真和发音动作仿真的三维图示，对照以下发音要领进行俄语发音口型、舌位、声带和气流的训练。

1. 爆破音的发音训练

（1）**п**：双唇并拢的清塞音，气流冲破双唇阻塞而爆破成音，声带不振动，气流稍弱。

例如：пока，письмо，паспорт，привет，капуста，опасно，Пётр

（2）**б**：双唇并拢的浊塞音，声带振动，气流加强，带出嗓音。

例如：банк，банан，буква，суббота，бар，брат，собака，Баку

（3）**к**：后舌贴软腭前沿的清塞音，气流冲开后舌与上腭间的阻塞时不能带出嗓音。

例如：как，молоко，комната，урок，книга，кот，окно，Китай

（4）**г**：舌后部紧贴软腭前沿发出的浊塞音，声带振动，气流带音。

例如：год，когда，город，подруга，погода，газета，груша

（5）**т**：舌前部紧贴上齿龈的清塞音，气流冲开前舌与齿龈的缝隙时不能带出嗓音。

例如：тот，торт，талант，транспорт，трамвай，свет，утро，брат

（6）**д**：舌前部紧贴上齿龈发出的浊塞音，声带振动，气流加强，带出嗓音。

例如：дом，друг，двор，да，два，дома，куда，давно，дорога，

Дон

爆破音是指发音时形成阻碍的两个部位完全闭合，使气流受阻，除阻时突然放开气流爆发成音。其特点是：①发音器官在某些部位形成阻塞；②受阻塞的气流逼近闭塞部分的末端；③形成阻碍的发音器官迅速分开，受阻碍的气流爆破而出。

2. 摩擦音的发音训练

（1）ф：上齿轻触下唇的清擦音，稍弱的气流由唇齿间缝隙中摩擦而出，声带不振动。

例如：фото，кофта，шарф，физика，фонтан，филолог，нефть

（2）в：上齿轻触下唇发出的浊擦音，声带振动，嗓音随稍强的气流一起发出。

例如：вот，ветер，повар，вы，ваза，вода，ваш，Вова，Москва

（3）с：舌尖轻触下齿的清擦音，稍弱的气流通过舌前部与上齿龈间的缝隙摩擦而出。

例如：сахар，сухо，сад，космос，словарь，семь，суп，интерес

（4）з：舌尖轻触下齿发出的浊擦音，声带振动，嗓音随稍强的气流一起发出。

例如：здесь，вокзал，телевизор，заказ，зовод，звонок

（5）ш：双唇圆撮前伸发出的清擦音，气流沿舌面通过前后两道缝隙摩擦成音。

例如：шкаф，шея，школа，карандаш，шапка，наш，картошка，

Миша

（6）ж：双唇圆撮前伸发出的浊擦音，声带振动，嗓音随稍强的气流一起发出。

例如：жить，жёлтый，жена，инженер，жир，между

摩擦音是指发音时形成阻碍的两个部位贴近，留下一个缝隙，气流从缝隙中挤出，摩擦成音。其特点是：①发音器官之间形成狭窄的缝隙；②气流通道并不形成完全的阻塞；③气流受到发音器官的挤压和摩擦。

3. 塞擦音的发音训练

（1）**ц**：双唇前伸发出的塞擦音，由爆破音和摩擦音合并而成。

例如：центр，улица，цирк，цена，оценка，солнце，цвет，цех

（2）**ч**：双唇前伸发出的塞擦音，摩擦音的成分比较短。

例如：очки，ночь，чем，читать，число，учить，лётчик，чемпион

塞擦音是由塞音和擦音融合而成的完整的音。其特点是：①先塞后擦；②塞和擦发生在同一个音的发音过程中；③擦音的发音长短有区别。塞擦音的发音方法分为三个步骤：①成阻——发音器官的某些部位之间构成阻塞；②持阻——维持阻塞状态，时间极短；③除阻——受阻气流冲开阻塞，从窄缝中摩擦而出。俄语辅音集合了语音学中摩擦、阻塞、塞擦和爆破等多种语音技巧，体现出俄语的魅力所在。

上述俄语发音方法需要一定的技术支持，在虚拟语境教学中介入人体器官仿真技术，应用三维人体软件可以更加直观地观察发音的组织结构和传音过程，以帮助认知主体理解和掌握发音系统各器官的运动规律。例如，3Dbody 6.0 是一款人体三维交互式软件，它拥有完整全面的解剖学数据，作为一种介绍人体器官基本知识的学习工具，它目前主要应用于医学领域。从语音学的视域分析，研究音位或语音区别需要掌握其发音部位和发音特征，学习者仅凭在某种语言中运作的抽象发音规则和语音系统分析并不能学会发音，关切的重点应该在具体语音本质以及产生语音的方法上，虚拟现实发音技术通过模拟人类耳朵对声音的感知机制，结合头戴式显示器的空间定位能力，实现声音在虚拟环境中的方向性和距离感。这些方法有助于形成潜在的模仿力，在基础性理论以及训练上，需要发音器官仿真技术的介入，从中认知俄语发音的机理，掌握俄语的发音规律。

四、俄语调型结构的声调运动

"俄语语调的研究是从罗蒙诺索夫（М. В. Ломоносов）提出语调同句法的关系起，到 80 年代初，勃雷兹古诺娃（Б. А. Брызгунова）的语调理论体系在俄语

151

标准语中的确立，俄语调型结构的理论已被广泛地用于外语教学。"（尹永波，2001：224）句法结构基于语调和语气，简洁的句法结构如感叹句、疑问句的使用，能够清晰地勾勒出行为主体的内心世界。俄语句式即使是被切分的句子也有自己独立的调型结构，句段起始与结尾的语调会呈现向上或向下的语流音变，其抑扬顿挫的声调运动给句子增加了轻松自然、无拘无束的口语色彩。由此可见，所谓调型结构，就是语音语调和修辞方法相结合的一种俄语音位结构，它是用俄语发音时音调的高低、强弱和长短变化去表达语义的一种具有区别意义的方法，例如，不同的调型分别可以表达陈述句、疑问句、祈使句等不同的含义。

按照语音学的观点，区别语音的依据是音高的相对关系。汉语是声调语言，即语音的声调具有区别意义的作用。俄语字母的发音高低及音节升降并不具备区别意义的作用，但是表达语句的俄语调型结构在改变语气上具有至关重要的作用，所以俄语是语调语言。语调语言的音节在语句段落的运行趋势上有高低升降的音高变化。音高是由物体的振荡频率决定的，是可以用图形表示的。运用虚拟现实技术还原音高的语音合成以及调型运动曲线的图形演示，结合语音识别、自然语言处理等人工智能教学设计，改变传统课堂中仅用语言描述来说明音高位置和语音升降的教学方法，让俄语调型结构的语音教学能够真实地再现语音的音高和声调的运动方向。

语音技术主要分为语音识别技术和语音合成技术，涉及声学、语言学和计算机科学等多门学科。语音识别技术是指将人说话的语言信号转换为可以被计算机程序所识别的信息，针对人说话时的语言信号进行声学特征提取，识别语音信息并将其转换为相应的文字，让计算机具备人的听觉功能。语音合成技术是一种将文本信息转换为语音信息的技术，以人工的方法产生语音信号，实现语音输出，将文字信息转换为任意的可听的语音，实现文本转换与录音重放等语音合成功能。采用语音合成技术相当于让机器开口说话，有助于识解俄语的声调运动曲线，而语音识别技术相当于让机器进行判断，会更有利于对错误发音的纠正。传统教学在没有任何具体音高坐标的情况下，仅仅凭借语言去解析俄语调型的语音变化，是造成语调不准确、不规范的重要原因。采用虚拟现实语音教学的意义在于能够以听觉、视觉的形式明确每个调型音位的参照物，从而科学地确立音高和音位，并形象地展示出调型结构中的音高差别关系，以虚拟现实仿真语调与图像的形式辅助教师的讲解，便于学生找出发音错误的原因和相对正确的发音位置。

由于虚拟现实采用的是以计算机为核心的现代高科技生成性技术，故而对语音教学的创新发展具有重要意义，它不但可以构建生成逼真的视觉、听觉和触觉一体化的沉浸式交互环境，还能够让不同声源的声音达到某一特定的时间差、相位差和声压差的要求，以便使学习者产生身临其境的感觉；借助跟踪摄像技术所拍摄的视频和图像来进行语音的仿真跟踪，引导学习者模仿发音，从而增强虚拟环境的临场感，形成逼真的声调仿真效果。例如，江苏卫视曾经推出过虚拟人邓丽君与现实演唱者同台合唱《小城故事》的节目，逼真地展现了声调的仿真与合成的作用，获得了令人震撼的语音技术效果，同时也为虚拟语境中的语音模仿、语音教学提供了典型的案例。

五、差异化语音教学方法

在外语教育体系中，差异化教学被赋予了重要的意义。差异化教学是根据学习者的兴趣导向或天赋的差异，基于因材施教的理念而组织的人才培养活动。语言能力的差异性分为外在和内在两个方面，外在方面是指语言的听说能力和表达能力，而内在方面主要指发音器官的自然功能和与生俱来的发音素质，这种本能的差异是进行差异化教学的逻辑基础。差异化教学意在通过不同的教学活动促进学生的特殊才能以进行专业化培养。虚拟现实技术的多样性，特别是增强现实的广泛应用，客观上为语音教学提供了多种选择。有效的差异化语音教学需要大量的科技、资源和信息投入，以便于为社会重要岗位培养所需的高阶性专业人才。

方言基础的差异性是进行差异化语音教学的客观需求，"差异化教学遵循个性与共性辩证统一的哲学思想，强调教学不仅要为学生打好全面发展的基础，而且要在各自基础上使学生的潜能得到最大发展"（刘喜梅、杨明球，2011：152）。基于差异化教学的逻辑导向，在俄语语音学习阶段实施差异化教学，并不仅仅是为了使具有不同方言习惯的学生能够具有统一标准化的俄语发音，更是要充分发掘他们不同的语音素质潜能，启发他们对俄语的认知和兴趣，为培养高素质的口语翻译人才奠定基础。运用人工智能语音识别功能不但可以采集标准的俄语发音，还能够模仿纯正的特色俄语语调，当学生在进行口语练习时，系统会对学生的发音做出判断和纠正，并且可以统计出每个学生说话时的数据。根据数据分析，教师能够针对不同的学生制订个性化的口语练习计划，在此基础上形成差异化语音教学方法。

（1）教师应从学生的听力基础和口语差异出发，对每个学生的发音进行检查，从中发现他们各自的发音特点和潜能。在初次带领学生朗读课文的时候，细心的

153

教师就会发现，虽然学生们有相似的学习经历，但不同的语音天赋会在他们阅读的瞬间表现出来。及时地发现和捕捉学生的潜质并予以重点的培育和指导，是教师贯彻差异化教学原则的灵魂。毕竟不可能每位学生都具有同声传译的高水准，但培养拔尖的人才也是高校的职责所在。重点培养并不意味着舍弃学生的全面发展，教师对检查中发现的错误发音方法，例如口型或舌位不准确造成的读音不准，以及声带和送气不规范造成的清浊化相互音变不明显等普遍性的问题也要给予及时的纠正，并且根据学生不同的语音特点制定出差异化的教学方案。

（2）教师应按照地区差异及学生的天赋差异选择相应的练习重点，使学生分别进行舌位练习、声带及送气练习、吐音练习等，并详细解释练习的方法和发音的技巧。来自不同地域的学生有着各自不同的方言基础，发音的南北差异也时有表现，教师在发音上自然会有不同的教学重点。诸如此类问题就需要根据学生的不同特点选择差异化的教学重点，结合学生各自存在的发音弱点进行舌位、口型和送气的训练，把辅音的清、浊、软、硬等不同发音方法相对照，一项一项地分别进行练习，从中找出存在问题的发音部位。由于"各种不同的音在发音时，器官活动的区域有时有局部的交叉或重叠，而发音器官之间、发音器官的各部分肌肉之间都可能是互相牵制的"（古骏，1986：6），所以语音的形成过程也依赖于各发音器官的机能训练过程。进行类似训练可以用"基于虚拟现实技术的外语发音自主学习训练系统及其方法"，选择进行人工智能语音教学或者结合智能语音教学的不同形式，有利于满足不同主体的差异化教学需要。

（3）贯彻语音教学听力优先的原则，结合课文的听说内容进行听力训练，"在语音训练过程中，必须按照先听后说的顺序进行，这就要给学生充分听的机会，以便能听准，只有听准以后才有说对的可能"（张俊莲和赵军，1999：12）。但听力不是单一的线型能力而是综合的多维能力，它需要在话语场景中借助视觉、触觉等的配合才能形成记忆。培养听力可以运用相互听音的训练方法，组织学生之间展开对话，相互听音并相互辨音，借助他人的听力来发现自己的口误。对话可以分组进行，每个小组的语音能力不要有太大的差距，以保持对话的持续性。特别是在连续的对话中，口腔、舌位、送气、声带都在习惯性地快速变化，个体的语音差异性和听力局限性会突出地表现出来，而这时他人对其语音的评判往往更具客观性。智能语音在外语教学中具有跨学科的应用潜力，在听力环节借助虚拟现实，可以应用虚拟现实音频采集技术对语音进行及时采集，并借助语音识别功能进行孤立词识别（isolated word recognition）、关键词识别（keyword spotting）和连续语音识别（continuous speech recognition），其语音识别技术的特定人语音识别和非特定人语音识别可以帮助训练学习者的听力，虽然听力好不一定代表发音就好，但发音好却依赖于好的听力。

（4）发挥现代教学媒体信息传递工具的科技优势，把语音教学内容具体化、形象化。通过虚拟现实技术展现俄罗斯人际交流中的对话情节，把枯燥无味的语音教学融入真实生动的虚拟语境中去，使单纯的语音教学转化为形、声、色、义的综合性视觉沉浸语音教学，从而直接作用于学生的感官神经机能。在有意识创建的俄语环境里，交际中的语音已经不再是一个个发出的孤立音节，而是连续不断地形成语音组合交叉，由于发音部位和发音方法的急速变化，会在清浊辅音的瞬间音变中体现出特有的俄语语感，具有语音学习潜质的学生会敏感地捕捉到其中的语音特色，使自己的发音更具俄语的韵味。这也就需要学生对交际话题进行反复的模仿，注重细节，仔细辨听辅音同化过程中由于语速的变化而产生的语流音变，通过对比性练习实现语音、语调、语感各个环节的多模态理解，才能使语流音变的把握更加准确和规范，发出的俄语调型曲线更加自然和流畅。

上述训练方法建立在发音特征的基础之上，反映了差异化教学的基本规律，也诠释了虚拟现实技术对语流音变的解构与重构。

第三节　虚拟语境教学模式的构建

一、虚拟语境教学平台设计

虚拟语境教学平台目前主要采用虚拟演播室的形式，虚拟演播室是一套由计算机软件、主机、现场摄像机、摄像机跟踪器、图形图像发生器、色键器以及视音频切换台构成的演播系统，演播系统共分为三个部分——教学区、演练录制区、控制与处理区。各组成部分具有独立的职能与技术参数。程序上它们具有相互配套的链接接口，授课在教学区进行，控制与处理区的电脑设备和讲台上的电子白板以及学生手中的移动智能设备通过无线局域网呈三点一线式连接，教学在此平台上运行的技术特征是学习内容的三维形象化、课件资源的广泛共享化、人机之间的实时交互性（interaction）。虚拟演播室系统制作的布景是合乎比例的立体设计，当摄像机移动时，虚拟的布景与前景画面都会出现相应的变化，从而增强了教学场景的真实感（图7.2）。

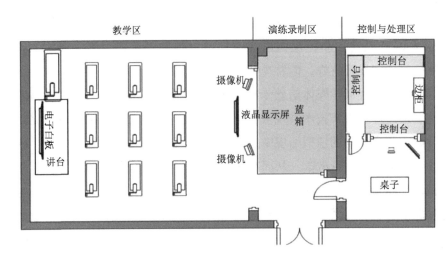

图 7.2　虚拟演播室结构图

　　虚拟演播室系统应用摄像机跟踪技术，获得真实的摄像机数据，并与计算机生成的背景进行数字化实时合成，背景成像依据的是真实的摄像机拍摄所得到的镜头参数，因而和参与者的三维透视关系完全一致，形成人物与虚拟背景的同步变化。虚拟演播室的技术特征表现为：首先利用色键抠像技术更换视频背景；然后再用计算机三维场景替换被色键抠除的蓝箱背景，通过三维图形技术和视频处理器合成技术，并根据前景照相机的位置焦距等参数，使三维虚拟场景与前景保持一致；最后利用色键合成技术，使前景中的人物、道具看起来完全处于计算机生成的虚拟场景中。虚拟语境教学系统在操作中不仅能实现复杂场景和物体的简单移动、旋转、缩放等动作的实时渲染，而且能够支持物体环境影射、地面阴影、地面镜像反射和任意物体指定动作，支持教师与外景地教学现场的实时合成（图 7.3）。

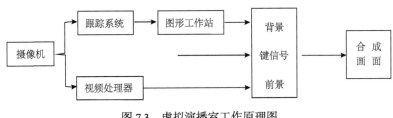

图 7.3　虚拟演播室工作原理图

　　在操作层面，虚拟演播室主要基于虚拟演播室系统中的教学区、演练录制区以及控制与处理区三个部分的协同配合。其具体的教学程序是：当教师的板书出现在讲台位置的触摸屏幕上时，它同时也会出现在学生面前的网络终端上。行课过程中，教师可充分利用仿真技术创造生动的虚拟语言学习实景，形成完整的三维虚拟教学活动与对话，最终将合成的视频影像传到讲台智能屏幕界面和学生手中的平板电脑终端上，供教师和学生进行学习和评判。同时也可以选取优质的课堂视频资料，将其上传至校园网络平台，供学生课下学习使用。

虚拟演播室的应用本质是将计算机制作的场景与摄像机拍摄的图像进行实时合成，使人物与背景同步变化，从而实现二者的合成。随着科技的进步，虚拟现实教学平台也在不断发展与更新，目前的沉浸式教学平台更加具有时代性。该平台可以综合运用高分辨 720 度全景立体成像，能够实现实时的三维立体计算机图形设置，具有实时的大空间动作捕捉跟踪技术，可以按照教学、训练和考核等不同教学内容的要求，创建封闭式全景视听环境。在教学过程中，可以实时导入情境化教学文本、对话语料、课文内容和听说素材，让学生融入其中，产生可视化交互反馈效果，支持单人操作练习和多人协同作业，同时可以为外语教学设置不同语境的沉浸式教学互动场景，为学习者提供沉浸、交互、构想的外语学习新模式、新手段。例如，我国的 TC WK1000R 虚拟演播室系统包括计算机虚拟场景设计、色键技术和灯光技术，内置上百种特技转场效果，从淡入、淡出到三维动画，可以满足不同场景的需求，该系统支持同框显示一路背景和多路输入，支持多样场景的实时渲染，其自主研发的虚拟渲染引擎在保证对复杂场景实时渲染的同时，支持倒影、水波、动态物件等场景。

二、俄语虚拟语境教学方法设计

"从外语教育技术学的学科要素来看，外语教育技术学的研究对象具体表现为课程、教材、教师、学生以及教学模式等研究内容。关于课程的研究，如在网络信息技术语境下，外语课程构成的转变"（胡加圣，2015：139），是"从传统的'2+1'模式（理论、方法+课程或教材）转变为'3+1'模式（理论、方法、技术+课程或教材），即教学理论、教学方法、信息技术（教育技术）体现于课程或教材之中"（胡加圣，2015：126）。在"3+1"信息化外语教学的模式下，课程建设和教学策略需要随之而创新，基于虚拟情境的学习过程和学习方式有其自身的规律性，在虚拟演播室的教学过程中，主要探索与外语教学规律相适应的以下几种教学模式。

1. 目标导向预设式

目标导向是一种激励理论，该理论认为要达到目标必须经过目标行为，而发生目标行为又必须先经过目标导向，这种导向使得学习者保持一种积极的状态，经历一个选择、寻找和实现目标的过程。在这个过程中，始终贯彻以教师为主导、以学生为主体、以教学目标为主线的教学方法：教师给出学习目标，设计学习任务，预设教学案例，并根据学习目标设置相关教学语境，形成以目标情境启发知识的认知路径。

在目标导向的教学模式中，目标自然是其核心。虚拟现实技术所给予的辅助支持主要在于目标确立、路径选择和目标达成等三个方面：首先，根据教学内容选定目标并给予形象化展示，凸显明确的学习目标；其次，通过多图同框形式预设不同的路径解析供学生选择，拓展学生达成教学目标的广度和深度；最后运用AI技术进行教学分析，由计算机提供数据测评结果，以数据形式呈现学习目标的达成度。该教学模式让学生在虚拟语境中围绕学习目标开展个性化的自主学习，通过多视角、多维度的观察理解，对目标事物进行反复感知，由外部刺激内化为语言的分析理解能力，从而独立形成解决方案，在互动交流中完成学习任务，并通过电脑或手机端在线回答目标问题。计算机根据预设的标准答案给予评分，教师对学生的学习过程和思路给予点评，然后制定出新的目标导向，让教学进入下一个环节。

这一教学方法的设计策略是：①目标设计必须能够引出所学课程的重要概念或原理，对于本教学单元需要达到的主要教学目标进行预先设置；②目标设计要能够激发学生的学习动机，可以采取目标分层设计的方法，引起学生的学习兴趣；③目标难度的设置要科学，既要有高标准，又不能超出学生的实际水平，让学生"跳一跳够得着"，从而激发其积极探索的精神。在分层设计的教学目标引领下，课堂教学与虚拟现实教学实现双向交叉同步运行，既为学习者提供具身学习的教学环境，也极大地丰富了其自身的认知体验。

目标导向预设式强调目标预设，这就要求教师在授课前厘清该课程的知识体系，在此基础上明确各知识点及其所要完成的教学任务。教师在教学前根据不同知识点设置相应的教学场景，并预先明示该知识点或单元所要达到的学习目标，使学生形成一种学习心理准备，为达成某一明确的学习目标而进入课堂。在实现该教学目标的过程中，教师则要通过情境设置变换不断地引导学生向预设的教学目标靠近，并在实现教学目标的过程中指出知识关键，以便促成知识的内化，目标导向预设式体现了确立目标—选择方法—完成目标的认知策略。

2. 问题导向互动式

问题导向的思维模式来源于建构主义的抛锚式教学理论，而互动式教学就是通过营造多边互动的教学环节达到不同观点碰撞交融，进而激发兴趣的一种教学方法。二者融合的优势在于能够基于教学痛点问题而激发教学双方的主动性和探索性，达成教与学在动态发展中凝聚教学共识，解决教学问题的效果。在这一教学模式中，AI 技术的支持在于设定人与仿真系统之间的交互模式，提供解决问题的仿真背景、互动情节和路径选择，使仿真系统能够更好地满足教学需求。虚拟现实技术所给予的辅助支持主要在于提供仿真的解决问题的背景资料、教学案例和不同路径选择这三个方面，达成探索问题的深度和提出解决问题的策略。首先根据教学内容展示该教学问题的背景资料；然后提供解决相关问题的教学案例介绍，启发学生思维；最后演示解决类似问题的不同方法，供学生选择。

教学设计的问题导向程序为：先由教师通过学情分析发现问题，接下来在常见问题中选重点问题，然后从重点问题中选难点，难点问题中选易错点，最终锚定教学问题，设计学习任务，进行启发引导，演示解决方案。也就是说，教师预先把问题产生的原因、解决路径和标准答案设置好，并为学生提供自由表达、质疑、探究和讨论问题的视觉沉浸语境空间。学生在相对应的虚拟语境中，围绕学习任务进行自主学习，并依据教学案例由人机之间的师生互动转化为生生互动，在交际互动中自主提出解决办法，获得解决方案，然后将其与标准答案对照，检查学习结果，通过问题导向凝练智慧、收获认知、印证效果，完成解决方案。

建构主义的抛锚式教学理论是把教学放在实际情境中去感受和体验，由此而锚定问题，提出解决问题的方法，而互动式教学则是通过营造多边互动的教学环境，达到不同观点碰撞交融的效果，进而激发学生的学习兴趣，最终解决问题。前者首先提出了体验认知的教学模式，后者进一步解决了怎样由体验获得认知的问题，从而构成问题导向互动式的教学方法。

在教学设计中，学情分析是教师发现问题的重要环节，教师通过学情分析概括教学的重点范围，进而在重点范围内确定教学难点，选择易于出错的地方补充情境背景、语音范例并进行课堂演示，学生围绕学习任务进入虚拟语境进行具身学习。演播室中的学生与计算机智能界面同步进行对话演练。情境中的语音范例

159

标准而生动，使学生仿佛融入真实的语境之中，从而激发起学生的模仿兴趣，通过情景互动凝练智慧、收获认知、印证效果，并在完成解决方案的过程中彰显出"以学生为中心"的主体定位。问题导向互动式体现了发现问题—锚定问题—解决问题的认知路径。

3. 情境预设启发式

虚拟语境作为人为创设的教学语境，其应用的前提条件是"预设"，它是为实现某一教学策略而设计的符合源语语境要素条件的语言环境。启发式作为一种教学策略，与虚拟现实技术相融合时需要"预设"行为的介入，或者说虚拟语境是按照启发式教学的要求而预先设置在教学环节中的。其语境设计既要符合源语语境的要素条件，也要具有配合启发思维的情境设计形式。这是因为虚拟语境是一种基于新技术的教学手段，虚拟演播室系统可以运用虚拟软件来生成背景，制作出符合教学内容的任何场景，并可以根据教学需要瞬间改变场景，而启发式教学思想具有的"启迪性"形式要求，蕴含着语言教育内在的普遍规律，它凝聚了人类教育思想的精华，是教学设计所追求的理想范式。

启发式教学有两大渊源——东方的孔子与西方的苏格拉底。在公元前 5 世纪至前 4 世纪，两位分别代表东西方的伟大哲人几乎同时创立了启发式教育的理论经典。如今，人类秉承前人的教学思想，启发式依然是教育界所倡导的主要教学策略，同时也是语言教育中最基本的教学方法。虚拟现实技术给语言学习带来了新的认知手段，使我们有条件把启发式与情境教学结合起来，并为其赋予人工智能的时代内涵，从而形成"情境预设启发式"的教学方法。

如果把情境预设启发式的教学设计概括为一句话，那就是：根据学习目标设置相关情境，形成以目标情境启发知识的认知路径。具体而言，按照该模式的设计程序，教师预设出与课程相关的虚拟教学情境，而该情境是一种具有启发意义的虚拟语境；学生在模拟真实的语言环境中学习语言、应用语言、交流互动，虽然没有预设的问题答案，但虚拟语境中说话人的陈述语音标准，语义指向明确，话语或严肃、或亲切、或理性、或风趣，从而激发学生模仿乃至与之对话的兴趣。在该模式下，"教师"已经虚拟化，可以是任何说话人，甚至是仪器设备；而学生则具有高度的学习自主性，可以随意地甄选素材、构建知识，围绕学习目标开展个性化自主学习，通过对各情境要素的多维度观察理解，对目标事物进行反复感知，由外部刺激内化为思维灵感，生成语言的分析理解能力，从而独立形成教学问题的解决方案。考虑到教学中教师与学生一对一的高效性，可以采用"课堂派"手机端 APP 回答问题，即时对学习效果进行检验，从而对外语学习起到事半功倍的效果。情境预设启发式体现了预设情境—融入情境—具身认知的学习方法（图 7.4）。

图 7.4　虚拟演播室教学演练

4. 沉浸、交互、构想的"3I"教学

美国科学家格里戈利·布尔迪亚（Grigore Burdea）和菲利普·夸费（Philippe Coiffet）在 1993 年世界电子年会上发表的《虚拟现实系统与应用》（"Virtual Reality Systems and Applications"）一文中提出了"虚拟现实技术的三角形"的概念，这一概念简明扼要地概括了虚拟现实的三个基本的特征：沉浸性、交互性和构想性。"3I"教学即是一种遵循虚拟现实的沉浸、交互、构想特性的教学方法。

"3I"教学作为虚拟现实技术在教学领域的应用，依赖于计算机生成的可交互的三维环境，或者说以构建虚拟现实的教学语境为基础。沉浸性又称临场感，它可以让学习者感受到作为主角存在于虚拟环境中的真实程度，从技术角度来说，它表征了虚拟现实系统的一种性能尺度。虚拟现实技术根据人类的视觉、听觉的生理或心理特点，由计算机生成逼真的三维立体图像，用户戴上头盔显示器和数据手套等交互设备，便可置身于虚拟环境中，使自己由观察者变为具身参与者，从而产生身临其境的沉浸感。所谓沉浸感，主要表征为两个特性：一是多感知性（multi-sensory），它是集视觉感知、听觉感知、力觉感知、运动感知、触觉感知和味觉感知等多种感知功能于一身的沉浸感知；二是自主性（autonomy），是指主体与虚拟物体在独立活动、相互作用和交互作用中基于自然规律或设计者的规定的一种状态，它反映了虚拟环境中物体依据物理定律做出动作的自由度。

交互性指的是参与者与虚拟环境之间以自然的方式进行相互交流的方式。这种方式是学习者借助专用的三维交互设备（如头盔立体眼镜、数据手套、位置跟踪器等传感设备等）所进行的一种近乎自然的交互行为。这些设备好像一只虚拟的手用于虚拟场景中的模拟交互，可对物体进行抓取、移动、装配、操纵和控制，辅以空间跟踪定位器可进行输出效果观察，同时观察者可进行空间自由移动，如自由行走、旋转等。沉浸式交互环境设计支持多人实时互动，体验者一般都需要佩戴头盔式显示器设备，借助光学定位仪、手柄控制器等传感设备，进入符合现实生活规律的虚拟语境中学习语言。

构想性是指在虚拟环境中，学习者通过在系统中所获取的多种信息和自身的行为，进行联想、推理和逻辑判断，并随着系统运行状态的变化对可推论的未来进行想象，以获取更多知识，认知更深层次的机理和系统规律性的思维过程。在虚拟现实技术出现以前，人们只能从定量计算的结果中得到启发，从而加深对事物的认识。借助于虚拟现实技术，人们则有可能从定性和定量集成的虚拟环境中获得感性体验和理性认知，进而深化概念，产生新的想象，形成主动寻求知识、探索信息，而不是被动地接受知识的一种状态，这就是虚拟现实的构想性。

沉浸让头脑生成与环境交互的能力并启发构思，形成师生之间、生生之间、人机之间的话语互动和认知互动，学生在交际体验中成为语言能力的自我构建者，而不是被动接受者，自主完成知识构建的过程，实现由体验而获得认知的智慧教学。智慧教学有三个区别于传统教学的特征：一是在教学理念上强调以学生为中心，二是在思维方式上注重体验认知，三是在教学方法上融入信息技术。智慧植根于爱的情怀，教师不仅要尊重学生的创新意识，也要包容学生的失误与挫折，只有理解学生的独特感受，才能开启学生的思维天窗。在充满智慧的课堂上，学生不再墨守成规、亦步亦趋地接受知识，他们已经冲破传统课堂的束缚，融入宽松和谐的学习氛围，在情境预设的策略引领下，自主地进行知识交际和智慧碰撞，使课堂充满了灵动和生机，让教与学的过程凝练出情感的融合与智慧的成长。

俄语"3I"教学课程采用虚拟现实设计方法，通过虚拟语境使学生产生身临其境的沉浸感，在情境交互中启发构思，成为话语的自我构建者。以《俄语视听说教程》教材中的"今天天气怎么样"一课的教学实践为例，行课中，教师首先运用虚拟情境展示俄罗斯各季节不同的天气状况，从感官上引起学生的注意。学生通过虚拟现实教学设备融入环境，欣赏俄罗斯四季变换的美丽风光，自我生成对天气话题的学习兴趣。此后，教师导入画外音："Ребята! Вам нравится сегодняшняя погода?"（同学们，你们喜欢今天的天气吗？）接着引出俄罗斯名言："У природы нет плохой погоды."（大自然没有不好的天气/每种天气都有自己好的一面。）这种说法引起了学生的争论，各自提出对气候变化的不同理解，从而触发了基于问题的互动激情，完成了由情景导入向基础知识延伸的重要教学环节。

虚拟情境是"3I"教学的底层逻辑，融入情景是"3I"教学的本质表征，只有让学生融入预设的教学情境之中，才能形成设身处地的沉浸感，由此自发生成与环境交互的冲动，进而启发构思，形成创意性构想，最终由构想生成知识理解，成为话语的自我构建者。具体而言，虚拟语境的认知特征通过本节课以下四个教学环节体现出来：①通过四季的情境触发思维的构想，使学生沉浸于气象万千的自然生态之中从而产生学习兴趣；②接着引出问题导向，针对重要知识点设定相关气候问题，引导学生独立思考；③在课文复述环节设计了冬雪和夏雨交替的对话语境，让学生在互动中有了话语的参照物；④基于对教学情境感受的不同感知，由沉浸交互产生构想，践行在情境中比较思路、验证方法、生成创意并解决问题的"3I"教学，参见图 7.5。

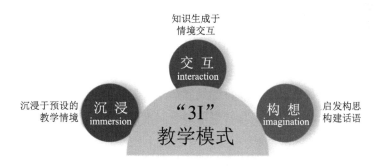

图 7.5 "3I"教学模式示意图

"3I"教学方法的创新基础是虚拟语境的设计。虚拟语境具有的交互性、沉浸性和构想性，使得参与者能在虚拟环境中沉浸其中并自由交互。它强调人在虚拟系统中的主导作用，即人的感受在整个系统中最重要。因此，"交互性"和"沉浸性"这两个特征是虚拟现实与传统的多媒体外语教学技术最本质的区别。

三、虚拟语境俄语教学过程设计

教学过程即教与学相互依存的经历程序，是指师生在共同实现教学任务的过程中的活动状态及其时间流程。虚拟语境外语教学基本的教学过程包括五个教学环节：①导入环节——设计情境引起求知欲；②学情分析环节——融入情境感知教材；③重点难点环节——通过具身体验理解教材、巩固知识；④教学策略环节——运用情境、检验方法；⑤教学评价环节——分析教学统计数据，检查知识技能达成度，测评教学任务完成情况，进行教学反思。基于虚拟现实的外语教学过程设计贯穿整个教学环节，但重在突出情境设计。情境设计要点主要体现在以下三个方面。

首先是设计结合教材内容和紧扣教学目标的教学语境，运用虚拟现实技术提供 360 度全景体验式的课堂，为学生创设有文化内涵的环境空间和语境场域，使学生在语义生成的语境中接受知识、参与互动、体验规律、掌握技能，并在这一过程中增强形象思维能力，通过沉浸、交互、构想而不是仅仅通过书本获得语言构式和语义识解，并在某种特定的外语交际场景中学习语言、运用语言，促进感知和形象感受力的提升，从而形成外语的思维方式，接受并融入虚拟现实的认知情境，让语言风格的培养和语言能力的发展贯穿整个教学过程。

其次是设计主体意识与背景情境的视觉沉浸聚焦点。以实体或事物为主设置情境，既要注重背景明暗与色彩的反差效果和自然过渡，也要体现实体或事物与背景风格的一致性。以行为和过程为主设置情境，一方面展现了其行为或过程的运动方式，另一方面反映出某一相对的静止背景或表现某一特定动作的运动背景。只有在背景风格、背景效果、静止背景和运动背景上设计出符合源语语境状态的虚拟语境，才能形成主体意识与背景情境之间准确的聚焦点，进而使学生一进入语境即产生身临其境的沉浸感。

最后是营造自然情境与主体感受相融合的互动场景。让学生在演播室中进行感官模拟时逐渐生成与现实的感觉隔离，所看到的是外国生活中常见的物体类型和生活场景，所听到的是外语交际环境中自然的语音，以此获取视觉和听觉反馈，从而产生处于源语语境的错觉。在设计教学语境时，需要根据教学重点预先设定教学问题，让学习者带着问题到语境中去寻找答案。由语境中的情境触发视觉、触觉、嗅觉、听觉等各种感知，以感受背景的自然特性、实体的物理特性、过程的运动特性，进而营造出以这些特性为标志的自然情境与主体感受相融合的互动场景。在这一场景中，学习者能够自主发现问题、讨论问题、分析问题和解决问题，让互动场景成为突破教学重点难点的体验平台和认知场域。

下面借用一个教学片段，来分析基于虚拟演播室的外语教学的教学过程和效果，教学中所基于的问题是对不同前缀运动动词的对话和理解："Сейчас я в университете. Я выхожу из университета и иду прямо, дохожу до перекрёстка, но не перехожу дорогу. На перекрёстке я вижу большое здание, это стадион. Около стадиона я поворачиваю налево, иду прямо до центрального рынка. Прохожу через рынок и вижу почту. Вот я и пришёл на почту."（现在我在大学里。出了校门后我往前走，走到了十字路口，但没过马路。在路口我看到了一栋大型建筑，是体育场。在体育场的旁边我往左拐，然后径直走到中心市场。经过市场后就看到了邮局。这就是我到达邮局的过程。）对于这样一段陈述方向、方位、路径以及如何抵达某地的课文，采用 3D 技术可以把其中某个问题放在虚拟的真实场景中去认知，让学习者仿佛身处于那个地方，在交际现场同时通过听觉、视觉、动觉的功能，去理解文中俄语不同前缀的运动动词这一教学难点，用方向词语描绘事物所在方向，根据线路图示说出到达某地的路线，以多维度的视角解释 выходить（从某地出去）、доходить（到达某地）、переходить（穿过某地）、проходить（经过某地）、приходить（来到某地）等运动动词的不同含义，并据此设计主题为"如何到达某地"的对话，让学生在真实的语境中理解定向运动动词和不定向运动动词的用法区别，厘清怎样行进、路上经过了何处、到达什么地方等相关内容的俄语思维方式和表达方式。

一段完整的课文必有自己所依存的语境，而课文内容则是特定语境中的语言述义。创设符合教学内容的情境，仿真生成语言述义的语境，是虚拟演播室教学的表征所在。从教学过程的表现形式来看，虚拟与现实的深度融合是虚拟语境教学最基本的特征。虚拟语境作为既基于又独立于现实世界的数字空间，既包括传统教学内容的数字化复制，又含有虚拟世界的数字化仿真。其教学过程通过感官刺激（包括视觉、听觉、触觉、嗅觉等刺激），实现虚拟语境中学习内容的沉浸式体验，以此提升学习者主动探索环境的兴趣及能力，实现虚拟与现实的深度融合，让学生在仿真的沉浸感受中获得体验认知。

虚拟现实的语境重塑功能模拟出了真实世界的语境，为不同地域的学生提供了时空共在的虚拟现实学习环境，构建了一种认知语言的新形式。例如，学生在高仿真的场景中，通过完成"参观游览"的系列任务而习得目标词汇和句型，他

165

们置身于繁华街道中，有真实的位置移动，有真实的参观购物，有真实的语言交际，而不是头脑中的假想，这是虚拟现实教学与传统课堂教学的本质区别。例如，在学习俄语动词体的用法时，学生通过不同模态的直观感知，在参观游览的过程中，通过具身体验去理解怎样用未完成体去表示持久的、反复的、长时间的行为，怎样用完成体表示短暂的、突发的、瞬间的一次动作，以及怎样达成完成体动词所要达到的临界点，让这些语法知识融入真实的场景和行为之中，从而获得对语法运用的真实理解，并让各种模拟的动作刺激记忆神经，内化所学知识内容，增强记忆的持久性（图 7.6）。

图 7.6　融入语境的虚拟演播室视听说教学

在完成知识的学习过程以后，采取演播室随机测试模式对学生的学习效果进行考查。测试系统根据预先设置的考核参数对学生的学习过程进行评价，并将每个学生的测试结果记录备份，用于分析重点难点和错误的原因，以便教师提出问题的解决方案。通过计算机备份和随堂问卷调查得出的数据验证结果表明：90%以上的学生都认为，在虚拟情境中进行的视听说对话练习，使他们对上述动词完成体和未完成体相关词汇及对话的理解更加清晰，对一些关系到日常生活的交际用语的使用更加熟练，对不同场景角色的语言使用更加准确。虚拟现实技术增加了外语学习的新技术含量，让语言认知成为一种包括视觉沉浸和具身体验在内的综合性活动，其场景交际练习既生动有趣又有助于理解和应用，虚拟演播室教学模式下的语法词汇记忆更深刻，其教学效果比传统教学模式更好。

四、教学评价的数据分析

教学数据分析包括数据采集、数据储存、数据抽取、数据预处理、数据统计和数据运用整个过程。人工智能的核心要素为数据、算力和算法，而实现人工智能的首要因素是数据，数据是一切智慧体的学习资源，没有了数据，任何智慧体都很难学习到知识。互联网本身也具有交互性特征和数字化属性，这种属性特征给数据搜集、整理、研究带来了革命性的突破。以往传统教学中数据分析师要花费较大的资源和时间成本，同时不断增加的数据资料也对教学数据分析提出了新的挑战。而虚拟现实技术支持下的教育是与大数据、云计算、人工智能结合起来的新型智慧教育，基于大数据的数据资源具有丰富性、全面性、数据分析连续性和及时性等方面的优势，其数据可视化信息向视觉图形转化的数据高维、多场景、动态性表征必将推动数字化情境教学的创新发展。

网络时代随时都会产生语音、文本、图像等数据，虚拟语境外语教学需要对这些信息进行数据分析，智能教学界面中的数据分析必须学会借助数据统计进行高效的数据处理，运用技术手段设置相关数据文件，实现个性化语音纠偏、语法错误统计，以便于在行课过程中，由计算机自动生成教学统计数据和评价数据，为课堂教学提供最直接的数据支撑。因此，要不断在教学评价的数据分析方面进行实践，在数据研究方面进行创新，做到懂工具、懂应用、会分析，实现大数据评价支持下的精准教学。

教学评价的数据分析需要教学过程数据以及教学资源数据的积累过程。虚拟现实教学并非局限于一个独立的教学系统，它可以依托各自的"多媒体语音室""外语实验教学示范中心""四多外语课程中心""数字化校园"等不同的教学平台，连接相关教学资源，共同构建虚拟现实教学演播室数据库。由此而形成的数字化教学环境可以涵盖教学任务、学科专业、师资结构、理论研究、教学实践和资料储备等一系列构成要素，特别是在信息化外语教学中所积累的一些研究资料、数据储备和教学经验等数据软件资料，并确保其在教学设备硬件配置方面的互联互通，实现多维数据结构的可视化 3D 数字空间，并基于该空间形成统一的教学评价数据分析平台。

虚拟语境教学过程是一个认知体验的互动过程，数字技术通过对这一过程的全程跟踪、记录和分析，为其教学活动提供了不同层面的教学数据节点。教学中的数据节点呈现出多维化的特征：从横向角度看，它体现了教师、教材、学生之间的横向并联关系，教师既可以随机调动不同的虚拟学习场景，也可以选取其他教师的经典讲评，还可以选择多种教材在不同视角下对同一问题的不同诠释；从纵向角度看，它蕴含着学生内在的自主学习需求，记录了学生习得知识的认知过程，体现了沉浸—交互—构想的纵向串联关系。基于纵横交叉的多维数据支持，虚拟语境教学界面中汇集了丰富的数据资源，为教学效果的分析评价提供了充分的理据性数据支撑。

教学数据处理系统对教学效果进行数据分析，该系统由教学资料模块、统计分析模块和教学评价模块构成。教学数据处理系统所依托的是智能教学界面，界面中相关教师空间网页及学生空间网页记录了大量的学情数据、作业评分、课题答题、学生提问、出勤情况等方面的数据内容。数据的统计归纳在一定程度上可以体现教学的有效性，也为教学改革提供了基础性的数据来源。基于数据分析的教学评价主要体现了三个方面的要素。

（1）评价主体要素：主体要素是数据选择与评价的关键构成要素，主要包括学习主体的义务、权限、能力、责任、行为、态度等方面。在基于虚拟现实技术的情境教学评价活动中，学生都是积极的参与者和合作者，就是说他们不仅是学习的主体，同时也是评价的主体。因此应构建开放、宽松的评价氛围，教师针对课堂纪律、作业任务、实践活动等制定量化标准，让学生掌握评价的主动性，形成公开、公正的评价氛围，采用自我评价、学生互评、教师和学生共同打分的评价方式。鼓励学生和教师共同参与测评，实现评价主体的多元化，帮助学生在教师评价、自我评价、互相评价中不断反思自我、认识自我、重塑自我，实现从以教师为主体向以教师为引导、以学生为中心的评价主体转型。

（2）评价过程要素：过程要素包括计算机对教学问题的分析过程、资料检索与引用过程、人机交互与沉浸构想过程、答案选择和答案确认等过程的一系列信息记录。过程性评价是相对于结果性评价而言的，不仅关注评价结果，同时也关注学习方法、解决问题的思路等学习程序，所以它是观察学生的学习能力和创新能力的一种评价手段。只有关注学生独立思考和解决问题的能力，采取过程性评价与结果性评价相结合的形式，才能对学生的学习质量做出公允的判断，所以要进行评价过程要素分析，以重塑评价方式，实现从被动传授知识向主动体验认知过程的转型。

（3）评价结果要素：结果性评价作为一种传统的评价方式，是以考试成绩来评价学生的学习能力和教师的教学质量的一种测评方法，其在各种评价要素中具有主导性的作用。但是，单纯地强调闭卷考试成绩是不科学的，一张试卷并不能全面反映学生的能力水平。智能教学平台可以采取统计数据分析、平台提问和作业反馈等多种形式，综合评价学生对知识、技能的掌握情况，并注重考查知识的归纳、加工、运用能力，以及信息的接收、处理与输出能力，特别是遇到挫折时的心理承受能力和解决问题的思路，实现从"一考定终身"向多元化评价机制的转型。

上述数据要素评价分析是利用数据挖掘工具，从各项教学数据中识别出有效教学方法的过程。通过对主体要素、过程要素和结果要素等数据的归纳梳理，进一步对数据结果进行计算机分析，利用关联规则总结出影响教学质量的关键因素，并在教学实践中验证其有效性。

问卷调查是教学评价的一种验证形式，而教学评价是对教学主体、教学过程和教学结果等诸多要素进行综合价值判断的活动，学习者主体评价是其中的重要环节。为了验证虚拟语境教学的效果，需要通过网络平台调查问卷进行主体评价数据分析，为此我们在连续两个学期中，把第一学期作为传统媒介（多媒体 PPT 课件和 MP3 录音）俄语教学期，第二学期作为新媒介（虚拟情境交际互动）教学体验期，在此期间的各项测试成绩作为坐标基数，以此进行比对。在每学期的开始、期中和期末，对学生分别进行实验的前测、中测和后测。测试题目分别取自部分年度全国高等学校俄语专业四级考试中听力理解和人机对话的试题，并沿用国家等级测试原有的题型、分值分布以及评分标准进行有效测试。根据测试数据对比并结合"问卷星"网络平台调查问卷的信息反馈数据分析，96.4%的学生对"虚拟情境交际互动"给予了积极评价（图 7.7）。

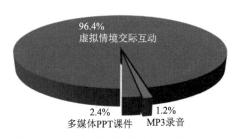

图 7.7 虚拟语境教学问卷调查数据分析

五、虚拟语境教学存在的问题与前景展望

虚拟现实技术目前仍处于发展阶段，科研道路上总是充满坎坷，对一种新的教学模式的探索不会是一帆风顺的，尽管开发者对虚拟现实充满了热情，但是似乎大家都没有一个统一的标准。作为一个全新的平台，虚拟现实是一项非常有潜力的技术，并且在教育领域得到了迅速的发展，同其他高新技术一样，虚拟现实教学未来还有很长的路要走。总体而言，虚拟语境外语教学需要掌握信息技术的外语教师，需要长期的在职培训和一定的教育投入，更需要虚拟现实外语教学软

件的研发与生产基地。此外，全面实施新的教学模式还需要信息化外语教学改革的教育机制配套和教学体制完善。目前，虚拟现实外语教学模式的问题主要呈现在以下方面。

1. 教学软件的设计创意问题

目前国内的虚拟现实外语教学研究缺乏语言分类的学科化研究，从整体看存在研究深度不足的问题，从局部看存在小语种的虚拟现实教育本体化等问题。现阶段的研究尚不涉及不同语种关于虚拟现实教育理论框架的界定，也就是虚拟现实外语教学软件研究停留在虚拟现实教育本体上而没有延伸到具体的小语种专业，外语研究主要停留在英语层面，日语、德语、法语、俄语等语种面临虚拟现实教育研究不足的问题，大多数虚拟现实软件普遍存在通用语言专业性较强、外语特别是小语种通用性较差等问题，缺乏专业化外语教学软件和虚拟现实外语教学解决方案。虚拟现实软件作为虚拟现实的核心技术，目前主要有 Vega Prime、WTK、Virtools 和 Unity3D 等，均为国外公司所掌握，这些软件显然不是以中国的外语教学为目的而设计的，而中国的 Converse3D 虚拟现实引擎主要应用于视景仿真、城市规划、室内设计、工业仿真等方面，目前还没有与本科教材配套的虚拟现实外语教学软件，这是包括虚拟语境教学在内的虚拟现实外语教学体系所面临的主要问题。目前我国外语类高校均已建立虚拟仿真实验实训系统，虚拟语境教学的硬件设备已经具备，但在实践中的背景资料目前严重不足，以至于教师不能按照课程进度的需要来选择素材、制作课件、安排上课，其中的主要难点在于课堂教学软件的匮乏。"任何软件的研发都是复杂的系统工程，都需要先行目标定位和有科学依据的探求，这是软件具体设计与编制的基础，决定着软件的价值取向和生命力。"（刘绯绯，2004：43）能够充分反映教学内容、挖掘与发挥语境素材作用的教学软件，也需要与之相配套的科学的文本依据，也就是说，设计软件也需要选择适宜的数字化教材文本。

2. 外语教材的信息化建设问题

教材是教学的基础，信息技术支持的外语教学也应该配套相应的数字化教材。现有的教材既没有考虑能够在虚拟情境中进行教学的内容，也缺乏在虚拟现实技术条件下适用的练习。教育部办公厅在 2021 年 12 月发布《关于加强高等学历继续教育教材建设与管理的通知》，明确指出要加强系列化、多样化和立体化教材建设，服务线上教学、混合式教学。所谓立体化教材，通常是指多媒介、多形态、多用途、多层次的教学资源，不仅包括传统的纸质教材，还涵盖了音像制品、电子出版物、网络出版物等多种形式的教学资源，以及在三维立体的外语环境中进行教学活动所使用的教学资源。信息化外语教材建设应该突破传统教材"语言+文化"的二维模式，开创"语言+文化+技术"的三维模式，在传授外语知识的同时，着重培养学生的搜索、分析、评价、判断和利用信息的能力。

在新文科建设的背景下，虚拟现实技术已逐步进入校园，成为教育信息化2.0时代的标准配置，虚拟现实课堂教学已逐步成为当下创新教学的新形式。随之而来的是虚拟现实在教学应用中潜在的问题。在信息化资源建设方面，虽然借助现有的虚拟现实移动终端可随时随地地给学生带来前所未有的源语语境交际场景，但却没有与之相配套的信息化教材可以提供深度的智能化学习体验。为了让学生能够在规范的指引下融入虚拟多维语境空间，在虚拟现实技术应用及教材建设过程中，相关教育机构需要根据国家课程标准及学科目标进行外语教学课件的策划及制作，让学生在专业必修课程的学习过程中主动运用视觉沉浸技术手段，在课堂中体验多种形式的场景还原，追溯历史事件过程，深入社会生活场景，身临其境地去观察生活、学习语言、探索知识，以增强自主学习和体验认知的能力。

3. 融入虚拟场景的技术有待改进

在虚拟现实的交互过程中，虚拟语境的视觉场景转换会涉及大量的影像传输与数据传输，而在系统内有多个交互对象时，数据的传输量会急速增加，因此不但对产品配置提出了更高的要求，同时还要求保持较高的数据传输效率。目前这两个方面的协调配合尚有待改进。

从产品配置的角度看，有些虚拟现实产品的配置达不到要求，使用时由于虚拟现实界面中的视觉反差较大，实际运动与大脑运动不能正常匹配，影响使用者的大脑对影像的分析判断，从而使其产生眩晕感。从数据传输优化的角度看，应该选择更高效的传输协议，如使用 UDP 代替 TCP，以减少传输延迟和重传次数。

就虚拟语境内在的本质而言，虚拟现实是一种高级的人机交互系统，不仅可以完成设定的动作，还具有自身的处理功能。但许多的交互系统只在输入数据后才会变得主动，虽然也有一些现代交互系统在等待时就会自行运作，开始向主动交互转变，但体验者各种潜在的角色属性却不能融入系统的记忆之中。

从体验者的角度看，目前用于外语教学环境平台的虚拟演播室想要在互动中获取真正身临其境的体验，例如做出跑步、跳跃甚至是攀爬等动作，还存在动作追踪与同步、实时渲染与优化等许多技术问题有待改进。虽然现在有一些第三方的解决方案，比如虚拟现实跑步机 Virtuix Omni 可以让使用者在固定的空间内安全地模拟移动，但是这些设备通常价格昂贵，且不利于瞬间转换场景。另外虚拟现实如何进入场景仍然存在非常大的难题，虽然现在 Xbox 手柄已经可以成为个人电脑的控制器，但是在实际应用中还缺乏经验。其他控制装置如 Razer Hydra 和 STEM 系统虽然都进行了很多改进，但依然还是不能模拟使用者的双手，做到身临其境相对容易，但真正的运动体验却很难实现。总体而言，实现基于虚拟现实技术的外语教学依然面临学科化理论研究薄弱、应用性价值取向失衡的问题。

4. 线上外语学习效果问题

虽然目前在虚拟演播室里的学习者以在校学生为主，但通过在线链接进行的线上教学已经成为一种重要的教学方式。达到一定分辨率的新型手机已经能够支持虚拟现实显示功能，使用者戴上 VR 眼镜就可以在手机中观看 VR 视频，这在客观上为虚拟现实教学提供了普及的条件。但手机本身无法直接提供完整的虚拟现实体验，它是通过连接特定的 VR 头盔或眼镜来实现的，这些设备通常需要额外的硬件支持，如传感器、处理器和显示屏，才能够提供沉浸式的 3D 环境。线上教学的主要问题是在线学习者虽然能够通过计算机界面体验虚拟教学场景，但是一般并不具备进行人机交互的数据传感设备。即便当前虚拟现实技术得到了前所未有的发展，但虚拟现实头盔显示器和数据手套以及用于追踪动作的传感器等设备的成本依然较高，且需要相应的运行设备来提供非常高的每秒传输帧数（Frames Per Second，FPS）。因为这些原因，手机终端的学习者虽然能够体验视觉沉浸技术的画面效果，但却不能随时随地地融入其中，这造成了虚拟语境教学还难以在线上普遍开展的问题。

指导学生在虚拟演播室或者虚拟仿真实验实训平台上进行语言学习，需要教师和学生同时具有较好的信息素养、基本的计算机处理能力和一定的创造性思维。即便具备线上的虚拟现实技术配置，如果学习者的基础不同，特别是其阅读能力、语法能力参差不齐，教师在进行系统的教学策略设计时也会面临诸多困难和挑战。特别是在体验认知的学习方式构建以及重要知识点的把握过程中，教师如若紧跟虚拟演播室现场的学习与互动进程，则难以顾及在线的所有学习者，网上学习的优势不易得到充分发挥，因而线上的学习效果就不能得到充分保证。不同地区的学习者所依赖的是互联网上的大数据，而虚拟演播室现场却依然能够实现教学双方点对点的互动交流，其产生的学习结果差异是不言而喻的。

5. 虚拟语境外语教学所面临的制约因素

虚拟语境外语教学模式存在种种有待解决的问题，这些问题主要归纳为以下方面：①语境介入不仅需要一定的教学硬件设备作为基础，还需要大量的语境教学图形软件，目前缺乏小语种的虚拟现实教学软件或者专门用于外语教学的解决方案；②符号系统中计算机符号的有限性与所需表达的语境内容的无限性之间的矛盾致使计算机逻辑运算难以达到理想效果；③运用虚拟现实技术设置虚拟语境，在实时显示帧率、传输带宽、内容生产编辑等方面还有一些技术层面的问题需要完善；④教师授课前期需要一定的课堂虚拟情境制作过程以及录制操控和后期合成技术人员的协同配合，程序较为烦琐，容易影响教学效率，短期内教学成本会增加；⑤虚拟语境教学对教学设备的软硬件方面要求都比较高，目前小语种的虚拟现实教学基本上自主展开，各语种缺乏统一的虚拟现实教学解决方案，需要专业的语言教学软件，更需要学界、外语教师以及技术人员的相互配合；⑥教师需要掌握信息化教学设备的操作技能，录制、操控及合成人员也应该预先进行电化教学知识的培训，更为重要的是，外语教育的传统建构方式必须向信息化方向转型升级。

虚拟语境外语教学的制约因素有很多，主要在于缺乏小语种虚拟现实教学软件和统一的虚拟现实教学语境设计解决方案。教学语境的制作需要学界与企业的配合，设计某一国家的语言语境需要在该国去进行实景采集，例如在进行俄语在线课程的录制过程中，为了获取俄罗斯的语言教学源语语境，需要到俄罗斯拍摄录制教学实景资料。想要制作高质量的虚拟场景实景图，必须选择符合制作要求的单反相机、鱼眼广角镜头和全景云台，以便于调整水平和垂直方向的位移。拍摄出一个好的虚拟实景全景作品，还要考虑当时的气象和环境因素，选择能见度较佳、空气质量好、光照充足的时候进行拍摄。这些条件对于非专业人员来说是难以具备的，许多在俄罗斯长期积累而完成的影视资料，如果所使用的并非专业设备，则难以同专业公司的设备兼容或者达不到专业标准的要求。所以从根本上说，实现基于源语语境的外语教学还需要产学研同步推进。虚拟现实教学在外语教育中的推广有待于软件企业的深度介入，这是一个需要虚拟现实技术人员和教学设计人员共同参与的系统工程。

6. 虚拟现实教学模式的发展路径

1）虚拟现实发展路径回顾

为了厘清虚拟现实教学模式的发展路径，有必要回顾一下这项技术形成与发展的历史进程。1935 年，美国科幻小说家斯坦利·G. 温鲍姆（Stanley G. Weinbaum）发表了一部名为《皮格马利翁的眼镜》（*Pygmalion's Spectacles*）的短篇科幻小说。小说形象地描写了一个神奇的眼镜，可以为佩戴者在视觉和听觉的基础上加入嗅觉、触觉乃至现代"实景交互"等功能，并构想出全方位沉浸式体验的虚拟现实概念，其情节表述了虚拟现实思想的萌芽。

1957—1962 年，海利希设计发明了能够产生风、气味、震动等体感交互的沉浸式体验机器"全传感仿真器"（Sensorama），并于 1960 年发明了历史上第一款头戴式虚拟现实显示器，因而成为虚拟现实技术的先驱者；1965 年，图灵奖获得者、计算机图形学之父、人机交互"界面"（interface）的缔造者伊凡·苏泽兰定义了让使用者无法区分与现实世界的差异的"终极显示器"的概念——达摩克利斯之剑（Sword of Damocles）；1968 年，苏泽兰开发了第一个由计算机图形驱动的头盔显示器及头部位置跟踪系统，发明了有史以来第一个交互式绘图程序，从而奠定了计算机图形学和图形界面的研究基础。

1985 年，美国计算机艺术家迈伦·克鲁格（Myron Krueger）研发成功电脑交互系统 Videoplace，该系统可以产生一个虚拟图形环境，使体验者的图像投影能实时地响应自己的活动。这是 AR 技术发展史上的又一个里程碑。在此基础上，由 M. MGreevy 领导完成的 VIEW（Virtual Interface Environment Workstation）系统，能够让体验者穿戴数据手套和头部跟踪器，通过语言、手势等交互方式，形成了完整的虚拟现实系统。由此，虚拟现实技术从研究型阶段转向应用型阶段，广泛运用到了航空、医学、军事、建筑和教育等科研领域。

2）虚拟现实教学模式展望

虚拟现实在教育领域已经形成了系统化的应用场景，主要包括虚拟校园、智慧教室、虚拟现实实验室和虚拟教研室等。虚拟现实技术可以构建高度仿真的虚拟校园，把远程教育的师生链接在同一学习环境中；智慧教室可以创建沉浸式的课堂教学环境，从而激发学生的学习兴趣，提升学习效率；虚拟现实实验室可以塑造仿真的实验场景，应用于各种难以接触的科研对象；虚拟教研室则可以为不同地区的专业教师构建线上自动办公系统，建设统一、高效、云端化的虚拟教学研究室机制。在技术升级层面，随着虚拟现实技术的不断更新，教学操作系统不断完善，逐步解决了头盔式显示器的眩晕感、数据手套的不适感和虚拟场景不清晰等问题，世界各地不同类型院校中的虚拟现实技术已广泛应用于课堂，虚拟现实教学模式已逐渐成为一种发展趋势，相应的研究也随之展开。虚拟现实教学模式从信息技术的视域而言体现了四个层面的研究方向：一是视觉沉浸感知研究领域；二是具身体验的人机交互领域；三是基于不同专业虚拟现实的教学软件领域；四是 VRML 的研究和复杂场景的设计与再现领域。

虚拟现实系统有初级和高端之分，所需的设备成本和使用要求也不尽相同。从实用性角度分析，外语教学的虚拟语境偏重于结构性模仿，这与医科、理工科的仿真技术要求有明显差别，所采用的设备以桌面系统为主，主要有 VRML、桌面三维虚拟现实系统和 MUD（Multiple User Dimension）等，目前已逐步升级至沉浸式虚拟现实系统。在初级的桌面三维虚拟现实系统中，计算机所连接的大屏幕是学习者进入虚拟语境的一个窗口，在教学软件内容的指引下，学生可以在仿真的语言生成环境中学习语言，屏幕显示器呈现出了虚拟三维场景的立体视觉效果，能使参与者产生一定程度的投入感，有利于激发其交流互动的兴趣，提升语言学习效率。

虚拟现实是当代信息技术应用的重要发展成果，在解决虚拟现实教学软件资源的问题时，跨专业协作是虚拟情境软件制作的最佳途径。这需要根据教材内容设计好教学意图和场景，教学软件由虚拟现实开发企业、高校、出版社进行联合研发，坚持专业化的制作路径。随着新的教学模式的运行，课件制作程序也会趋于简单化和模式化。例如一些实时播出的动画编辑模块，演播室与外景实况视频实时对接的模块，特技实时编辑与播控模块，通用统计图表、地形等图文实时创作编辑模块，风、雨、云、雪、气流等粒子系统编辑模块，地形地貌生成与实施裁剪模块，以及模拟一些特定物理现象的模块都属于一次制作、反复使用的教学资源。目前，虚拟现实外语教学尚处于初期发展阶段。探索期的虚拟语境教学设计大致包括以下环节：首先由授课教师提出创建虚拟现实教学情境的内容要求；其次由虚拟场景设计人员根据教学内容提供解决方案，运用相应软件绘制镜头脚本，并在电脑中创建模型；最后虚拟演播室教学技术人员配合教师进行课程录制或现场教学。概括来说，就是由计算机创设一个虚拟环境，让学生能够有视觉、听觉、动觉的感受，并在此环境中体验认知的过程。从这一过程的简要描述中，我们可以看出，掌握计算机技术已经成为教师进行日常教学的必要条件，专业教师必须具备一定的信息技术教学技能。虽然目前教师的年轻化趋势有利于外语教育的信息化，但这也需要教师自觉接受常态化的通识教育和信息技术培训。随着虚拟现实教学技术的应用，外语学习靠死记硬背必将成为历史，虚拟现实与外语教学融合下的教学模式会随着时代的发展而水到渠成。

第八章　外语教学界面的数字化转型研究

虚拟现实是元宇宙的底层核心载体，随着高速传输、柔性显示、移动式高性能图形计算卡等技术的出现，VR/AR 已经被列为建设"数字中国"的重点发展方向。以智能化、数字化、互联网为标志的信息时代的兴起，对以往工业化时代的教学模式造成了巨大的冲击，同时也为教学模式的变革提供了必要的条件，促使传统的外语教学走向数字化、智能化创新发展的实践场域，其学习方式也会发生根本性的变化，由此教师在教学中的作用会重新定位，传统的教学模式也会有颠覆性的变革与突破。

从数字化的角度解释，虚拟语境是通过复杂的统计数据处理，从历史数据中找出结构性语境要素，以还原历史情境的语境建模。所以，虚拟现实教学技术的发展加速了外语教育的数字化转型，而转型的标志就是数字化教学界面的应用与更新。本章从国内外数字化教学界面研究现状、数字化教学界面构建，以及虚拟语境与外语教学的适配性三个层面分析了外语教学向数字化界面转型的必要性，继而通过传统外语教学模式与数字化教学模式的比较，揭示教学转型所带来的深层次问题，最后基于对这些问题的导向性分析，提出了外语教学界面数字化转型问题的改革思路。

外语数字化教学是指师生"共在"数字化的教学环境中，遵循目的语生成理论和规律，运用现代教学资源和教学手段，培养具有国际视野和创新能力的复合型外语人才的教学活动。其数字教学界面涵盖课程网站集成运行环境、课程主页平台以及虚拟校园课程界面等教学技术范畴的多种平台。随着信息技术的飞速发展，外语微课、慕课、翻转课堂等数字化教学模式越来越多地应用于教学实践之中，而这些教学形式的共同载体是以计算机、手机和智能平板学习机为标志的课程主页——显示屏教学界面。教学界面是区别于传统教学生态的主要标志。教学界面的转型颠覆了以讲台、黑板和粉笔为标志的传统教学环境，直接影响了外语教学的理念、方法和模式。所以，只有从这一根本问题入手，才能破解制约外语教学改革发展的难题。

第一节　数字化教学界面研究综述

界面（interface）和接口在广义上被视为相同的概念，数字化教学界面即以屏幕显示的计算机与教学交融的接口，它是人与机器之间传递和交换信息的媒介。教学界面伴随着约翰·麦卡锡所开创的表处理语言 Lisp 而形成，这种程序语言以显示屏界面为显示平台，其与虚拟语境之间的关系可以概括为：语境作为理解和实现程序设计语言的环境，承载了程序编译与程序运行的界面内容，界面则为虚拟现实人工智能语境提供了生成、发展与演进的空间基础。本书所定义的虚拟语境即呈现于数字化教学界面上基于虚拟现实技术应用的、以人机交互为表征的智能化语言认知环境，它借鉴了网络时代人与计算机之间建立联系、交换信息的理论成果，在计算机图形学的技术支持下，成就了历史与现实、源语语境与虚拟语境之间的复制与再现。

数字化教学界面作为计算机和网络技术所构建的对教学、科研、管理和生活信息进行搜集、整合、传输与应用的数字空间，是综合多维教学资源的一种人工智能教学环境，而大数据则是让计算机获得人工智能的一把钥匙，计算机通过对数据的计算，能够把复杂的智能问题转换成简单的统计问题。虚拟语境界面作为数字化界面中的一个视觉沉浸教学平台，其理论上属于计算机科学与外语认知科学的交叉研究领域。作为语言教学与计算机科学相融合的数字界面，语境教学界面是研究和构建用于模拟、延伸和凸显语言生成环境的理论、方法、技术及应用的虚拟现实教学实践场域。

回顾虚拟世界的发展历程，虚拟现实与计算机图形学的发展息息相关，是在英语语境中形成的一种高科技应用。20 世纪 70 年代，美国开发出了第一个图形用户界面，实现了从字符界面向图形界面的转变。2006 年末，林登实验室（Linden Lab）开发了一个可下载的客户端程序，由此诞生了一个基于因特网数字界面的虚拟世界，即"第二人生"。目前的人机交互界面又称图形用户接口（Graphical User Interface，GUI），由于它是采用图形文本方式显示计算机、智能手机和平板学习机的操作环境界面，所以，GUI 同时也是数字化教学的平台载体。该平台上的教学研究既包括基于互联网的计算机辅助教学，也包括基于虚拟现实技术的虚拟现实情境教学。

数字化教学界面可以看作是一种人与计算机交互的显示格式，它允许用户使用鼠标等输入设备操纵屏幕上的图标或菜单选项，以选择、命令、调用文件以及启动程序或执行其他一些日常任务，其界面本身就是一种表征数据终端的显示设备，与传统的黑板等教学平面具有本质的区别，主要用于在线教学、微课、慕课、翻转课堂及虚拟现实教学等现代教学模式。

微课即以智能界面显示的微型视频课，它起源于北爱荷华大学的勒罗伊·A.麦克格鲁（LeRoy A. McGrew）教授于 1993 年所提出的"60 秒课程"（梁乐明等，2013：65）。目前我国已将这一概念广泛用于教学实践中，在不同学科、不同专业中形成了"5 分钟教学"的课后微课程作业模式，或者构建了微课程在线课堂教学平台。

"翻转课堂"（Flipped Classroom）的概念最早由美国中学教师乔纳森·伯格曼（Jonathan Bergmann）和亚伦·萨默斯（Aaron Sams）于 2007 年提出，他们对传统课堂的旧有模式进行了颠覆和翻转，让学生先在课下通过观看微视频的方式进行学习，而在课上则进行知识的巩固和深化研究。其教学形式体现了传统教学环境与智能教学界面的有效衔接，其内在含义是重新调整课堂内外的时间，将学习的决定权从教师转移给学生。

虚拟现实则是一项全新的实用技术，包括视觉、听觉、触觉等多种感觉路径的实时模拟和实时交互。美国是虚拟现实的发源地，20 世纪 80 年代初，美国 VPL 公司创始人杰伦·拉尼尔（Jaron Lanier）提出了"虚拟现实"这一名词，其后虚拟现实技术在美国教育界得到广泛的应用。哈佛大学、斯坦福大学、普林斯顿大学等世界一流大学已经在虚拟世界"第二人生"中建立了自己的虚拟校园，其丰富的数字媒体和沉浸式的环境不仅能为学习者提供无限的交流、合作和探索的机会（Henderson et al.，2009：465），而且开发设计学习任务灵活，访问地点变换简易（Minocha & Reeves，2009：15）。

一、虚拟现实界面的系统分类

虚拟现实教学模式的形成依赖计算机技术的发展，经过近年来计算机处理视觉、听觉、触觉、味觉等信息的能力的增强，虚拟现实技术也随之日臻成熟，按照其功能高低来进行划分，目前的虚拟现实界面大体可分为四类：桌面式虚拟现实系统、沉浸式虚拟现实系统、分布式虚拟现实系统和增强式虚拟现实系统。

桌面式虚拟现实系统顾名思义是可以通过桌上型机实现的虚拟现实界面，它利用 3D 桌面一体机作为观察虚拟环境的一个窗口，使用触控笔搭配 3D 眼镜进行操作，让教学内容可以直观地呈现在学生眼前，让教学变得更加直观和易于理解，因而被称为"窗口仿真"。该系统主要包括虚拟立体图形显示、效果观察、人机交互等部分。桌面式虚拟现实系统的成本较低，功能也比较单一，在认知体验与思维构想的沉浸感方面属于较低的层次。桌面式虚拟现实系统属于非沉浸式虚拟现实系统，其优势在于设备构造相对简单，并能够在桌面上对显示内容进行观察与修改，便于在语言教学中应用与推广。

沉浸式虚拟现实系统是一种能让人产生视觉沉浸感的操作系统，其应用原理是以头盔式显示器、数据手套和头部跟踪器等技术设备把知觉、视觉、听觉封闭在虚拟环境中，使虚拟现实系统内部的参与者能够获得身临其境的体验，并能操纵环境中的物体，从而形成充分的投入感与完全的沉浸感。沉浸式虚拟现实系统主要包括基于头盔式显示器的系统、投影式虚拟现实系统和远程存在系统。"根据'虚拟仿真世界'网站的分类，沉浸式虚拟现实又可以分为三类：半沉浸式虚拟仿真、合作沉浸式虚拟仿真和 CAVE 沉浸式虚拟仿真。"（马武林、欧阳灵卿，2020：146）沉浸式虚拟现实系统和桌面式虚拟现实系统均为虚拟现实语言教学的主要应用配置。

分布式虚拟现实系统是指在网络环境下，多个用户通过计算机网络连接在一起，同时加入一个虚拟空间，共同体验虚拟经历，因为该系统可以把不同国家、不同地区的资源设置在同一虚拟场景中，所以经常用于军事目的。目前最典型的分布式虚拟现实系统是 20 世纪 80 年代初研发的 SIMNET。1983 年，美国国防部制定了 SIMNET 研究计划，它是由坦克仿真器、直升机仿真器等通过网络连接而成，支持不同国家的部队之间的联合演练。分布式虚拟现实系统是基于网络的系统，可使得不同地理位置的学习者进入同一个虚拟环境中进行交流、学习，或协同完成同一教学任务演练。

增强式虚拟现实系统是把真实环境和虚拟环境结合起来的一种高端仿真系统，它克服了沉浸式虚拟现实系统与现实世界隔离的弊端，既可以看到真实环境，也可以看到叠加在真实环境上的虚拟世界。增强现实与其他虚拟现实的沉浸形式不同，增强现实注重虚拟与现实的连接，以达到更震撼的现实增强体验。它不仅能够利用虚拟现实技术来模拟、仿真现实世界，还能够利用它来增强参与者对真实环境的感受。战机飞行员的平视显示器就属于增强式虚拟现实系统。从教学应用的视角看，增强现实的主要特征为能够在真实环境中结合虚拟事物，实现两者在同一环境中的互动交流。随着技术的进步，增强现实在教学应用中具有广阔的发展空间。

二、编程语言与语境建模

数字化教学界面是在计算机中构建的语言环境，计算机界面上的语言是编程语言，所以虚拟现实的开发需要运用编程语言，语境建模也需要借助编程语言的方法，编程语言通过词法分析、语法分析、语义分析、代码生成以及编译或解释执行等步骤，将开发者编写的代码转换为计算机可执行的指令，这样才能实现所要表达的语言述义被计算机识别和执行。约翰·麦卡锡发明了 Lisp 语言，这是人工智能界第一个广泛应用的编程语言，它以函数式的符号进行语言处理，其程序由一些函数子程序组成，并具有自编译的能力。Lisp 标志着智能化编程语言的形成，在以程序设计为表征且编写的程序在所有机器中都通用的编程语言中，由程序语言基本符号组成的一组语言规则是语法，用于描述程序中的运算步骤和结构的数据是语句，由符号构成语法成分的准则是语法规则，反映程序与使用者之间的关系并说明符号应用与影响的则为语用。程序设计语言都会涉及语法、语义和语用等方面，而这些设计都是以语境为基础的，所以麦卡锡提出了投影语境、近似性语境、歧义性语境和心智状态语境。这一研究的突出特点是在人工智能的视域下把语境对象化，在此基础上进行不同状态之间的转换的情景演算，由此实现跨语境的推理。从这个意义上说，基于编程语言的四类语境理论对虚拟语境建模具有重要的借鉴意义。

投影语境指语义形象信息向选定的投影面投射，并在该界面上得到图形的语境。假设某一语境涉及一组复杂的数据，我们从中提取部分关键的数据作为投影，从而实现复杂数据的简化，经由这一过程设置的语境为投影语境。例如，设计一个女生的投影时，以书包、长发、短裙的轮廓构成她的身份信息的浓缩。书包隐喻了其学生身份，短裙和长发隐喻了其性别为女性，那么该投影就是代表这个女生的关键特征的恒定性编程语言数据。

近似性语境的本质表征在于更小的语境偏差值。语境作为一个复杂的系统，其环境和心理参数的测量值都存在一定范围的误差，当两种语境之间的属性和结构偏差值在语义可接受的范围内，就可以将其归纳为同一类语境。在包含大量不同内容的语境中，近似性原则对于整体语境设计是有极大帮助的。合理运用近似性原则能够把一个语境中的对象融入另外一个相似的新语境中，例如两个性质形容词（качественное прилагательное）语境中所表示的同一特性，或者两个关系形容词（относительное прилагательное）的语境中所体现的同一关系，这种近似性的语境归类可以让用户通过两个语境的近似值轻松地获取更多信息，进而感知相互关联的内容。

歧义性语境指对语义存在多种解释的语境。一个语境若存在两种或以上潜在的语义指向，那么这个语境所指向的语言结构就有歧义性。例如，"кое-что уцелело."（有些东西没损坏。），"Кто-то вошёл в дверь."（有人走进来了。），其主语为不定代词 кое-что（有些东西）、кто-то（某人）等，没有具体指向何物或何人的为歧义性语境，设置此类语境课件首先需要做"消歧"处理，但设置人工智能语境并非要把所有语境因素中潜在的歧义全部消除，而是为了提高计算机信息系统的处理效率，在不影响语言理解的前提下，语境建模中非关键的语境因素可以保留一定程度的歧义性，以便于语境所涉及的歧义性词汇更容易被系统所处理。

心智状态语境是指表示心理功能的、具有思维启发意义的语境。心智状态即人们对已知事物的心理信息储存，并通过生物反应而再现这一信息的一种状态，它具体体现为观察、思维、理解、想象、假设和推理等各种心理功能，例如"我想起……"（я вспомнил...）"我怀疑……"（я сомневаюсь...）等表示思维、联想等的语境。需要指出的是，这一类语境不是根据语境自身所包含的内容性质来对等界定的，而是根据语境自身的产生机制（包括生物反应信息）来得到界定的。其语境设计可以是遐想中动作主体马上就要进行的动作，也可以是不可避免将要发生的动作，还可以是似乎已经发生的动作等，例如"Бежать, бежать! Иначе я умер."（逃跑吧，逃跑吧！不然我就完了。）（樊明明，2014：179）。句中语境体现的是一种由不逃跑就完了的假设而引发的立即逃走的心智状态。

编程语言架起了传统语境与虚拟语境之间的桥梁，而后者是基于虚拟现实技术的一种高端人机接口，是人与计算机之间建立联系、交换信息的语境界面。它借鉴了人工智能的设计成果，成就了历史与现实、源语语境与虚拟语境之间的连接，并最终完成了基于智能界面的外部环境和编程语言相融合的语境重构。

关于智能界面语境设置的理论渊源可以追溯到麦卡锡分析编程语言之前，美国国家科学院约翰·冯·诺伊曼（John von Neumann）教授也曾经进行过类似的虚拟现实研究。他于1948年发表了一篇关于"自复制自动机"的论文，提出了可以设计复制自身的机器的设想。该设想以数学和逻辑的形式，构想出了一套系统性理论，主要包括"人工自动机"和"生物自动机"两个层面。其中"人工自动机"是基于计算机的逻辑与数字计算和通信及信息处理系统，具有虚拟现实技术中"虚拟属性"所要求的人工智能必备条件；而"生物自动机"则是对大自然中现实系统的实质性理解，既包括人类自身以及神经系统的自复制，也包括大自然生态系统的自复制，囊括了"现实属性"的全部客观世界。冯·诺伊曼的"自复制自动机"学术观点，特别是其通过"人工自动机"实现生物自复制的理论，体现了编程语言与语境建模融合的一种思路，同时也为虚拟语境的理论研究和模型建构提供了理论借鉴。

随着新一轮科技革命和教育变革的加快，虚拟现实技术和互联网、大数据、人工智能、5G 等数字技术深度融合发展，正在对全球教学改革进程产生深刻而广泛的影响。与世界科技前沿同步，俄罗斯对虚拟现实技术也给予了足够的重视。在俄罗斯首届虚拟现实学术会议上，有学者对虚拟现实技术的跨学科融合性做了如下表述："一般的虚拟现实概念更接近物理学、技术及心理学的概念，因为在广泛的背景下，正是在哲学范畴下，虚拟性要求一种统一的本体化聚合体，它不仅包括自然学科、技术学科，还包括人文学科。"（转引自罗津，2018：196）2019年在金砖国家治国理政研讨会上，莫斯科国立大学的弗拉基米尔·叶廖明（Владимир Ерёмин）指出，在现代世界，数字技术不仅是一种工具，还是一种环境。它开辟了一种新的可能性——随时学习、终身学习、设计个人学习路径的能力，使电子资源使用者成为创造者。虽然"数字化"这个术语已经有了明确的定义，但现在还加入了大数据、虚拟化、增强现实和云计算以及许多其他技术。据俄罗斯卫星通讯社（Sputnik News）2020 年 4 月报道，俄罗斯总统普京亲自主持召开了战略发展和国家项目委员会视频会议，俄副总理塔季扬娜·阿列克谢耶夫娜·戈利科娃（Татьяна Алексеевна Голикова）在会议上表示，俄罗斯将于 2020年秋季以试验模式推出统一的数字化教学环境，这指的是一整套措施，其中包括学校的基础设施改造和最新内容的研究工作。这不仅将提高俄罗斯民众接受教育的可能性及教学质量，而且还将为师生创造新的数字化机会。①

第二节 数字化教学界面构建

教学界面作为一种智能化的教学环境，可以表述为计算机与教学接口的界面

---

① https://sputniknews.com/russia/202004211079019102-putin-holds-meeting-on-strategic-development-and-national-projects/[2025-2-15]。

显示格式。它既能够构成点、线、面的教学图示，以启动程序、选择内容、链接资料、执行任务等智能的方式进行学习，也可以构成以虚拟情境为标志的视觉沉浸教学环境，以虚实融合、泛在互联、智能开放、具身体验的形式去认知，从而把外语教学活动放在数字化的框架内，形成沉浸感、低延迟、高效率的学习环境。就教学界面的形式而言，包括 LCD 液晶显示屏、PDP 等离子显示屏、LED 大显示屏和 OLED 小显示屏等各类显示屏界面，其显示方法主要包括触摸型、滚动型、拉幕型和定制型等；就教学界面的功能而言，则体现为多种教学应用形式，其中画笔方面包括电子笔、纹理笔、荧光笔和智能笔，图形方面包括直线、矩形、三角、立方体、圆柱体等各种图形，工具方面包括箭头标识、工具开发等多种应用。

数字化教学界面的功能包括笔擦功能、插入功能、资源功能和页面功能。笔擦功能主要应用于电磁屏幕式的智能教学界面，电磁笔在操作过程中，与面板下方的感应器会产生磁场，用磁场变化来识别笔尖的滑动，笔的前后两端都有主板，前端是书写，后端是笔擦。笔擦功能的基本原理是在液晶屏背面的电磁板会发出固定频率的电磁辐射，电磁笔的线圈接收到辐射后会转换成电信号，笔的主板上有谐振电容，其通过调整不同频率的谐振反馈给电磁板，然后显示出其前端的识别与书写功能和后端的笔擦功能。后端可以实现应用电磁笔橡皮进行对象擦和位图擦。插入功能包括插入图片、文字、视频和文件等，由此而连接到回放功能，包括录制、回放、停止、保存和打开。资源功能包括软件页面资源、网页资源、图片资源、文本资源、学科资源和自定义资源的嵌入。页面功能包括页面放大、页面缩小、翻页和清除页面等一系列程序操作。随着计算机教学的深度开发和全面普及，与其相应的数字化智能界面已成为教学实践中方便快捷的新平台。该平台作为以屏幕显示为基础的教学互动窗口，本身具有记忆和分析学习者操作行为的能力，其教学过程和认知过程是一个新的学术研究领域。

一、界面空间与功能布局

以数字化信息为基础，依靠计算机和网络技术建立起来的教学平台的本质是一个由空间结构和功能建构有机组合而成的网络教学环境。教学界面中的空间结构主要包括管理空间、教师空间、教材空间和学生空间，功能建构主要包括文本功能、识解功能、练习功能和交互功能。

在空间布局上，管理空间旨在构建覆盖教学全流程的管理信息体系，通过管理信息的同步与共享，提高教辅人员、教学设施、图书资料等教学资源的利用率，突出以人为本的管理理念。教师空间旨在构建外语教学专业化的数字环境，科学统一地配置教学团队，建设教师教学网站群、虚拟教研室，促进专业教师的知识培养，丰富教学资源，提高教师质量与教学效率。教材空间不仅包括专业必修课程教材和公共课程教材，还包括数字化图书馆、网络课程、专业课程、外语考级、多媒体课件、专业资源等诸多方面。学生空间则构建不同于传统课堂的学习场景，激发学生的创新精神，引导其主动参与到学习过程中，采用数字化加工方法进行知识整合，构建学生作业、第二课堂等实时在线学习的个性化空间，教师运用智能电子屏可与手机互联，通过手机及时播放教学信息，为学生创造力的发挥提供更好的界面平台。

在功能布局上，文本功能包括文本编辑、文本输入、文本识别和文本校对，这是教学界面上最基本的功能，在这一基础上才能够形成语境的计算机图形构建和语言的识解。通过智能教学界面上所显示的文本语言或语境图形，学习者由视觉沉浸的心理活动形成概念、判断或构想，找到获取知识的认知路径。识解功能基于自然语言处理技术，通过智能界面识别、理解和解释用户输入的内容，识别用户的意图、情绪和偏好，以提供相关的响应，基于用户历史交互、浏览行为和偏好调整界面和内容，不断学习和适应用户的行为模式调整界面布局、内容和功能，以优化用户体验。练习功能是多维的，它可为表征某一构词句式、文本段落而凸显练习重点，也可以创设具体的意象图式，或提供语言的生成环境以识解语义，还可以通过特定的景物设置形成对比，从而使学生加深理解、巩固记忆。交互功能是数字化智能人机界面的重要特点，智能界面的人性化程度较高，符合人的交际习惯和认知习惯，具备一定的逻辑性和引导性，能够构成人与机器平行交互的状态，它与传统教学环境的互动性有明显的区别。"互动"主要是人的心理交感和行为交往过程，它指的是人际交往，而"交互"不仅重视人际互动，更加侧重人机互动，是把人际互动与人机互动合二为一的一种升级换代的互动形式。

总体而言，数字化教学界面的构建突出了教学管理与教学实践两方面的优势：在教学管理层面，可以通过数字校园建设，对教育信息进行收集、处理、整合、存储、传输和应用，为学校的教学、科研、资源和服务提供可供决策的数字信息资源；在教学实践层面，则通过腾讯会议、腾讯课堂、雨课堂、超星学习通和数字校园等网络平台进行教学活动、教师培训、教学任务规划和教学信息展示等。数字化教学界面的两个优势非常适应当前信息化教学改革的需要，而界面依托其数字化的功能，已经成为教学管理和教学实践这两个层面的共同载体。目前的数字化教学不是另起炉灶，而是在传统教学的基础上构建一个数字化教学环境，应用线上教学平台载体，链接多维教学资源，实现传统教育模式的更新升级和系统构建的数字化（图 8.1）。

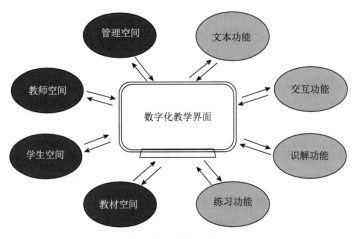

图 8.1　数字化教学界面构建示意图

二、数字化教学界面的教学模态

以数字化教学界面为平台的教学是一种多模态教学，它可以融入虚拟现实技术的听觉模态、触觉模态、嗅觉模态和味觉模态，其教学方法不局限于课堂教学，教学资源也不局限于教科书文本，数字界面的多模态凸显了与传统教学模式的以下不同特点。

（1）教学资源数字化。数字化教学界面所承载的教学资源是指经过数字化处理，可以在计算机或网络上运用的教学资源，主要包括微课、慕课、在线课程、虚拟现实演播室等数字化课程形式，以及图文数据、声像资料、电子教案等数字化教学素材。教学素材按照形式可分为文字、图片、动画、视频和音频等，按照功能可分为资料库、课件库、教案库、试题库、论文库、数字图书库等资源体系。数字化教学资源的重要表征为程序化，程序资源则用于解决学习问题。假如我们不了解一个俄语单词的确切含义，就可以通过网络来查找有关的信息。作为教育信息化的产物，教学资源数字化是推动外语教学改革、构建"互联网+外语教学"模式的基本前提。只有实现教学资源的数字化，才能形成资源共享的外语教学平台，统筹构建信息化外语教学新模式。

（2）教学时间碎片化。教学时间碎片化是通过构建知识点的形式，对学习内容进行有效分割，使学习时间碎片化的一种教学时间利用形式，具有时间可控、针对性强和效率更高的特点。数字化教学界面具备高效便捷的信息传输方式，因而不受时空的限制，只需通过智能手机、平板电脑等多种设备，就可以随时随地获得高质量课程信息，实现教学信息的传送和接收。数字化教学界面在实现信息共享的同时，还可以把所需要的课程重点难点信息储存起来，使学生能够充分利用零散的时间，及时复习和巩固所学的知识，掌握学习的主动性。

（3）教学形式多样化。数字化教学是在计算机、大数据和网络技术的基础上建立起来的教学形式，教学界面以文本、图像、声音、视频、媒体电子读物等多种模态表达教学内容，主要包括微课、慕课、在线课程和网络直播等不同的教学形式，其交互界面、超文本结构以及各种类型的网上资源呈现出多元化发展的趋势，极大地方便了学生的学习。尤其是虚拟现实仿真技术的应用，既丰富了教学内容的表现力，也更有助于外语学习者对知识的记忆与理解，凸显了教学界面形式多样化的优势。

187

（4）教学资源共享化。共享的本质是体验的互换，表征了数字化信息资源的潜在属性，与其他信息资源对共享的必要限制不同，教育教学性质的资源共享一般具有开放性，利用网络课程或电子读物实现的资源共享已经成为教学改革的重要载体。数字化教学界面与以往传统的教学界面相比较，突出的优势在于其便捷的共享功能，通过高校数据中心，把虚拟校园、虚拟演播室、外语教学实验室、计算机辅助翻译中心和多媒体教室整合在一起，实现资源共享，无论是通过线上进行的学习方式，还是利用虚拟现实等信息技术的线上与线下相结合的学习方式，其信息共享的形式会让越来越多的学习者受益。一方面，教师可以通过网络上的交流工具，向范围更广、数量更多的学生传授知识；另一方面，学生可以随时随地查阅学习资料，也可以从学习软件的数据库中寻求问题的答案，同时还可以实现与学生之间的交互与共享。

（5）教学模态多维化。模态本身就是一个多维的概念，从认知主体的感知来讲，包括视觉模态、听觉模态、嗅觉模态、动觉模态和触觉模态等。从计算机数据存在的形式来讲，主要包括文本模态、音频模态、图像模态和视频模态等。多模态机器学习（MultiModal Machine Learning，MMML），即通过电脑实现处理和理解多源模态信息的学习形式。目前比较热门的研究方向是图像、视频、音频、语义之间的多模态表示学习、模态转化、多模态融合、多模态情感计算和视觉语言导航，反映了多源模态信息研究的多样性和深度。这既是智能教学界面区别于传统教学环境的突出优势，也是虚拟语境教学方法区别于传统教学方法的本质特征。在虚拟语境中，可以充分调动学习者的视觉模态、听觉模态、触觉模态、嗅觉模态和味觉模态，通过多模态输入，让学习者有更加直观的感知；通过不同模态的转换，刺激学习者的感知神经，有助于其形成正确的意象图式；通过多维模态的重合，刺激学习者的记忆神经，促使其内化所学知识，巩固记忆活动的持久性。

（1）视觉模态：以视觉信息为来源的教学形式为视觉模态。虚拟现实的重要表征在于视觉沉浸技术，虚拟现实的情境内容之所以能够做到象形逼真，是因为它运用双眼视差功能和移动视差功能，成功模拟了人眼的视觉体验，从而让生理性的眼睛转化成为能够进行选择、抽象、演绎及形式化的视觉，这种视觉能够从视像中获得多层面的认知，从而构建多维视觉基础模型，提升人们对物象进行观察、感受、分析和认知的能力。

（2）听觉模态：以语音信息为来源的教学形式为听觉模态。听力是对语音、语言的理解能力，虚拟语境中每个学习主体都可以发出自己的语音，教师作为融入语境的教学主体亦可以进行语音教学，但作为语境本身的第三方发音属于智能机器人语音，适用于语音输入、语音交互、语音指令和语音搜索。它能够对学习者的各类发音做出正确与否的判断，并对体验者的交际效果予以相应的反馈。智能语音拥有先进的语音识别技术，能够将语音精准识别为文字，即时纠正语音、语法与调型读音错误，并提供多种反馈方式。

（3）触觉模态：触觉是遍布每个人全身的感知器官，包括皮肤、关节、肌肉等。触觉模态教学的主要特征是通过接触或运动形成感知，由接触形成的感知为接触感知，例如肢体和皮肤接触到不同的物体就会产生热、冷、柔软、坚硬等不同的感觉；由运动形成的感知为运动感知，例如关节和肌肉在体力劳动或体育锻炼中会产生疲劳感或酸痛感。以接触或运动的触觉信息为来源的教学形式为触觉教学模态，在虚拟现实教学中，目前主要运用数据手套和相关设备相互配合，手套内层装置一些可以震动的触点来模拟触觉感应，触发振动反馈形成触觉感知。虚拟语境中的学习主体本身既具有进入教学场景的感觉，也可以与场景内的物体发生交互动作，但这需要一些技术手段去处理，显示界面中基于触摸的技术手段通常是通过电阻、电容和表面声波等转换机制来实现的。

（4）嗅觉模态和味觉模态：虚拟现实交互类软件 Virtools 可制作具有沉浸感

的虚拟环境，它对参与者发出诸如视觉、听觉、触觉、味觉等各种感官信息，用数字模拟器将屏幕中的味道传递到舌尖，并向大脑发出味觉信息。新加坡国立大学的尼梅莎·拉纳辛格（Nimesha Ranasinghe）教授及其领导的团队发明了一种发射器，通过半导体改变一个银质电极的电流与温度，使舌尖感受到味觉信号，并向大脑发出甜、酸、苦、咸四种基本的味觉。我们假设在教学中描述一颗红梅子，学习者就可以走进场景去触摸它，体验梅子的手感，甚至可以闻到梅子的酸味，并借助其酸甜的特性来刺激大脑，出现心理条件反射，这远比在传统教学环境中的认知效果要深刻。

模态即各种感官跟外部环境之间的互动方式，随着多模态语言研究的深入，多模态逐渐从简单的实物、图形、手势等传统教学转向新时代虚拟现实的情境教学。通过视觉、听觉、触觉、嗅觉等不同方式，形成了多模态教学方法与传统外语教学方法的交叉区域。从宏观上说，包含且超越该区域之外的认知形式均属于多模态，运用多模态意在调动多感官协同运作，学习者通过多种感官来认知虚拟现实情境中的数字化教学内容，由此导致不同教学模态在外语教学实践场域的契合，从而形成体验认知、强化记忆、感官互联、智慧内生的虚拟现实智慧教学。

第三节　虚拟语境与外语教学的适配性

一、外语教学的规律性

不同地域、不同民族的语境既是所属语言生成的基础，也是其数字化的逻辑起点。外语教学作为非母语情境下的语言教学，其根本的障碍在于脱离了原来的语言环境，从而导致源语的语言知识、蕴含意义和背景知识的空缺。虚拟现实可以重塑语言的源语语境，并对其生成过程进行模拟再现，从而融合于外语教学的实践场域。语言的生成与民族文化语境紧密相连，与其他学科相比，外语教学尤其需要还原目的语生成的源语语境，而作为学习外语的重要前提和认知手段，只有联系源语的语境，才能明确一种言语行为所表达的概念或所给予的判断。

外语作为非母语的识解，不仅需要词汇和语法的构建，也需要对主观态度和客观背景的规约性评价。功能学派创始人马林诺夫斯基基于大量的实证性研究得出以下结论：话语常常与周边的环境联系在一起，任何话语的意义都离不开相应的"情景语境"。阿普列相把语义架构一分为二，包括"客观存在的事件 P 以及对其进行的评价 R"（Апресян，2009：180）。约翰·华生的行为科学则进一步指出，除极少数简单反射行为以外，一切复杂行为都取决于环境的影响。可见作为事件的言语寓于历史的语境之中，母语的生成环境决定了源语语境在外语教学中的特殊作用。无论是词汇、语篇还是阅读理解，没有语境的认知就不可能准确识解它们的含义。

然而时过境迁，说话时的语境不能像语言一样保留下来，以至于传统的语言教学往往是脱离了语境的语言教学。数字化教学界面则可以即时链接源语语境资源，归纳历史语境数据，还原语言的生成路径，充分实现虚拟现实技术的语境仿真功能，以丰富的界面知识开阔学生的视野，深化具身的认知。由于被语境化的语言本身包含了其生成的路径信息，使得外语学习不再是被动地接受生涩的字母组合，而是在能够理解语言背后所隐含的语境的基础上，沉浸于数字化学习的共享空间，以交互、构想激发具身学习的内在潜能，让外语学习更加接近母语的思维方式，由此而实现语义认知、语用能力和思维方式三位一体的外语认知路径。

二、外语教学的形象性

词语含义往往是文字、声音等多维符号信息化的形象复合体。在传统的外语教学界面中，"俄语学习思维模式都已固化为俄中转换或者中俄转换的模式，其形象性教学效果变差，学生所接触的仅仅是词义的简单换位，例如'доска'一词，大多学生所理解的词义仅仅局限为'黑板/白板'，殊不知所有的板状物体都是'доска'，包括菜板、搓衣板、板材等均有此意。为此，很多老师在教学的时候自觉引进图像教学"（许传华，2017：59）。数字化教学界面以电子数据的形式表现信息内容，其主要的呈现形式为文本、图像、声音、动画、视频等多维语言符号的有机复合体，不仅对于上述名词类型可以进行形象且直观的教学，而且对于动词、形容词等词类能够通过动态情境进行呈现，在提升学习内容的时态感、形象感和语言表现力的同时，也有助于学习者对语法知识的记忆与理解，与之相适应，数字化友好的交互界面、超文本结构极大地方便了非母语者对外语的学习与运用。在超文本的数字化学习过程中，应用实物、模型、图片、动作、表情、手势等直观手段把抽象的、概念化的语言变成具体的、形象化的直观映像，既能够对话语内容进行形象化处理，又能把共享的情境认知资源融合在课程教学过程中，这些数字化学习内容为语言的形象性解析提供了多维度教学语境资源，体现了文本与图示的双重编码认知理念。

三、重塑语言的历史性

在语言的世界中，无论何种语言，都承载着某个民族的经验和历史的传承，也反映着该民族的人们对所接触事物的认知和理解。基于虚拟语境的话语历史分析主要体现在两个方面：一方面，外语表达着外部世界的发展与变化，外语教育要从人类语言的发展和变化中汲取经验，所以外语学习具有与生俱来的开放性；另一方面，经过思维重塑的外语结构也需要用历史的语境去解码，"外语不可能像数学那样，可以通过逻辑推理去掌握，语法推理出来的句子要有语境的'认可'方可通用"（王初明，2006：81）。也就是说外语学习必须回到历史的源语语境中去认知。俄罗斯人常说："Хоть хлеба корма, да воля своя."（吃糠咽菜，可活得自在。）这并非甘于清贫的思想意识，在表层的语境中，它体现了当时的人们贫困的生活状态，而在暗含的深层语境中，却重在凸显对 воля（自由、自在）的向往，其具体语义的理解取决于语言生成的环境，包括何时、何地、在何种背景之下。

解析多义性语言的根本方法是把它放到历史的语境中。随着数字化外语教学界面的发展与应用，过去发生过的事情可以再现于视觉沉浸的教学过程中，而虚拟现实技术能够把尘封已久的历史事件以语境数据转换的形式塑造成仿佛就在眼前发生一样的教学情境，因此外语语境重塑的问题在很大程度上得以解决。学习者可以通过较少的付出获取较多的言语信息和知识经验，从这个意义上来讲，数字化教学界面的语言情境追溯以及历史情景再现功能凸显了与外语教学的适配性，使得学习语言的历史分析方法能够与真实的历史事件相对应，并在话语分析的实例中得到发展和印证。

四、外语教学的方法论

纵观外语教学方法的发展轨迹，从宏观角度分析，都与时代的教育策略及结构密切相关；从微观角度分析，都在构建语音、语法、词汇三大语言要素，以及听、说、读、写、译五项语言技能。上述要素历经多年的研究与发展使得传统的外语教学已经具备了基本的方法论，但其所基于的客观世界却发生了巨大的变化。当人类进入信息时代后，外语教学的方法论也随之迎来转型升级的历史机遇。随着社会科技的进步，计算机数据库技术、客户端页面技术、基于 Java 虚拟机（Java Virtual Machine，JVM）的 Java 技术和虚拟现实技术获得迅速发展，虚拟现实及其技术支持的虚拟语境使外语教学获得了新的模式与方法，其主要技术特征是通过多种专用设备使学生融入语言生成的环境之中，实现学生与母语环境的自然交互。虚拟现实为外语教育提供了全新的技术支持，必然促进外语教学方法论的高阶发展。

外语教学在很大程度上就是非母语的听、说、读、写、译的教学，这五种能力是一个有机联系、互相作用的整体。在俄语中，"听力"是基础，"听"不仅是"听得见"，更是"听得懂"，所以外语信息只有在理解的基础上才能被接受。"说"是对所接收的知识信息进一步深化提升，并把这些知识转化为自己的语言。"读"是把自身对语言的认知，运用源语的标准语流音变表达出来，从而完成非母语知识的第一次转化过程。"写"是非母语文本化的一种形式，主要包括字母、单词、词组、短语和语篇的书写。学生通过书写，不仅加深了对听说知识的理解和记忆，更重要的是让所接收的信息有了固化的物质承担者，从而为文本的翻译打下基础。"译"是把一种语言信息转变成另一种语言信息的行为，其内容包括语言、文字、图形和符号的翻译。由于它将一种相对陌生的表达方式转换成了相对熟悉的表达方式，所以说翻译完成了非母语知识的第二次转化过程。

外语教学应遵循听、说、读、写、译依次递进的认知路径，但这并不是说在每一节课程中都需要按照这一顺序排列，而是要掌握这种由易到难、由基础到高阶的教学策略。具体到课堂教学中，每一教学单元都有不同的重点难点以及相应的教学方法，但通常的规律是：第一步，教师在课文教学之前先将单词和语法简要讲授，使学生有粗略印象；第二步，对词汇、语法和其他语言现象进行详尽、完整、系统性的教学，使学生达到掌握和运用的要求；第三步，对文中的词汇和语法进行知识点教学，破解教学中的重点难点；第四步，对本节课进行总结性、复习性的教学，反思教学过程，评价教学效果。

第四节　外语教学界面的数字化转型

数字化转型本质上是从信息化到智能化的过程，外语学科教学是在双语境条件下的教学，既要融入大数据、全球化的资源环境，也要适应在智能信息化环境中成长起来的学生。如此一来，无论是从教学环境的角度，还是从语言认知智能化的角度，本书所研究的问题的焦点都指向了外语教学界面的转型问题。虚拟现实界面是一次颠覆传统信息展示方法的革新，因而被誉为继电视、电脑、手机后的"第四块屏幕"。

一、从"黑板型"向"屏幕型"转型

代表教学界面发展趋势的是粉笔和黑板还是电子屏幕？有研究者认为，课堂教学与信息化手段正在不断融合，已经在带动教育的现代化发展，电子屏幕已经是一种不可避免的新趋势。与此相适应，"在科学研究领域，一个新的研究取向逐渐形成，即 e-Research（数字化研究）"（魏顺平，2010：31）。这一研究具体到外语教育领域，最为突出的案例就是虚拟语境外语教学。

虚拟语境外语教学从性质上属于情境教学的范畴，但与传统的情境教学具有重要的区别，这一区别的焦点体现在虚拟语境所依托的教学平台上，该平台既可以是以显示器为标志的"屏幕型"教学界面，也可以是与此相互链接的虚拟现实演播室。具有视觉沉浸技术优势的情境教学能够取得传统情境教学难以达到的仿真效果。例如，在一档电视节目中，屏幕界面通过虚拟光影技术、虚拟人技术成功打造出某一历史歌星的形象，并由高阶渲染系统实时捕捉、实时渲染和实时驱动，摄像头同步追踪其细微的面部表情，以塑造逼真且具备情感表现力的全实时化数字角色，一代歌星的音容笑貌即刻呈现于观众眼前。然后观众向仿真歌星提出问题，后者以清澈的语音和温柔的动作，微笑着与观众交流，其自然的舞台风格，同历史舞台上的真实演出一模一样。同理，在虚拟语境演播室中，体验者可以通过显示器向虚拟的某一专家学者提出问题，进行交际对话从而获得知识。

从技术构成的角度看，教学界面显示器属于电脑的传输设备。它是一种将电子文件通过传输设备显示到屏幕上的显示工具。显示器通常可以分为 CRT、LCD、PDP、OLED 等多种类型。从大尺寸会议显示屏到教学电视、平板电脑和手机，显示屏应用于不同的教学环境，塑造了数字化的学习生态。LED 智能显示器的特点是屏体本身具有 CPU，所以平时不需要连接电脑主机即可独立运行，且在断电的特殊情况下可以保存页面图示。从结构上说，现在笔记本电脑和绝大多数桌面型液晶显示器都属于薄膜晶体管液晶显示器，这已经成为目前液晶显示器的主要发展方向。液晶显示器的主要部件是液晶板，液晶板包含两片无钠玻璃素材，中间夹着一层液晶，当光束通过这层液晶时，液晶体会呈现并排或不规则扭转形状，因此使用者可以通过屏幕看到深浅不一、错落有致的图像。

虽然传统外语教学并非基于液晶显示器界面上的语言环境，但情境认知理论凭借想象的语境已经具备了丰富的研究成果，随着虚拟现实技术可以再现外语源语语境，情境教学已具备了通过智能界面再现过往情境的技术条件，这必然会带动教学界面向数字化转型的大趋势。需要指出的是，数字化屏幕界面并非全面否定以黑板与讲台为标志的传统外语教学环境，而是在此基础上为外语教学构建一个具有划时代意义的情景教学平台，为跨越空间限制的外语学习者提供一种体验认知的教学生态。从"黑板型"所形成的"固定时间"学习模式，向无时不在、无处不在的"屏幕型"所形成的"泛在学习"学习模式转型，由不同的移动终端界面连接起资源共享的数字化外语教学新模式。

二、从"面授型"向"体验型"转型

体验式教学可追溯到古希腊时期的教学理论，其主要代表为夸美纽斯的教学思想、卢梭的自然主义教学思想以及杜威的经验主义教学思想。古希腊教学理论的要义是根据亲身体验过往事物的情境而获得感知、归纳知识。然而由于条件的限制，长期以来外语类体验教学并未有效展开，尽管这种教学思想源远流长，但却难以真正付诸实践，对体验式教学的研究也不多见，究其原因，很大程度上是因为过往的事物难以重现，体验认知的方法没有运用的环境基础。虚拟现实技术的诞生为有效解决这一问题提供了技术条件。虚拟语境建模从学生的认知特点和规律入手，通过复制再现过往经历的情境和事件，还原教学内容所处的语言环境，使学生有机会"在亲身经历的过程中"理解并建构知识、发展能力、萌发构想、生成创意。从这个意义上说，虚拟语境重塑了体验式教学的特征、价值及其实现途径，完成了情境认知由假设语境向现实语境的跨语境转化过程。

传统的外语教学是"文本+听说"的面授教学模式，且多媒体教室语言教学形式也已广泛被应用。这需要学生在集约的场所中接受信息和学习知识，人的自然属性决定了其在讲台监督之下的学习过程中会产生厌倦感，而数字化课堂等基于屏幕界面的教学过程会因其不受环境制约的舒适度、自由度和人性化而提升学生的学习兴趣与质量。它不仅生动形象地传递了外语所需要的语音及语法知识，还可以提供传统界面所没有的目的语社会生活情境。

外语教育已经进入人工智能的新时代，依托虚拟校园打造数字化教学平台是新时代教育发展的必然要求。通过智能界面可以把"体验型"教学有机地融合于传统外语教学过程之中，充分利用多维教学资源，使教学界面与课程结构、课程内容以及课程实施深度融合。不一样的授课方式带来了不一样的课程资源与教学理念，仅仅依靠老师把经验传授给学生，学生得到的毕竟是二手的知识；而通过互联网去体验和感受，可以唤起学生自主学习的热情，从根本上提高学生对语言信息的获取、加工、理解与交际能力。随着教学改革的日益深化，外语教育从面对面的"面授型"教学向线上和线下相结合的"体验型"教学转型，体现了教学技术永远会向高阶发展的内在规律。

三、从"实体型"向"数字化"转型

传统教学依赖于物理化的教学资源，是以"实体型"课堂教学为标志的教学模式，数字化教学即基于信息化的支持，运用数字技术和数字化的教学资源，以数字化教学模式所进行的教学。作为一种基于计算机网络的教学模式，数字化教学的技术程序为利用计算机信息处理技术，把语言、文字、图像等包括虚拟现实以及可视世界的多种信息转变为数字编码，或者将许多不同形式的信息转变为可以度量的数字和数据，再以这些数字和数据建立适当的数字化模型，而后把它们转变为一系列二进制代码，引入计算机进行统一处理，形成数字化的教学环境。教学实践中可以直接选择数字化在线教学平台，教师和学生在数字化教学环境中，把学习空间与数字空间相融合，为外语学科的教育教学提供了极大的便利与支持。

数字化教学界面是数字化教学资源的信息载体。数字化教学资源主要指经过数字化处理并依据学习者特征进行编辑的、在计算机网络中运行且可以实现共享的多媒体材料，大致可以分为数字视频、数字音频、多媒体软件、电子邮件、数据文件和数据库等。利用数字化教学资源的学生可以不受时空限制，通过数字化教学界面便捷地获得高质量课程相关信息，既可以通过网络上的交流工具，实现师生之间、生生之间的交互，也可以从学习软件的数据库中寻求问题的答案，同时还可以设置软件数据库的某些功能。

外语教学实践表明，有效地利用数字化教学资源，扩展知识端输入深度，有利于培养学生独立思考的能力，对于其问题意识的培养具有重要意义。传统外语教学结构是线性的，以教师的单向传播为主，多数情况下学生是被动的接收者，学习的自主性难以体现。而数字文化是多维的，所生成的学习理念有助于学习者开发自我价值，提升分析力、互动力、评估力和批判力等，这些能力已成为网络文化的标识性符号。在数字化教学生态中，学生可以根据自己已有的知识背景、思维结构和专业需要，自行斟选、组织相关教学资料和学术信息，并建构自己的

195

知识体系，得出自己的观点见解，具身践行"以学生为中心"的教学理念。

与数字化教学资源相对应的是实物型教学资源，主要包括教室黑板、教学本文、印刷材料、投影片、录放机、语音室、音频和视频等有型资源，这些传统的教学资源都具有明显的实体性特征。"实体型"教学资源在获取的便捷性、资源的共享性以及交际的互动性方面存在明显的劣势，需要由实体教室、实体资源向虚拟课堂、网络资源转型。但目前在传统外语教学仍然占据主导地位的条件下，从"实体型"向"数字化"的转型需要一个渐进的过程。

图 8.2 显示了目前外语教学的客观情况：传统外语教学是在课堂上进行的系统化教学，是外语教学的主要方式，而目前的数字化教学是以微课、慕课、翻转课堂等以知识点为主的辅助性教学方式。但是从以学生为中心、网络多维教学资源和可再现源语语境等方面来看，数字化教学模式更具发展潜力。

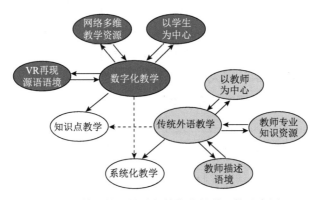

图 8.2　传统外语教学与数字化教学比较示意图

第五节　外语教学界面数字化转型问题的改革思路

需要指出的是，外语教学界面数字化转型并非一个教学手段层面的简单问题，它会对外语教育产生颠覆性、革命性的影响。在这种情况下，如何选择符合教学实际的改革思路至关重要。数字化教学改革的目的在于借助现代信息技术和数字化终端设备，支持外语学习方式和教学模式的改革。面对多年以来形成的教学环境，只有选择正确的改革思路，才能重塑外语教育的传统教学生态，这就需要坚持高质量发展的科学发展观，加快内容更新，优化知识体系，拓宽虚拟现实应用场景，增加课程内容的直观性，以促进复合应用型外语人才的培养。

一、需求端改革思路

从经济学理论角度看，"需求端改革"是凯恩斯学派注重短期需求刺激的一种经济管理理论，但从方法论角度看，这一理论在逻辑上同样适用于教学领域对学生的需求分析。信息化教学的本质目标是提升教学效率，其主体对象就是学生。当代大学生作为时代的弄潮儿，其思维早已跨越了"5G 时代"，他们对于方便快捷的智能教学界面以及电脑、手机等日常学习方式有着很高的需求。外语教学向智能界面转型正是顺应了这种需求，给学生提供了一个方便、高效的外语认知界面。数字化教学界面转型以实现教与学一体化为原则，突出以学生为中心的教学理念，以数字界面为各类学习资源的电子终端载体，贯彻学情分析、情境导入、教学目标、教学策略、重点难点、教学评价、课后作业、实习实训等综合教学过程的各个环节，形成覆盖课前、课中、课后的移动数字化课堂。

从需求端入手，数字化课堂深刻改变了学生的学习方式，在教学任务既定的前提下，给学生营造一定的自主学习课时空间，让其根据自己的需求去选择适合的学习方式。经过数字化处理的课程学习内容能够很好地激发学生的求知热情，使他们不再被动地接收信息，而是主动地参与到学习过程中，基础较差的学生有更多的机会、更多的时间去掌握每个知识点；基础好的学生则可借助新颖的数字化方法进行知识的整合，站在信息资源的高端去摄取高新技术信息，从而形成再创造的动力，这为其想象力的发挥打开了无限的数字空间。

二、模块化改革思路

在移动互联时代，网络技术悄然改变了外语教育的结构体系，数字化资源的增多逐渐挤压了传统外语文本的发展空间，出现了形式新颖、应用广泛的模块化配套系统，其教学界面主要包括数字化教学课程开发系统平台、教研教学系统平台、移动终端学习平台、智能教学管理平台和数字化教学服务系统平台。课程开发系统平台根据人才培养方案建设专业课程体系，主要包括课程建设、课程预览、课程形式、课程空间、建设成果、课程审核与课程下载等模块，并尽可能地展示课程资源。教研教学系统平台以实现互联网数字化教学为目标，主要包括备课、作业管理、授课、统计分析、课程同步、微课、慕课、虚拟现实与教学测评等模块。移动终端学习平台主要包括学生登录、资源下载、课程内容、交际互动、教学反馈、课后练习与自我评价等模块。智能教学管理平台与数字化教学服务系统平台主要包括自动签到、教师管理、学生管理、考核管理、实训管理与即时评教等模块。上述五个教学平台之间以及平台内部配套模块之间需要彼此相互协调，从而构成支持高阶发展的数字化教学系统。

要让数字化教学真正开展下去，必须具备科学的信息化教学规划目标。由于体制、机制、师资与传统模式等各方面的原因，各院校的基础情况参差不齐，信息化教学目标的规划一定要具备可行性，建立涵盖基础教育、高等教育、外语教育、师范教育等分层的教育资源体系，需要根据各自的具体情况，以模块化的方式优化教学内容。数字化教学过程本身就是分层的、模块化的，包括创建数字化教学环境层次，遵循信息化教育理论层次性规律，以及运用数字化教学层次性资源和构建分层的数字化教学模式。模块化教学穿插于课程与教学体系、传统教学与数字化教学之间，在数字化教学的引领之下进行，一方面支持学生和教师借鉴传统教学方法多年积累的教学经验，对传统课程内容进行数字化处理，另一方面鼓励教师运用多种先进的数字信息处理方式，把数字化资源融合在课程教学的过程中，以便使这些教学资源和学习内容能够被认知、被评价和被更新，以满足学习者不同层次的需求。由于数字化教学在内容上侧重于知识点，在时间上侧重于碎片化，能够适应学生随时随地自主学习的需要，因而智能教学界面灵活、方便、快捷、高效的优势被充分凸显出来，通过模块化的改革思路，旨在以分层的、渐进的、潜移默化的方式，让教学改革水到渠成。

三、要素式改革思路

深化教育体制改革，需要坚持教育信息化的基本方向，逐步建立数字化教育起决定性作用的要素配置体系。在管理层面，加快推进从环境（包括软硬件设备、电化教室等）到资源（如课本、学习资料等）再到应用（包括教学、管理、考核、服务等）的教育要素全部数字化。在此基础上，将信息化要素与语言认知方法进行有机结合，创设全新的外语教学环境。

要素式改革思路的重点体现在以下四个方面。

（1）教学主体要素改革。联合国教科文组织于 2024 年 9 月发布的《面向教师的人工智能能力框架》（AI Competency Framework for Teachers）将人工智能作为教学的核心部分，外语专业教师需要补充信息化教学的能量，通过数据中心界面设置的信息技术培训、专业能力培训、教学管理培训、学术交流和教研讨论等模块，根据自身具体情况，选择模块内容强化自身修养，有效提升自身综合素质，以信息化助力"以学生为中心"的教学模式的构建，为学生创造积极、互动、自主和泛在的学习环境。

（2）教学行为要素改革。教学行为包括教授行为与学习行为，教与学的方式都要适应数字化的要求：在教的方面，设置电子教案制作、数字教学案例、数字化 PPT 课件模板等模块，通过数字化教学环境为教师提供资源支持；在学的方面，通过学生一站式服务中心，设置课程表、网上选课、专业辅导、考证考级、网上评教和实习就业等模块，以实现数字化基础上的良性互动和教学相长。

（3）教学评价要素改革。数字化教学评价的创新性在于评价理念的更新、评价方法的转变、评价技术的支持和评价体系的完善等方面。充分发挥评价的激励性、参与性与数据性功能，重在帮助学生智慧成长，促进学生全面健康发展，形成科学发展和高质量发展的评价体系。通过数据中心界面设置平时成绩、考试成绩、获奖情况、网上评教、考勤管理和教学整改等评价要素，实现过程性评价与终结性评价有机统一的综合目标。

（4）数字校园建设。数字校园是数字化教学要素的集成平台，该平台以计算机网络为核心技术，以信息资源的共享为手段，以实现对教学、科研、管理和服务等资源的数字化，并通过科学规范的管理措施对这些信息资源进行集成整理，构成统一资源、统一管理、统一权限控制的教学平台。数字校园通过云服务和信息推送，形成一个超越课堂、超越校园的云课堂空间，最终构建教育过程全面信息化的新型教育环境。

数字校园的主要功能是通过优化资源配置提升教学效率，其多终端的访问入口能够随时随地满足学生的学习需要。在教学方面，优化资源配置，着重专业知识要素和通识知识要素的连接，运用相应的信息技术手段，有效兼容其他各种教学要素资源，逐步过渡到系统化、全要素的数字化教学，为学生创设适应外语学习的教学环境。

数字时代的来临为知识与文化的传播开创了崭新的历史阶段，这一阶段的重要标志是以电子数据为主要形式的信息要素在教学中的广泛应用，其本质表征是将传统的文本、图像、声音、动画和视频等进行计算机数字化转换，并生成教学应用的数据资源，其数字化交互界面、超文本结构极大地方便了外语学习，特别是数字界面中虚拟现实技术的应用，通过外语源语语境的复制与再现，能够提升学生对语言的记忆力与理解力，实现探究互动零距离的创新教学模式。

四、"T"字形改革思路

日本高校为了提升国际竞争力，推进人才培养模式的创新，依据"日本可持续发展教育十年"的行动计划，提出了"T"字形教学环境概念。"T"字的竖代表本学科的专业性知识，横代表不同学科领域的通识性知识，横竖交叉体现了二者的结构要素的相互关系，类似于现在所倡导的"新文科理念"，我们强调人文和科技的结合，人文必须融入科技，然后在人文与科技融合与互动的基础上形成新的文科。

数字化教学配套"T"字形环境会产生"1+1＞2"的改革成效。"T"字的横代表所有学科数字化的教学环境，体现了数字化教学的共性，这需要构建高标准的共享数据中心、统一的身份认证及授权中心、统一的门户平台以及集成应用软件平台，为实现更科学合理的高校数字化环境打下坚实的基础，坚持共性是顺应数字化教学改革的整体趋势。"T"字的竖代表外语学科的数字化教学环境，体现了数字化教学的个性。外语教学的特色在于双语境下语言信息的情境化和共享性。

虽然任何信息资源都具有共享性这一属性，但外语数字化教学资源的共享性相比其他信息资源来说要更强一些，主要表现在利用国际视听读物或源语语境网络课程实现资源共享，要比普通教学信息的资源共享具有更重要的意义。外语特别是俄语有其独特的编码与解码过程，由于不具备母语的认知环境，所以"信息的产生、传输以及接受等，离不开基于听觉和视觉的'双通道'或'双代码'系统"（胡加圣，2015：93）。外语教学需要个性与共性交叉连接的"T"字形改革思路，以通识性知识为基础，以专业性知识为特色，实现双语境条件下语言知识的交叉共享，以此培养具有国际视野、家国情怀的复合型外语专业人才。

进入 21 世纪，日本面临人口减少和老龄化趋势加剧的复杂局面，特别是低生育率和少子化现象直接影响了日本高等教育的持续健康发展，致使教育改革举步维艰。2015 年，日本高等教育的另一项改革是国立高校去文科化，"日本国立高校去文科化改革与日本的经济持续低迷，少子化导致的生源不足，'公理私文'及日本高校文科专业本身设置的问题有关，而目前我国的少子化现象已经出现，经济增长相对放缓，这些现象与日本有些类似，因此笔者认为日本的高校教改对中国高校也有借鉴意义，宜早未雨绸缪"（苗建青，2016：309）。

当人类迈进信息时代，传统的外语教学已经具备了基本的方法论，但其所基于的客观世界却发生了巨大的变化，认知世界的形式以极快的速度从传统媒介转向了网络界面。与此相适应，外语教学也应该向着数字化专业交叉、信息共享的方向转型。虚拟语境作为基于计算机的语境建模，是一种能提供在虚拟现实技术条件下进行语言学习，并促进认知向语言生成环境转化的智慧教学模式，其推广应用必将深入推进外语教学的智能化改革进程。

　　教学技术既有发展的永恒性，又有鲜明的时代特点。信息化教学改革必然会利用新兴的媒介，传统教学环境和模式正在发生根本性变化。外语微课、慕课、翻转课堂、虚拟仿真情境教学等模式会越来越多地应用于教学实践之中，而这些教学形式的共同载体——数字化教学界面终将取代传统的教学界面，并引领信息技术与外语教育深度融合，形成基于数字化教学环境的教学过程创新和依托智慧课堂的教法与学法。在大数据的驱动下，教学要素配置和教学评价变革必将融入高等教育发展战略，外语教育实践也必将融入人工智能的新时代。

第九章　虚拟现实外语微课程教学研究

第一节　微课教学界面概述

一、微课的概念与研究现状

微课（Microlecture）即短小精悍的微型视频课程，是一种按照智能化条件下的认知规律，呈现碎片化学习内容、结构化数字资源以及泛在化学习方式的新型教学形式。我国最早将"微课程"这一概念运用于教学的是鄂尔多斯的李玉平等人，他们在国内最先构建了"5 分钟教学"的微课程模式。微课是一种在智能界面上的知识点教学模式，该领域国内相关研究多见于微课程设计与制作规范，而基于微课界面的教学研究群体和研究成果数量较少，研究方向主要是基于互联网（Internet）的辅助教学软件系统应用、精品课程网站集成运行环境的课程主页平台、网络课程的界面设计分析等教学技术范畴的平台构建。这些研究大都属于信息技术的在线教学系统设计方案以及情境互动学习平台的范畴。虽然外语教学依赖于源语语境，但在外语微课程教学层面，目前尚未形成微课语境认知理论的相关研究成果。

微课是以教学界面上的微视频为主要载体，围绕教学中某一知识点而设计创意的，课时简短、主题突出的线上课程，是继文本、多媒体课程之后发展起来的一种线上的微型教学课程。微课作为一种网络在线学习资源，授课者把课程内容的重要知识点经过拍摄、剪辑之后上传到网络平台，形成简洁、生动、形象的微课程，学生则用平板电脑或者智能手机下载相应的 APP，然后进入网页进行在线课程学习。在虚拟现实微课方面，受限于技术条件，虽然演播室或者虚拟仿真实训平台以外的学习者获得人机互动的体验需要配置相应的设备，但微课程本身能够直接融入虚拟现实场景，学习者完全可以通过电脑、手机智能界面观看视频，360 度地体验融入，感受视觉沉浸的教学效果。传统微课只能通过视频、图片等进行演示讲解，无法进入语言生成的语境中进行体验认知，但在虚拟现实技术的支持下，学习者可以通过外接设备观看并融入虚拟语境进行交际互动，并在具身体验的学习过程中得到效果反馈，以此达到泛在学习、体验认知的教学目的。虚拟现实用于微课程教学，其微课语境建模与应用，自然会成为语言认知智能化的一个研究课题，而随着对这一课题的深入研究，从客观上更需要构建一个虚拟语境外语教学的微课实践场域。

微课作为一种新的教学形式，对于外语教学而言，其不但能够丰富目的语教学内容，还能够同时运用文本、图形和资料连接等多维形式，呈现某一语言的生活情境，激发学生的学习积极性。鉴于目前外语微课普遍存在不重视教学中的语境重塑，缺少与学习者基于语境的情景交互的情况，在微课程设计方面考虑到外语教学的内在需求，在微课视频制作方面融入了虚拟现实技术，将虚拟现实多维空间技术应用于外语微课程，"利用 VR 技术把传统课件中的各种物体进行建模，然后运用虚拟现实技术把图片、声音、文字和视频等进行合成，最后形成完整的三维教学课件"（周志华，2018：21），充分发挥虚拟演播室在微课视频制作中的作用，构建基于视觉沉浸的交互式外语微课，以解决"微课"制作中存在的过分简化知识表征、微课资源缺乏可操作性和微课内容设计互动性不足的问题。

虚拟现实微课教学已经具备相应的技术条件，北京天创华视设计创意了 TCWK1000R 虚拟演播室抠像背景搭建设计方案，其整体思路是构建校园虚拟演播室，应用全新的制作工具建设微课程制作系统，利用广播级抠像技术，配合老师准备的 PPT 课件，就可以将老师的人像结合在任何教学所需的场景中。拍摄效果类似于老师在触摸大屏上讲课，同时利用虚拟合成的方式，解决触摸大屏与人物亮度和色调不一致的问题。微课系统拥有动画背景、PPT 课件叠加和人像合成的三层微课制式，自带数十种与教学主题配套的场景模板，老师可随时在上面涂写标注，所录制的微课生动绚丽，克服了传统大屏课件背景单一的弊端，充分体现出虚拟现实的微课特色。

鉴于微课设计创意属于信息技术教学范畴，其教学环境与传统教学形式的环境截然不同，基于智能教学界面，它可以进行视觉上的沉浸体验，可以通过观看视频上的仿真语境进行认知构想，从这个意义上说，微课设计是虚拟语境界面系统的一个重要组成部分，其微课语境的应用便于以较少的成本积累更多的仿真资料和教学经验，基于这些资料和经验，能够从俄语微课的语境模型建构、微课建模的碎片化特征和微课知识点的模型分类等方面，分别研究基于虚拟现实技术的语境建模理论和微课教学方法，同时也便于语言符号与微课语境深度融合，由此而进一步研究虚拟语境条件下由语形向语义、语用转化的智能化基础，探索微课教学界面上虚拟语境与语义结构之间的关系。

从本质上讲，微课的教学过程与传统教学的不同之处并不在于教学时间的缩短，而是在于教学形式的创新。新墨西哥州圣胡安学院的在线教学设计师戴维·彭罗斯（David Penrose）设计创意了建设微课的五个步骤：①凝聚核心概念；②提供上下文背景；③录制教学视频；④设计课后任务；⑤上传教学系统。由此可见微课是由基于网络的、情境化的、呈现在屏幕界面上的教学知识点构成的，其课程的开发重点在于知识的碎片化和语境化。目前短书平台已上线了 AI 微课产品，AI 以微课作为切入点，结合人工智能技术，将微课中的机器人打造成人性化的助教，与学生进行互动教学，突破了以往微课单向性的学习方式，以全新的教学形式给学生带来虚实融合、泛在互联、智能开放和去中心化的学习体验。

目前的微课程在融入虚拟现实技术方面还没有广泛普及，微课视频的语言图示主要依赖于 Adobe Premiere Pro、Final Cut Pro、Adobe After Effects、Blender、Toon Boom Harmony 等软件进行设计，教学内容偏重于文本讲解以及与本文内容的相似性图形整合，而微课程的语境化程度很低，与非母语的语境联系大多限于国外的情境图示，达不到外语认知的语境效果。以韦列科谢利斯基博士为代表的俄罗斯圣彼得堡国立大学的专家们，针对外国学生的俄语教学，采用虚拟语境的教学方法，运用虚拟现实技术模拟"在教室""在宿舍""在图书馆"等各种交际场景，达到了使不同地域的学习者仿佛置身于俄罗斯的语境效果（Великосельский，2004）。这项研究对于微课教学的启发意义在于：开启了把语境作为俄语对话要素的先河，即使不能戴上头盔融入外语语境，也可以通过软件生成语境效果，支持电脑终端上的泛在学习。这无论对于微课课件的开发还是语境的构建都具有一定的借鉴意义。

二、微课的意义与应用价值

微课作为运用微视频及网络媒体技术所打造的微小课程，在教学内容、教学资源、教学过程和教学形式上都呈现出不同于传统课堂的教学特点。从教学内容上看，微课程遵循人的认知特性，把烦琐复杂的系统知识碎片化为知识点，知识点可以是理论解析、习题案例演示和语言情景模拟等各种素材，学习者可根据自己的需求，选取教材内容或其他相关学科素材，筛选自己需要的知识；从教学资源来看，微课程运用结构化的数字资源以扩展素材，既可以是教材上的素材，也可以是相关知识链接，还可以是相关知识的语境资料；从教学过程来看，微课程教学材料少，学习时间短，教学环节单一而集中，具有很大的灵活性，所设计的教学活动紧密配合课堂教学，是学生课外提取知识的第二课堂；从教学形式来看，微课的主持人可以出镜，也可以不出镜而通过画外音、视频和动画等与知识内容相关的图示来感染学生，创设情境启发学习者的认知，激励学生完成指定的学习任务，并培养塑造学生独立思考解决实际问题的能力，所以，微课程卓越的教育价值是客观存在的。

微课以泛在形式凸显了信息化学习方式的优势，它将现有的系统课程拆分成若干主题视频，是以碎片化形式呈现教学内容的微型课程，其泛在学习的技术平台依赖于电脑、手机等智能化的屏幕界面。随着大规模在线课程的实施，视觉沉浸的交互式外语微课越来越引起学界的重视。以线上课程为标志的微课、慕课和翻转课堂等教学形式的介入，已经让外语教育发生了颠覆性的变革。这一变革必然导致外语学习环境和认知方法产生一系列新的问题，其中最突出的问题在于教学平台的迁移。伴随着这种迁移，微课界面上的语境化教学逐渐成为语言教学特别是外语教学的新趋势。

微课教学平台的语境表达元素为智能化三维图形和图像，"图形通常是指点、线、面及空间的几何图"，而"图像是指由像素点阵组成的画面"（陈梅琴，2016）。在运用图形图像的仿真教学环境方面，国内已经存在不同的智慧教室解决方案，与此同时也取得了应用虚拟现实技术进行外语教学的开拓性研究成果。但总体而言，目前大多为现实场景的虚拟而远非真正意义上的源语语境虚拟，这在很大程度上归因于手机界面上的微课程不具备演播室、智能头盔和数据手套等智能设备，也不能直接融入教学场景进行人机互动。但高配置的智能手机可以进入 VR 模式，如果将 VR 教学平台连接于云端，通过手机就可以直接在线访问。微课程设计也可以采用现场录制源语语境视频，然后经过软件技术处理以后形成虚拟语境界面的方法，这种简单的方法虽然不能让学习者融入语境进行操作互动，却能够通过虚拟语境调动其视觉、听觉和感觉，达到视觉沉浸的认知效果。

受限于技术条件，微课语境建模也仅仅是对语境原型在情境图示上的翻版，其技术特征只是设置还原说话时的情境。就目前的教学环境和技术支持而言，实现以手机泛在的形式随时随地进入学习场景进行互动仍面临技术成本和设备兼容性的挑战。虽然微课界面不能像虚拟演播室那样让学生进入情境，但学生却可以通过三维立体视频感受影像空间的魅力，达成视觉沉浸的初步效果，并通过语境原型的情境图示对语言生成规律进行分析，并根据事物发展的机理来认知语言。

由于微课界面能够连接表征不同语言、不同语义变化的历史情境，学习者可以通过界面索引提示的情境信息，点击获取相关的语境图示或资料，以此获得问题解析和知识识解。所以微课语境建模能够成为学习语言、认知语言并对言语行为进行解码的工具。从这个意义上来说，虚拟现实教学完全可以通过视频形式融入微课程，而微课中的虚拟现实既有仿真历史事件的生活背景，也有反映现实交际环境的虚拟语境。

三、微课语境建模

知识的信息来源于物质世界，其生成所依赖的是视觉、听觉和触觉等感知媒介的传导，大脑关于物质世界的信息积累构成了潜在的认知，如物体的质量、性质和形状等知识。也就是说认知是通过多年视觉观察、听觉感知的经验积累而形成的，以此为基础，人脑对物质世界的不同信息进行抽象分类，将离散的知识点整合成系统的知识。当我们看到一个从未见过的东西时，凭借人脑的认知经验积累，就能够根据其质量、大小、形状和色彩等形象图示进行分类识别，从而判定这是何物。由此可见认知是由最初的、一个个的表象认知点，在人脑中进行信息加工集成后进行抽象分类而形成的。如果是对某一认知点、某一实体表象进行建模，那么计算机三维建模工具对各类实体均提供了精确的物体几何描述，能够使所建对象在形体上相似，在质感上逼真，但对微课所涉及的语言环境进行建模，就需要分析其与语言相联系的认知手段和教学方法。

微课语境建模的意义在于以三维语境图示的形式，为平面文本语言提供了表象（通过感知而形成的感性形象）注解，以丰富微课程的认知手段和教学方法。1975 年美国心理学家艾伦·派维奥（Allan Paivio）提出双重编码理论，该理论认为，人类的认知包含言语编码和非言语编码两种不同的系统。言语编码系统主要通过处理语言文字信息，形成词汇、句子、语言结构等抽象的语义认知，非言语编码系统通过处理图像、声音、空间关系等非语言信息，形成具体的表象认知。认为保持长时记忆需要表象认知和语义认知的结合。表象认知系统以事物、事件的图示代码来储存信息，语义系统以语言文字代码来储存信息。二者结合可以实现知识的长时记忆。在微课程中融入以事物、事件的图示编码为标志的语境建模，与微课中的文本内容编码相结合，可以由表象认知转化为语义认知，实现微课程双重编码的认知重构，凸显了短小精悍的微视频教学在融入图形信息方面所具有的潜在优势。

微课语境建模要考虑知识点的凸显特征。虚拟语境模型建构的主体模型、行为模型、背景模型和参照模型等四个要素不仅适用于演播室的虚拟语境教学，也能够符合微课屏幕界面凸显特征的要求。如前所述，主体模型是指在空间上具有主要语义特征的语境建模，用于解析主语等主要句子成分，包括从事某种行为的人，如"Интересы народа нужно ставить выше всего."（应该把人民的利益放在高于一切的地位。），或者具有语义特征的事物，如"Хорошо тут у нас! И река течёт, и цветы цветут, и ягоды поспевают."（我们这里多好啊！有流水，有鲜花，有野果。）其中"人民""流水""鲜花""野果"都属于语境建模中的主体模型。其模型建构旨在通过鲜明的主体形象凸显人的重要地位，借助流水、鲜花和野果的动态展示凸显大自然的语境效果。作为微课知识点，需要重点突出、语言精练，所以在主体模型设计上可以通过说话人的不同表情，达成预设行为意图和心理轨迹的教学效果。例如，"Весь день Дмитрий сидел грустный."（德米特里一整天都闷闷不乐。）及"Олег вернулся из школы взволнованным."（奥列格从学校回来时心情很激动。）这些潜在的情绪和表象都可以通过人物的眼神、举止和衣着等图形摄像真实而动态地表现出来，从而使学习者易于理解说话人所处的语境状态。

构建主体模型是因为在微课语境界面中需要一种图示来凸显言语行为参与者，或者赋予其具体的形象特征。因为在现实语境的众多要素中，并非所有要素都具备足以引导学习者注意的凸显性，如果表征了主体情境，或者说图示化了从事某种行为的人或者具有某种语义特征的事件，也就构成了对语境要素中行为主体要素的凸显，从而形象地解析言语主体与言语事件有固定联系的成分。

由于情境成分的某些特性在细分的事物里具有相似性，从而形成解析某种类型话语或某一共性语义的图形资料储备，这就避免了语境界面频繁的补充、删节与更换过程。在许多主体模型的隐含背景里，语言参与者具有不同的社会地位，他们之间的交际关系在话语范围、话语基调和话语方式上具有广泛而不同的语境结构意义。图示化的知识点最大限度地保留了话语共享的情景语境，某些重要的表征被凸显于语境建模中，包括交际者的背景参数及社会地位本身，这些都可能作为主体语言表达式的一部分被习得。因为只要语言单位直接与言语事件或者它的参与者有关，其与语境成分就存在着内在的关系。

构建微课界面行为模型主要用于语言表达的述谓性，使句子内容同现实发生联系，凸显主体的动作表征。行为模型具有主动、被动、连续和位移的分类特征，分别表征了不同的行为状态。主动行为模型体现主动的动词态："Я поеду в деревню на каникулах."（我要去农村过假期。）被动行为模型体现被动的动词态："Письмо задержалось на почте."（信件在邮局耽搁了。）连续行为模型反映的语词往往形象生动，体现了繁化动词谓语的形式："Вы только шли，шли，как стадо овец!"（你们走了又走，就像羊群一样！）微课界面的行为模型可凸显一个完整动词表达式中的某个述义。例如："упрекать за плохое поведение"（因不良行为而责备）这一模型强调行为的原因，"завязать галстук узлом"（把领带打结）这一模型凸显的是行为的方式，而"бросить камень в воду"（把石头扔进水里）这一模型则在于述义其行为的结果。行为模型旨在按照不同的行为方式组成相应的模型结构，塑造相应的行为特征。通过上述语境结构图示形象去理解语法，符合表象认知和语义认知相结合的双重编码认知原则。

如果行为模型所述义的是具有连贯性的事物过程场景，"其连贯是通过各成分状态构型的有序排列并概念化为时间上的一系列连续点而达到的。这样一个概念化包含了一个过程所需要的所有成分"（兰盖克，2013：250）。就是说在现实中一系列概念化的语词成分状态都需要得到凸显，构型随着时间的延续也需要为语词提供不断变化的语境。但作为微课知识点的行为模型，在思维中并不要求被碎片化的每一个行为状态都要得到凸显。例如，在虚拟位移模型中，прийти（到达）的述义有一条延伸性的位移路径，行为模型只需明确表示其中的几个路径信息节点，其完成体动词的述义也只是运动的最后一段，在学习者的潜在意识里，一个过程的所有成分状态都逐一被凸显出来了。

由此我们得知行为模型的程序机理：运用凸显节点与终端的方式，使一个过程与语词状态相对应的逐个节点语境信息以序列扫描的方式逐一展现；它最终的语词状态作为行为整体在高一层级的结构上以整体扫描的方式被凸显；而过程在时间的延展之中只有节点形态被以序列扫描的方式凸显。这一程序机理作为实现行为模型的特定功能，体现了虚拟语境整体结构中行为模型的内在工作方式，以及不同模型要素在一定条件下相互联系、相互作用的运行规则和原理。

背景模型的语用目的在于表示物体的方位和时空。用于微课的背景模型根据语义内容需要有不同的侧重点，有时强调语词的方位背景特征，例如："На потолке висит лампа."（天花板上挂着一盏灯。）那么该模型可以分层凸显三个节点：一是"灯盏"，作为次要凸显点凸显物体特征；二是"天花板"，作为主要凸显点凸显方位背景；三是"悬挂"，作为次要凸显点凸显行为方式。有时则重在体现行为方式特征，例如："Чайки летают над морем."（海鸥在大海上空飞翔。）此模型也需要凸显三个节点：一是"海鸥"，作为次要凸显点凸显物体特征；二是"大海"，作为次要凸显点凸显方位背景；三是"飞翔"，作为主要凸显点凸显行为方式。背景模型的意义在于凸显，这既包括物体的凸显，也包括行为的凸显，还包括方位与时空自身的凸显。智能界面的渲染是丰富多彩的，不能沿用非黑即白的单一凸显方式，凸显点的设置是分层的，其主次位置根据语义指向的侧重点而变化。

背景是相对的，没有图形就谈不上背景，例如，"Ни звёзды на небе, ни огонька на земле."（天空没有一颗星星，地上没有一点灯光）。"星星"和"灯光"是图形/背景关系中的图形，如果二者都不存在，那么这个特定语言表达式里的"天"和"地"就会显得虚无缥缈。因为每一个述义都有一定的范围，在这个范围中，该述义选择一个具体的语境建模进行标示，一个语言表达式的语义值既不只存在于图形，也不只存在于背景，而是图形与背景的结合。就是说一个完整的表达式其语义值可以由一个特定的背景图形标示出来，而这种背景模型是通过在具体图形中的对比得以识别和描述的。如果某个知识点语境建模是三维空间的一个基本认知域，作为组成部分的背景模型也只是该认知域中的一个要素构成，因为在这个认知域中，并非所有语言述义都是用背景图形的关系去识解的。

解析一个物体是运动还是静止，需要选取一个物体作为标准，构建这个标准的图示叫做参照模型。参照物可以任意选定，选择不同的参照物来描述同一个物体的运动会有不同的结果。当微课教学界面涉及某个知识点时，其参照模型就是为了解析这一教学知识点而构建的一种"语境参照物"，所以要直接从相对应的核心语境中提取。例如，"Мы сели в лодку, и она отплыла от берега."（我们上了小船，小船就离岸了。）这个语言表达式的核心述义是"离岸"，小船起航的参照物显然就是水岸。若发生在小船航行的过程中："Лодка быстро плывёт по реке."（小船沿河急驶而去。）那么解析句中"沿河"这一重要的状语成分，应该把折射小船投影的流水作为运动的参照物，淡化处理其他景物。

当一组实体之间的相互联系强度增加，认知距离拉近的时候，就形成了一个有界的语言表达式，例如，"Каждому, кто придёт на вечер, будет весело."（每一个来参加晚会的人都会很愉快。）这是一个有界的说明代词限定从句。之所以说它有界，是因为话语中只有来参加晚会的这部分人构成其语义成分相互联系的意象图式。扫描这个场景概念时，尽管同一区域可能会有许多人在一起，但其他人员均排除在外，而只是将"参加晚会"作为参照的范围，选择那些特定的人联系在一起，构成一个相互关联的特定区域。在这个语言表达式中，参会与非参会成员之间不存在任何联系交互性，该语言的述义就是抓住了"晚会"这个核心参照物，从而形成了相互联系的某一类人员的局域性语境范畴，体现了以语境建模的局域性来解析话语范畴的同质性的一种逻辑思维。

仅有四种虚拟语境建模不足以灵活处理复杂的语言信息，在语境与语义之间需要一种索引性语言表达式。索引词是指那些离开了具体的语境就无法确定其指称的词语。美国哲学家大卫·刘易斯（David Lewis）在其论文《索引词、语境和内容》（"Index, Context, and Content"）中把语境看作时间、地点、人物和话语等具有 n 组元特征的物理坐标，n 组元的坐标参数可以是一个话语者、一个任意的时间点或者一个说话人未曾经历的可能世界。而任何一种具有恰当的事物分类的 n 组元都是一个索引词，由此而建立了索引词指称的理论基础。但索引词不能独立表达出完整的语义内容，其语义解析依赖语境的一系列语词，或者语境中的时间、地点、人物和话语等，只有实质性介入某一语境要素，才可以实现概括某一类特征、定义某一概念的索引词指称机制。这一理论为微课教学界面的模型建构提供了重要的理据性渊源。索引词可以分为多种类型，如人称代词、时间指示词、地点指示词等，在微课教学界面上设置对语境敏感的索引词，可以在四种虚拟语境模型之间构建穿针引线的内在联系。

第二节　微课语境建模的应用特征

一、语境建模的碎片化表征

语境构建的意义在于还原历史的话语成因。源语的语境是语言的生成环境、学习环境和使用环境，而这些环境是一个复杂的系统，与话语意义产生直接关联的只是这个系统中某些局部要素或单一状态。微课语境的认知表征就在于塑造或复原某种局部的、单一的瞬间状态，由此而建构一种基于碎片化知识点的语境建模。语境建模本身就是分层设计的，既有相对整体的语境建模，也有局部性的语境建模。微课语境建模要考虑知识点的碎片化特征，之所以强调知识点建模的碎片化，是因为在众多语境要素中，它有选择地定式了与微课内容直接相关的核心语境要素。例如物主形容词搭配"лисий воротник"（狐狸领子），它的源语语境中可能蕴含了多种意义，其中包括温暖的语义、美观的语义等。如果它的上下文是身处冰天雪地的语境，知识点就强调其御寒的功能；如果是漫步在繁华街道的语境，那么则凸显其美观的寓意。所以，碎片化就是要在纷繁复杂的语境中提取凝练主要认知点，这就需要结合上下文设置最恰当的语境。

物主形容词的语法构式中往往隐含着多个象征结构，它的确切语义在于两个以上语法结构之间的配价关系，其组配数限越大，语义成分越多。而知识点模型建构主要考察某一语义成分中有多少同现成分能够实现按照语法和词汇规则在组合关系上的结合，然后进行局部性分类建模，以便对其语义结构进行恰当和充分的图示解析。由于某一句型的配价属性只有通过它的内部结构才能被理解和解释，所以在被碎片化的语境建模中分类的规约性极其重要，即多个语义成分中必须有某一成分构成强制性搭配。正如认知语言学的奠基人罗纳德·W. 兰盖克所指出的："在任何时候，语义确定的规约性一次只能强势允准一小部分可能的结合。然而，正是成分表达式的内部结构决定了供选择的大量可能结合，也决定了规约使用一些特定结合的概率。"（兰盖克，2013：281）局域性语境建模就是选择恰当的语境图示来表征与定式那些"特定结合的概率"，清晰展示句型内部参与成分的语词结构以及它们组合的本质，形成思维的倾向性，不使它们形成任意的、过度抽象的解释，从而在碎片化的话语述义中凝练主要知识点。

所谓碎片化述义是通过对认知内容进行知识点分割，使学习者能够用更短的时间了解更多的知识。述义的碎片化本身并不具备优势，优势在于碎片化后对图式性概念结构的拆分解析，因为碎片化图式是随着时空演进而展开的，这种时间差作用于事物的过程，可以使表达事物的语词解析得以先后有序凸显，让语境建模借助人工智能的图像识别功能，形成一个个相对独立的图式性概念，其所对应的就是结构化的学习方式。结构化是在系统化知识的前提下学习内容的结构化而非知识的碎片化，知识的属性是系统的、结构的和语境化的，碎片化的只是这一系统结构中的独立单位——知识点。

语境建模的层次化具有用不同图式来拆分述义复杂语言场景的灵活性。在细化学习内容后，每个碎片的学习时间变得更可控。如果一个复杂场景的各成分状态都可以识解为知识点分布的碎片，那么我们自然可以用拆分的构图方式塑造一个个相对独立的层次化语境建模，然后依次索引、激活并逐一体验这些语词的成分状态，各种分类模型相互联系、相互补充，从而构成某个知识点完整的语言表达式。这既有利于语言的解析，也提高了学习者掌握学习时间的灵活度。

211

二、模型的检索与扫描方式

微课界面语境作为现实语境中提取出的语境建模，为认知活动提供了在微课界面上理解语言的意象图式。通俗地讲，意象是表示看不到某物却能够想象出其形象特征的一种概念，而图式则是连接概念与物体之间的结构形式。意象图式是基于感知体验的，语境建模使语言意象图式形成的基础得以优化，对情景构思的扫描方式也相应有所拓展。从技术角度来讲，智能界面上的扫描方式是指显示屏在一定的显示区域内，同时点亮的行数与整个区域行数的比例，包括"点对点"的静态扫描和"点对列"的动态扫描。而从认知的角度来讲，扫描方式本身就是认知心理学范畴内的一种解决问题的分析方法，主要表现为自上而下的分析和自下而上的分析两种形式。前者先形成一个假设，然后通过搜索刺激物对假设进行检验；后者先检测到刺激，然后将其与假设成分相匹配。

现实语境中视觉扫描某一客观事件或主体动作，记忆往往只能反映事件或动作的重要环节和最终结果的语境片段，其过程中的每一个节点却未必能够被逐一定格，而微课语境建模可以依次扫描不同基础的不同状态，像慢镜头一样，凸显各个不同状态之间的切换性、关联性。由于现实语境是动态的，每时每刻都处于变化之中，语言学习则需要重现这一动态的过程，但这在现实语境中是不可能实现的。由于时光一去就不再复返，思维如果想要扫描当时的状态，那只有回忆当时的语境。而每个人的思维都有其个性特点，从而形成了对语境不同的表征，因此对语言的理解往往会出现一定程度的差异，例如，"Пообедав в столовой, студенты пошли отдыхать в общежитие."（学生在食堂吃了午饭，去宿舍休息了。）现实语境中呈现的是在宿舍休息的状态，而"食堂吃午饭"只是存在于回忆中的过往的情景。语境建模则可以依次虚拟食堂、吃饭、宿舍和休息等各种语境以备检索，并根据词语识解的需要去选择凸显点，以提升思维中语境状态的统一性，合理规避对同一语言环境的理解差异。

拆分式扫描的意义在于忽略语词中的过程性因素而凸显其最终语义。例如在俄语并列复合句"Не то чтобы ветер совсем утих, но он стал гораздо слабее."（风并非完全停了，而是明显减弱了。）中，连接词"Не то чтобы（что）…но"表示后一分句描述的情况更为准确，那么"明显减弱了的风"的参照物就是要被拆分式扫描的凸显点。而连续性扫描的意义却在于分别凸显其关联性。例如，在俄语对比复合句"Берёзы распустились, дубы же стояли обнаженными."（桦树长出了新叶，橡树却还是光秃秃的。）中，则需要将具有关联性的"桦树"和"橡树"分别作为凸显点，对其进行连续性的扫描。

语境图示的扫描方式不仅对语境建模的设计创意具有重要意义，同时也是用户学习微课程的常用手法。从应用技术上讲，微课设置本身就"支持跳转、快进、回看等功能……同时它还做好了知识的切割，带有知识点标签"（刘万辉，2015：30)，所以选择不同的扫描方式进行检索与回看，可以使得语境界面的更迭类似查字典一样便捷有效。

虽然阅读载体的变化使得学习者有条件用零散的时间去阅读某一知识点，但知识的内容通常是系统化的，微课语境建模就整体而言同样需要一个对系统化场景的概念化过程，完成这一过程需要对语境模型进行重点扫描或者序列扫描。前者适用于不随时间变化的情景表达式，后者则常用于随时间而变化的情景表达式。例如："Тёмные тучи закрыли небо."（乌云遮住了天空。），其场景的述义不会随时间而变化，那么运用重点扫描的方式，只需激活"乌云密布"的模型；而"Солнце показалось из-за туч."（太阳从乌云后面钻出来了。），则需要同时激活"太阳"与"乌云"两个模型；如果是"Луна то скроется за тучи, то опять ярко освещает землю."（月亮时而躲到乌云后面，时而照亮着大地。），在这样一幅较为复杂的构图中，同时激活所有必要的认知事件不但超出了我们意识注意的范围，也无法解析时空变换的语序过程。这就需要采用序列扫描的方式，通过顺序淡入、淡出各种场景因素和遮罩图示层、逐帧动画序列等技术手段，把注意力依次从一个方面转移到另一个方面，让语义成分依次被激活，从而完成碎片化场景的序列性连接。

需要指出的是，两种扫描方式在微课图示中各有不同的述义重点，连续性扫描按照俄语的时态要求依次展开场景的开始、过程或者终止等不同的时段背景，以体现其过去、现在或将来不同时态的语言环境；碎片化扫描则可以在表达语言内容的同时，体现相应的背景，配置相应的语音和动作，让语境形成碎片化图示特效，以达成分别识解、具身体验和逐一认知的学习策略。

第三节　知识点述义的模式分析

微课语境建模中的单位模型是一个语境的述义单位，"每个语境都视为一个

213

盒子：这个盒子有边界，且进入和离开这个盒子都需要遵照一定的规则，而任何一个对语境敏感的句子，也只有在被放到这样的一个盒子中去之后才能获得确定的真值"（徐英瑾，2015a：125）。与每个"语境盒子"相对应的是微课内容中一个个碎片化的知识单位，该单位一般是承载文本中上下文关系的一种语境要素图示原型。

在微课中，知识点可以是一个独立的知识单位，但从知识系统化的视角来看，知识点是承载着语言上下文关系的枢纽角色，并非所有句子都需要语境图示去识解，只有那些"对语境敏感的句子"才需要被放到"语境的盒子里"，而这些句子往往存在于知识点之中。从语言认知图式的视角分析，知识点是一个语义结构所标示的实体，是述义中特别凸显的，容易被激活的认知域。在知觉主体的视野中，若一个图示看起来具有凸显性，那么视野中的其他物体就会消退到背景中。构成知识点的语义表达范畴最初形成时，其解析还需要参照一个多维且具体的情景语境，该语境与知识点结合便被固化为某种单位模型，从而使语境中的许多特征被保留下来，在与语言成分的合成与解码中形成了不同的规约化模式，这就让知识点的语言表达式呈现出很强的规律性，而智能界面上表征知识点的规律性通常采用以下三种模式。

一、物体被打开模式

知识点语言表达式与所感知的情境相关，而知识点语义的延伸是以其原始语义与延伸语义之间的内在关联属性为基础的，这就产生了说话人利用多种不同方式识解同一场景图示构建的问题。"对同一场景形成的不同意象相当于性质迥异的心理经验。因此，一个语言表达式所体现的意象——它构建情景的规约化方式——构成了意义的关键所在。"（兰盖克，2013：121）也就是说，一个语言表达式所延伸的方向并不仅仅局限于词条所列出的核心特征，不同的意象会使它偏离到认知范围内的其他位置，所以知识点的模型建构的重点在于在众多同类属性的认知外延中锁定核心概念。

当被表述的物体包含在另一物体之中时，通常状态下是看不到的，那么人对于被包含的物体由于个体心理经验的迥异容易形成认知的偏离。而语境建模可以依据不同时态构建物体被打开的图示，展示"意义的关键所在"——识解动词时态的原始意义。例如具有被动意义的反身动词通常用未完成体现在时形式，如果表示自然现象或一种状态向另一种状态过渡等不以人的意志为转移的物体运动时，可以用完成体过去时表示被动意义："Поля покрылись снегом."（田野盖上了雪。）构建这个语言表达式的语境图示就不能仅用现在时的情景"一片茫茫白雪"，因为白雪下面的地表通常是看不见的，它既可以是田野，也可以是戈壁，这就需要用虚拟现实技术去复原被覆盖在白雪下面的田野的原始语境。这种知识点语境建模的"物体被打开"模式，并不止于"打开蛋清可见蛋黄"的图示意义，它内涵了由表及里、从现象到本质的认知逻辑顺序，还包括对不同时态相关概念的深度挖掘和解析。

智能界面上微课视频的情境创设，从整体上说可以提供时间、地点、人物和事件等语境信息，从局部上说可以剖析具体事物的生成原因，打开物体内部的生成逻辑，将学习者置于虚拟的教学情境之中，使其沉浸其中，产生构想，从而把握某一知识的内在机理。虽然知识点的认知模式与人工智能的结构模式没有直接的对应关系，但在追求认知结果的路径上都存在由表及里、层层剥笋的逻辑思路。就人工智能认知逻辑本身而言，其由表及里的结构也可以被分解为几个层次，第一层次是表层应用，如 ChatGPT、AIGC 等，它从用户群众参与度中积累海量数据样本；第二层次是算法模型，涉及深度学习框架、函数的优化等算法；第三层次是算力和芯片，如 CPU/GPU 和 FPGA 等，是通过数据处理，实现目标结果的计算能力。

二、动作被复原模式

外语微课教学中所涉及的语境很大程度上是源语历史情境的再现。某些动词的未完成体过去时形式可以表示动作的全过程。例如："Утром а открывал окно."（早晨我打开过窗户。）这个语言表达式包涵了三个层面的述义：①我曾经开了窗户；②此后我又把窗户关上了；③话语进行时窗户是关着的。这里的语境建模需要复原打开窗子的时间背景以及开窗关窗的全部过程。其虚拟语境构建的模式也要再现"动作被复原"的模式，以形象地表达三个层面的语言含义。这种"形象+文本"的双重编码认知方法，表征了微课程的碎片化结构特点和多维认知的潜在优势。再如："Вчера я брал книгу в библиотеке."（昨天我在图书馆借过书。）识解该语言表达式需要相应构建三种动态的图示：①昨天图书馆的情境；②借书的过程；③说话时书处于已经归还了的状态。基于词汇范畴的还原思路，倒推出语言述义的顺序排列从而确定概念的凸显点：时间—借书—还书—状态。过程的述义可采用静帧图像突出顺序节点画面，"用静止的时态来定格运动过程的瞬间

215

状态，展示不易呈现的过程中的瞬间图像，起到突出重点，强化主题的作用"（吴疆，2015：39）。

突出重点、强化主题是微课的特色，微课程所选取的内容要求主题突出，在具体的认知点上做到内容完整，应用复原某一事件经过或某一动作过程为主线进行知识重点解读，复杂题型精讲，所教授的内容呈现逻辑性、点状化的有序连接，就某一问题进行系统化、针对性和拓展性讲解，集中反映教材中的某个教学主题，此种微课常用于弥补传统课堂教学环节的不足，用课外零散时间加强对学生的理解能力、自主学习能力和创新能力的培养。

三、述义完型化模式

在认知过程中，整体关系很重要。它不仅包括人所接触到的客观事物的时空、地域和风俗等语境关系和语言材料的上下文关系，还包括人脑中原有知识和当前认知对象之间的关系。由于人们往往具有不自觉地把不完整的事物看成是完整的"格式塔心理"，所以在认知语境上需要强调基于语言生成语境的"述义完型化"模式。如果抽象地考察一个特定语言实例中涉及的各种表征因素，就需要对它的源语语境中的不同要素做出判断。我们还以"Мы случайно наткнулись на совиное гнездо."（我们偶然遇见了一个猫头鹰的窝。）为例，不同民族文化对猫头鹰的寓意有着不同的理解，在中国文化中，猫头鹰隐喻了负面的形象联想，而俄苏文学作品中却用于隐喻智谋与聪慧。如果"猫头鹰"与"偶然遇见"这个词组搭配，那么"Мы случайно наткнулись на совиное гнездо."所凸显的就是一种惊喜的意境。假如学生对此没有完整的理解，凭借汉语思维去阅读理解这句话，反而很容易产生一种负面的联想。所以语言教学要复原其在不同语境中的民族认知，并在"述义完型化"的基础上构建源语语境认知域的相对凸显度。而微课作为知识点的语言表达式，往往都是寓意深刻而又高度整合的结构复合体，它需要相关语言背景结合成一个连贯的完型结构，即对基于不同语境的语言要素包括词汇、表达方式和语言结构的综合掌握。

知识点不仅仅是内容的简化与浓缩，还包括相关知识系统的整合。从认知主体的视域看，知觉依赖于视觉的信息输入，人的感知差异形成的个体认知与外界的物理特性并非完全一致。"信息的表征与感觉器官接受的刺激有关，但也是被修正过的。这种修正的信息似乎与我们过去的经验有关……引入的信息被抽象甚至某种程度上被扭曲。"（魏屹东，2015：154）微课"述义完型化"的知识点构建模式有帮助矫正认知差异的功能，它凭借计算机大数据功能从不同角度提供信息，通过对海量数据的挖掘和运用，打破教材章节之间的界限，运用虚拟现实技术把不同学科的、处于碎片化状态的相关知识凝练在一起，形成信息、认知与图示的完型搭配模式。

语境作为语言背景信息中文本信号的物质象征，是语言"述义完形化"心理机制的基础条件。知识点语境建模的意义就在于复原物质信息的象征，并凸显其语言背景，索引其文本信号，最终实现其述义的"完形化"。俄语教学中经常出现一些高度概括性的词语，一个固定用语能够概括出一篇作品的中心思想或一个剧目的主题。但要将这些语词的"述义完形化"，就需要补充若干背景知识，例如"на два фронта"（在两条战线上），这个用语起源于福音书，而它的传播蔓延是源于意大利剧作家哥尔多尼的喜剧《一仆二主》，在这个剧中主角特鲁凡尔金诺同时巧妙地做到了两面讨好，对双方都做到了隐藏，从而达到获取经济利益的目的。只有还原这些语境，才能深刻体会到 на два фронта 这个固定用语在高度概括作品主题的同时，还带有表示讽刺和戏谑的意味。再如："шаг вперед，два шага назад"（进一步，退两步）是列宁批判孟什维克机会主义组织路线，阐述党的组织建设基本原理的一篇著作的名称，全名是《进一步，退两步（我们党内的危机）》，内容是对俄罗斯社会民主工党二次代表大会的评价。在这个固定用语的背景中，列宁强调了党内工作散漫的运行状态，指出了提高行动质量的迫切性，所以 шаг вперед，два шага назад 并非通常意义上的前进与后退，故而认知这类语词，必须进行完形化的语境述义。

在微课程的教学设计中，虚拟语境的认知表征在于塑造或复原某种过往的瞬间状态，并通过语境建模的形式把其主要特点表征出来。而源语语境的述义往往涉及不同的方面，语境建模要考虑外语教学的知识点，因为它有选择地定式了与教学内容直接相关的核心语境要素。我们还以物主形容词搭配"лисий воротник"（狐狸领子）为例，它的源语语境可能代表了多种表象，其中包括它的质地、它的外观和功能以及在不同场景中不同用途的形象隐喻。语词本身就根植于其潜在的完型化语境之中。лисий воротник 在一种语境要素中需要凸显其御寒功能，在另一种语境要素中又会体现其审美功能，而在思维的语境中甚至会有抚摸绒毛的手感。所以，虚拟语境建模并非去塑造源语语境的复制品，而是要在纷繁复杂的"完形化"语境中提取凝练其主要的教学认知点。

在上述"物体被打开""动作被复原""述义完形化"的认知模式中，知识点的述义建立在规约性意象的基础上，反映了不同方式识解同一语境中不同侧面的跨语境能力。一个认知情景的全部语义值不仅属于某一知识点的述义范畴，也是依据图形、背景和视角等因素所编辑的，具有一定配置场内容的图式方式。在具有特定语义的配置场内，如果与上下文相互联系的多个图式结构组合为一个具有特定内容的语言表达式，那么它们之间就存在着语法上的配价关系。就是说所谓知识点就是系统知识内容中的一个节点，相互之间或是从属关系，或是递进关系，当特定语义对象凸显出来形成图形，其他非知识点对象则退居到衬托地位而淡化为背景。所以知识点语境建模在对象凸显与淡化上呈现一定的规律性，这种凸显与淡化在一定程度上形成了学习内容的分割。但内容分割绝非系统知识的割裂而是知识节点的突出。在分割学习内容后针对性更高，便于突出知识点教学的靶向性与精准性。从宏观上说，微课界面上知识点是教学内容系统的、均衡的和可解析的认知节点排列；从微观上说，知识点在教学内容中是循环往复的，永远是引起注意的、最为活跃的思维凝结。

四、微课教学问题应对

微课的最初形式就是用几分钟的时间就一个知识点进行针对性讲解的一段音频或视频。其特点是基于信息化设计的、短小精悍的、解析核心知识点的、可用于自主学习的完整课程中的一个片段，是系统课程学习中的一种重点难点的碎片化学习补充。所以微课教学要根据课堂教学进程的需要，去选取知识点、树立教学目标、确定教学重点、拟定教学方法和实施教学策略。如果在教学过程中偏离了上述程序，就难免出现这样或那样的问题。应对上述问题的重点如下所示。

（1）要注意微课选题的可行性。既要体现知识的浓缩，又要难度适中，与线下课程进度相适应，不能曲解知识的碎片化而丢掉了选题的完整性，这种短小视频的教学模式是课程内容模块化的浓缩，是课堂知识集成化的展示，所承载的内容数量虽少但质量较好。切忌选题太大，没有聚焦教学重点难点和易错点，使微课看上去很具渲染性，但实际上与教学整体程序设计脱节，学生学不到实质性的内容。

（2）教学目标与重点要明确。从本质上说，要解决教什么、怎么教这两个问题。微课的内容要聚焦于某一特定的知识板块，所涵盖的知识面有限但内容深刻。例如教学内容所涉及的某一词法、句法、语义和语用等，通过深度分析提炼内在的知识点。教学内容的安排要突出核心知识点与技能，不能在非核心内容上配置过多时间而使得内容凌乱，核心知识点不突出，同时也不能高密度地呈现知识，使学习者顾此失彼，难以消化，造成对内容只停留在了解的肤浅层面的后果，从而违背了知识点教学的初衷。

（3）教学过程的设计要层次分明、步骤流畅。既能够把系统的教材体系切割为相对独立的知识点，又善于在碎片化知识之间化繁为简与衔接过渡，结构梳理归纳的知识点需要进一步的可视化处理，按照知识双重编码的认知规律，进行语言文本图示表格的相互阐释、相互转换。注重讲稿、字幕和画面的有机合成与联动，通过微课的前、中、后三个阶段的教学程序引导学生层次递进、深度思考，使原来的知识体系更加生动，让学习者更加精力充沛、学习过程更加轻松愉悦。微课作为内容一般用于重点难点的教学环节，作为形式也可以应用于其他教学环节，例如在教学导入环节，利用微视频提供该课程的情境背景而激发学生的兴趣；在对话互动环节，教学微视频可以在短时间内高密度提供相关话题资料信息，充分发挥虚拟现实交互式微课的作用，把互动环节导入更深的层次。

（4）微课作为一种新颖的教学方式已经在越来越多的课堂中使用，但在其快速普及的同时更要注重课件的设计质量，不能因为微课视频的数字化属性而随意连接与教学不相匹配的音频与图示，或者画面过于刺激、音量过大，喧宾夺主而影响教学效果。要提升微课程的严肃性，重视微课程的内在质量和学术水平，不宜过分追求可视化和趣味性，将学习者的注意力集中于微课程的形式上，满足于短时间的视觉快感，从而忽视了课程内容的设计和讲授的技巧，最终导致偏离了学习目标。

（5）微课程的出现不仅是要把信息技术引入课堂教学，更重要的是要提高课堂的教学效率，使学生有获得感，5分钟内要给学生留下深刻的记忆，不能像线下教学那样对所讲授的教学内容作公式化、程序化处理。要充分发挥微课程的比较优势，充分发挥学生的主观能动性和创造性，结合视觉沉浸技术在微课教学中的作用，以区别于普通课堂教学和在线教学。特别是在临近期末考试或学习任务繁重的时间段，应用微课对学生提示知识要点、调节学习时间、转换学习方式、提升学习效率，体现微课程鲜明的智能化与时代感，真正突出以学生为中心的人本主义教育理念。

虚拟语境教学研究把微课程作为一个独立章节，不仅是因为微课视频是外语教学界面认知的一种重要形式，更重要的是要配合《俄语专业教学大纲》所规定的俄语微技能的教学工作。大纲在听、说、读、写、译等技能项目中，各自规定了若干微技能项目，例如在听的技能方面就规定了 8 项微技能：①辨音；②理解语调的表意和表达情态功能；③辨别词语；④推断词义；⑤听觉记忆、听译、听述；⑥理解句意；⑦了解上下文的逻辑关系；⑧确定主题、理解全文。而每一项微技能又分为若干独立的微技能知识点，这种形式尤其适合微课的知识点教学，正是因为这个原因，本书把微课程教学也融入虚拟语境外语教学范畴之中，把微课教学程序作为认知体验教学模式研究的重要组成部分。

就本书的研究视角来讲，教学理论与教学实践相结合是一条重要的教育原则，这一原则反映了外语教学过程中认知与实践关系的规律性。虚拟语境理论研究与基于智能界面上的俄语微课程融为一体，充分发挥理论研究与教学实践的互补性，以解决信息化教学环境中俄语语言的认知路径问题。作为俄语微课程虚拟语境界面的探索者与实践者，编者研究了诸多精品微课程，在反复进行的微课视频设计和微课教学实践的基础上，参与了多届中国外语微课大赛，以期研究成果在实践中得以验证。在这里不妨举一个实例，本教学团队将"虚拟语境俄语认知与教学"的理论研究成果应用于俄语教学实践，三次蝉联中国外语微课大赛重庆赛区一等奖，并获得中国外语微课大赛全国总决赛一等奖，其微课教学实践成果受益于教学理论的指导，而教学理论成果又出于实践的凝结。

基于虚拟语境的俄语体验认知教学模式研究与实践过程说明了一个问题：只有在实际创作中才能深刻认知理论的重要性，也只有在应用中才能更加有效地进行实证性理论研究。这一点既是我们对俄语微课教学理论的初步认知，也是多年微课创意设计及应用过程的实践总结。在科学技术飞速发展的新时代，探索符合时代特征和学习者特征的教学方法无论对于语言认知还是外语教学都具有重要的现实意义，而微课程不仅因阐释某一知识点而成为一种学习方法，更重要的是它带来了全新的思路和理念。这种理念贯穿于以微视频为载体的线上线下混合模式之中，其应用与推广必将进一步推动外语教学的改革与创新。

第十章　微课程与俄语微技能

第一节　微课程的构建与应用

一、俄语微课程的建设思路

微课程教学作为一项信息技术教学的特色形式，是学生进行课外延伸的个性化阅读和学习的最好载体，其主要作用是为学生提供自主学习的环境，能更好地满足学生对本学科知识点的个性化学习。学生可以根据自己的需要下载、复制和保存学习内容以便随时查阅复习，选择不同的知识点进行强化学习以攻克重点难点，巩固专业知识。

1. 微课程与微技能的适配性

外语是交流的工具。学好外语就要掌握听、说、读、写、译这五项基本技能，而每项技能又可划分为更小的语言技能——即微技能（micro-skill）。《高等学校俄语专业教学大纲》规定的技能项目和微技能项目，具体体现了大纲对语言能力和交际能力方面的教学要求，微技能是技能项目的组成部分，技能项目通过微技能来培养。因此，熟练掌握各项微技能对提高语言的总体水平至关重要。

从整体与部分的角度来讲，各项微技能都是外语技能中的一个综合性的知识点，不论是体现在句法水平上的微技能还是语篇水平上的微技能，都是外语总体技能的组成部分，且该部分还可以细分为若干具体的知识点，例如外语听的技能是为了接受和了解目的语的知识和信息，说的技能的目的是运用语言表达自己的思想、观点，而译的技能是为了吸收或发出目的语的口头或文本信息等。可见外语微技能的内容聚焦于某一特定的知识板块或者说是某一局域的知识点，体现了外语技能基于知觉、视觉和听觉的不同应用性特点，这些特点决定了其授课形式的碎片化特征。而微课程是基于短小视频的模块化课程，是课堂知识整体的碎片化展示，所以微技能与微课程具有天然的适配性。

《国家中长期教育改革和发展规划纲要（2010—2020 年）》提出要"把教育信息化纳入国家信息化发展整体战略，超前部署教育信息网络"。微课程是基于网络的教育信息化的重要表现形式，是以教学视频为主要载体，围绕某个知识点（重点、难点、疑点）或某个教学环节而开展的教与学的信息化过程。其所承载的知识多为基于教学设计的细化的知识点，涉及面小但内容深刻，时间有限却又极具针对性。微课程可以把一个完整的知识体系碎片化为分割的知识点集群，然后通过信息技术形成一段教学短视频，在几分钟内就一个知识点进行针对性讲解，使抽象的知识体系变得更具体，复杂的教学内容变得更简单。这种基于网络的碎片化学习形式，相对于传统的课堂传授形式具有显著的优势。

外语微课程作为线下课堂教学的补充，其目的是通过短视频教学方法，实现以学生为中心的教学设计，体现翻转课堂线上线下相融合的教学模式。知识点教学的优势在于其引导学生进行参与式、合作式学习，充分利用零散时间的灵活形式，广泛使用网络化教学工具，多维连接优质教学资源，塑造外语教育的智慧教学环境。这不仅可以培养学生的创新思维和自主学习能力，而且能够在多期知识点学习中进行知识的积累与迭代，以便不断优化教与学的过程，激发学生的思辨能力，提升外语教育的教学效果。

微课视频教学过程可以运用线上/线下相结合的形式进行，结合线下的教学准备工作，形成一个包括课例片段选取、教学构思、背景图形创意、练习测试设计、学生反馈及教师点评等一系列教学环节共同组成的主题式微教学环境。其有别于课堂教学的一个重要特征是能够就课本某一知识点融入线上学习资源，在重点领域延伸教学内容，应用微课资源浓缩的"小环境"去解决传统教学中的资源相对匮乏的"大问题"。

微课视频教学也可以运用翻转课堂的形式进行。学生在课前或课外观看教师的微课视频讲解，自主学习，教师不再占用课堂时间来讲授知识，而是成为学生学习的设计者、指导者和学习伙伴。课堂则翻转为老师与学生之间及学生与学生之间互动的场所。微课作为基于短视频的新型教学模式，其核心优势是坚持以学生为核心，一方面应用信息化的教学手段，使课程数字化、模块化；另一方面连接广泛的优质教学资源，实现课堂知识的碎片化与集成化的有机结合，从而集约学生的零散时间，收获最好的教学效果。

2. 虚拟现实微课设计

虚拟现实微课的设计原理可以简要概括为三点：①由 3D 摄像机摄制真实影像；②由计算机设计三维背景；③把真实影像与三维背景空间融合，形成微课视频。三维背景制作需要借助于虚拟现实软件，多种虚拟现实软件可以对背景中的不同物体进行建模，然后提取真实影像（前景图像）与背景图像，运用抠像技术进行深度合成，这种合成能够将虚拟背景与实际录制的前景相融合，创造出沉浸式的学习环境。

微课作为一种课程改革形式的具体体现，对应不同的教学内容需要采取不同的设计方法，特别是在融入虚拟语境要素时，针对主体的行为方式，通过设定相应的速度曲线可以提高认知的效率。例如表现运动可以应用关键帧动画技术去实现，在一幅完整的图示中，注重角色或者物体运动变化中关键动作所处的那一帧，主体运动过程不宜过快或过慢，运动过程体现由静止逐渐加速至均速运行，再由均速逐渐减慢到恢复静止的弧形运动曲线，只有这样运动的起始与结束才能获得自然的过渡，以关键帧（key frame）技术辅助识解一段运动的情境过程。在虚拟现实的微课设计中，俄语文学微课的智能化设计偏重于背景图形的烘托渲染，而语言教学微课的主要设计思路在于凸显智能界面中语言的认知规律。

俄语微课课件设计需要对资源数据进行整理统计，围绕教材提炼易于智能教学界面表达的素材内容，选择制定适用于情境教学的具体课程，确定课件的俄语文本、影像和重要的知识点。构思符合相关内容的情境课件设计创意，确定课程视频制作的类型、插图、文字、音乐以及界面合成。运用虚拟现实技术制作微课大体经历以下三个步骤：首先由 3D 摄像机摄制教师授课的 3D 立体视频；然后通过虚拟现实建模软件工具把传统课件中所涉及的各种物体进行虚拟语境建模，主要包括录制背景进行三维模型建构，按照情境需要进行各种光照、形态和气味等多方面材质的添加，以此完成素材设计，构建与现实语境相似的教学场景；最后把教师授课的视频信息与虚拟背景语境图像进行深度合成，应用计算机图像识别技术、色键控制器进行摄像机跟踪，让镜头随景物同时移动，从而生成背景、合成图像、构建生动的画面，形成虚拟现实微课课件。也可以通过虚拟演播室制作互动式微课课件，解决录制过程中的拍摄场景、物体搭建和情境互动问题。虚拟现实技术运用在微课视频中，能够营造出视觉沉浸的临场感，有效提升教学视频的可视性。

3. 微课程的建设步骤

基于问题导向的教学理念，微课程以传统教学的突出问题为分析切入点，其具体的建设思路主要体现在两个层面：一是构建与微课程教学内容相适应的

223

学科体系规范，框定以讲授某个知识点或解决某个疑难问题的微课教学的设计边界，体现微课程与传统课程的联系与区别，定位于增添新鲜血液、充实教学方法、补充教学短板和引领教学改革的原则范畴内；二是探索微视频界面上的俄语认知路径，要在"五分钟教学"中追求效率优先的原则，研究与传统俄语教学不同的多视角、多维度、情境化和模块化的泛在教学模式，其具体的方法步骤如下。

（1）利用三维建模软件（如 3DMax、Flame 等）构建虚拟场景，生成虚拟背景建模，利用抠像技术和深度合成技术对前景图像和背景图像进行分离和合成，选择 STAR 模板，按照 Situation（情景）、Task（任务）、Action（行动）和 Result（结果）的原则，围绕教学知识点完成实景采集与实时编辑模块的优化。然后进行数字化系统平台上俄语教学图示的设计，通过图表、索引和图文等创作模块的编辑，相关景物、设施和动画音频播出模块的创意以及相应教学素材的甄选，在平板电脑、智能手机等高效终端设备上，构建情境化、沉浸化、智能化的"指尖课堂"。

（2）促进信息化教学理念、教学方法和教学程序的形成。要在"五分钟教学"中追求效率优先的原则，把微课与慕课、翻转课堂教学模式结合起来，在课程开发、教学目标、情境规划、教学过程、教学措施和教学方法等方面进行综合研究，结合俄语的发音特点和语法结构，设计视频界面上的 PPT 开发和多维情境课程环节，凝练基于计算机的操作与练习、教学测试与教学评价，探索微课界面上的俄语认知路径，践行与传统俄语教学不同的多视角、多维度、情境化的认知体验教学模式。

（3）发挥微课程的教学特色，把教学内容聚焦于某一具体的知识板块，在此基础上延伸至更加细化的知识点，做到主题明确、化繁为简，提升教学效率，确保教学质量，完善关于教学效果的评价与反思。对微课教学的设计、录播、演示和反馈的全过程进行审视，并就发现的问题进行改进，在教学理念、学习能力、认知效率和模式创新等方面不断完善，在微课程浓缩的知识点中凝练虚拟现实沉浸、交互和构想的特色，形成资源共享的微课程教学平台。

（4）微课教学和理论研究相互支撑。在线教学是一种前沿性的、极具发展潜力的教学模式，融入视觉沉浸技术的微课程，更需要相应的学术理论引导。所以每当设计创意一节微课程，或者主讲一个知识点，应该发现其中的问题，总结其中的规律，诉诸文本而形成创新性的理论成果，以便在以后的微课录制和课程内容设计过程中，能够汲取成功经验，更加凸显微课程鲜明的时代感和以人为本的教育理念。

二、俄语微课程的教学方法

本章节所要研讨的核心问题是微课技术在俄语教学中的应用。它既包括对这一创新性教学模式的理论探索，也包括对这一前沿性教学技术的具体实践。要解决这一问题，必须具备相应的方法。外语微课程按课堂教案环节主要划分为4类：课前预习类、技能训练类、语法理解类和课后巩固类。按照不同的微课分类分别做出导入型、技能型、问题型和习题型的微课设计。教学方法精准，微课就讲得好；选择的思路开阔，理论研究就会出成果。

1. 问题导向法

在制作微课视频前首先要选择分析相应的教学内容，依据教学问题锚定相应的知识点。并非所有俄语教材的知识内容都适合用微课教学，这里需要一个微课内容的甄选过程。因为目前的微课只能作为传统教学的一个补充，既要反映教学中的重点和难点，也要兼顾教学视频在时间及技术上的局限性。具体讲，单独设立的微课程，其知识点的选择要以其他教学内容的掌握为前提，否则在短时间内讲不清楚所选知识点的教学问题，达不到微课的教学效果。系列微课可以借鉴MOOC大范围互联网授课的设计方法，但不能舍弃短小精悍、问题导向的知识点教学特色，说到底，针对某一具体问题节点的专项学习才是微课程的意义所在，这样才能最大限度地发挥微课教学的优势。

2. 分解融合法

微课程作为一种非线性学习，知识点的选择特别重要。它既要求能够在五分钟内讲清楚问题，也必须凸显教学环节中的重点难点，还需要在教学文本的结构体系中起到承上启下的作用。所以在设计微课程时，要对相互联系的课文知识或语法知识进行先分解再融合的技术处理，分解旨在形成多个相互独立且具有内在联系的分割知识点，这种"碎片化"的微处理形式，使微课程教学内容简洁明快，文字、语言和图片配合更加相得益彰。而融合是指单一微课内部多知识要素的衔接和系列微课程教学内容的融合，当学生完成从一个微课知识点到下一个知识点，从一节微课到下一节微课的学习过程，知识便获得系统化的积累，微课程教学体系也随之得以构建。

225

3. 多种形式法

微课虽然短小精悍，但每一节课必须具备相对完整的授课内容，它只是把重点内容按照内在逻辑分割出若干小的知识环节，目的是讲得清、说得透。由于指尖上的课程随时随地均可进入，目的是节省时间、提高效率，这就需要在形式上和资源上实现多样性。在教学形式上，可以采取协作式、启发式教学，也可以在课堂教学中插入微课视频，还可以结合翻转课堂进行微课教学。微视频主要应用在课前预习、重点难点和课后作业等不同的教学环节，围绕这些环节设置不同的知识点，增加微课程中的互动内容设置，着重培养学生语言组织能力、语言表达能力和逻辑思维能力，以相应的形式配合课堂教学。在资源形式上，运用超链接或二维码连接国内外教学资源，有针对性地连接业内专家学者的线上讲座，广泛采用屏幕录制式课程、精品课式微课程和情境化微课程等多种技术资源，在主体形式上，可以采用教师讲课录像、学生对话演示录像等多种微课形式提高教学效果，实现专业教师零距离授课。在虚拟现实技术的运用上，则可以采用部分沉浸式、完全沉浸式、视觉沉浸式、触觉沉浸式和体感沉浸式等不同的视觉沉浸技术来实现体验式虚拟现实微课教学。

4. 泛在学习法

泛在学习（U-Learning），顾名思义就是指每时每刻的沟通、无处不在的学习，是一种任何人可以在任何地方、任何时刻获取所需的任何信息的方式。泛在学习需要学生具有一定的信息素养和自律精神，在泛在学习的环境意识下，学习是一种自然或自发的行为。学习者可以积极主动地进行学习。学习者所关注的将是学习任务和目标本身，而不是外围的学习工具或环境因素。泛在学习的一个优势是学习场合的泛在性，学习者可以在任何方便的环境、地点接入他们所需要的文档、数据和视频等各种学习信息。这些信息的提供是基于学习者自身的需求，因此，学习是一种自我导向的过程。泛在学习的另一个优势是时间的自主性，其可以借助方便快捷的便携式计算设备，充分利用零散的时间进行具身的学习体验，泛在学习将以无缝学习的时间和空间优势，助力学习者养成终身学习的良好习惯，构建普适计算环境下未来的主流学习方式。

5. 抛锚教学法

微课教学的主要特点是强调内容的针对性，建构主义的教学模式即"实例式教学"或称为"抛锚式教学"（Anchored Instruction）。这是一种基于问题的教学，一旦确立一个问题，整个教学内容和教学进程就被确定了（就像船被锚定一样）。微课教学要针对传统教学的短板，从"易错点"开始创意。首先是微课内容的选材归纳，俄语教材中选重点，重点内容中选难点，难点问题中选易错点，直至把教学中常见的实际问题展现在微课视频中。然后对层层筛选的微课素材进行创意，针对微课内容选择适当设计策划，撰写脚本，确定文字、图片、视频和音频等微课程的构成要素，最后对微课程的创意、制作、应用和评价的全过程进行归纳，完成微课作品并将其应用于教学实践。学习者融入在微课中进行角色互动，在微视频文字、图像、课程分析和问题解读的实景界面上开阔视野，活跃思维，从具身体验的教学过程获取立竿见影的教学效果，在此基础上，总结微课教学方法并将其精炼为理论研究成果，实现信息技术与俄语教学的深度融合（图10.1）。

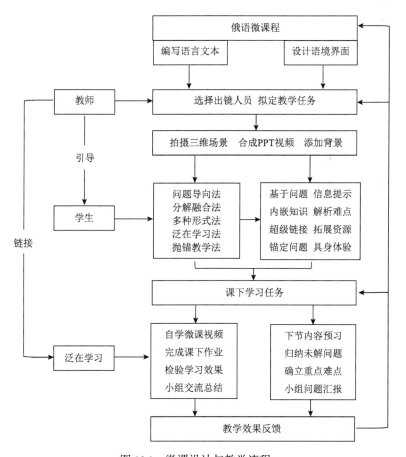

图 10.1　微课设计与教学流程

第二节 俄语微技能的培养

基于语言的交际功能，外语能力可以概括为听、说、读、写、译这五项技能，而每项技能又可划分为更小的微技能，微技能的界定有利于明确具体的技能指标，各项微技能的娴熟掌握对提高语言的总体水平至关重要。语言微技能包含语法领域的微技能和语用领域的微技能。《高等学校俄语专业教学大纲（第二版）》中规定，技能项目和微技能项目，具体体现了大纲对语言能力和交际能力方面的教学要求。微技能是技能项目的组成部分，技能项目通过微技能来培养，是后者的训练结果。针对教学大纲对俄语微技能训练提出的具体要求，以构建知识点集群和微知识点的方法对应俄语微技能的培养，通过微课程的教学手段去完成微技能的教学任务，既是完成俄语教学大纲所提出的明确要求，也是进行微技能培养的有效途径。

根据大纲的设计，教学内容由语法、词汇和语篇三部分组成。其中词法包括 11 个教学知识要点，句法包括 4 个知识要点，功能语法包括 11 个知识要点，词汇包括 6 个知识要点，语篇包括 3 个知识要点，这些要点分散穿插在不同的教学阶段。为了配合课堂教学，弥补学时不足，每个要点可以分为一个或多个知识点，设计微课供学生课外学习，形成线上线下融合的知识点教学模式。在具体操作上，可以把俄语专业教学大纲规定的 8 项俄语微技能作为综合性知识点，制作微课程让学生在课下自主完成大纲所提出的微技能学习。这 8 项语言微技能具体如下。

一、语 音 技 能

应用虚拟现实训练语音能力的技术手段很多，美国康奈尔大学最早尝试通过大数据来提高语音识别率。目前虚拟智能语音工具已经进入实用阶段，例如语音助手软件 DataBot，该软件类似于苹果手机的 Siri，是一款功能比较全面的虚拟语音助手，运用该软件开启智能互动功能，可以把 Databot 当作一个互动对象，进行在线虚拟对话演练，实现学习者发音模仿、发音实训和发音评价，随着智能语音助手工具的创新升级，智能语音工具被赋予了更加高效精准的语音控制指令，为交互式语音技能培养提供了高效的技术手段。

从俄语教学实践的角度来讲，语音是语感的基础，对于形成俄语思维习惯具有重要意义。微课设计以俄语发音部位运用和语流音变掌握为知识点，经过发音、调型等不同微课的训练，达到教学目标所要求的以下标准：不经准备，朗读与所学课文相近或熟悉的语言材料，按语段连读比较流利，语音语调基本正确；稍经准备，能朗读难度相当的新课文，语段分明，表意清楚的教学目的。然而阅读技能不仅仅在于发出语音，更有理解语义、促进语用的作用。从微课知识点的视域看，基础俄语语音阶段虽然属于高等教育的范畴，但却蕴含着俄语发音启蒙教育的因素，知识结构上存在较大的落差。体现在教学内容上的语音技能可以概括为字母发音、辅音音变和调型结构三个不同层次的知识点，从最基础的字母发音，到较为复杂的辅音音变基本规则以及能够体现各种语义的俄语调型结构，综合形成了俄语语音教学阶段互为条件相辅相成的三条主线，在每一条主线中又分为若干微技能的知识点。

在第一条主线中，俄语的十个元音字母 Aa、Ee、Ёё、Ии、Оо、Уу、ы、Ээ、Юю 和 Яя 可以作为一项微技能而设置一个微知识点，一个主要的或者几个类似的知识点可以设计为一节微课程，注意字母 Aa 发音时口张开，舌位放平；Ee 发音时舌位前移，双唇向外舒展；字母 Ёё 是重读的；Ии 舌位前移，双唇向两侧延伸；Оо 口型圆撮，舌位后缩；Уу 双唇圆撮，舌位抬起；ы 口型微开，舌位高起；Ээ 口型张开，舌位前移；Юю 的发音与 йу 类似；Яя 发音舌位向前抬起，双唇向两侧延伸。元音字母的具体口型音位可以参照虚拟现实仿真图形演示。

在第二条主线中，根据 21 个辅音字母的发音特点和音变规律，可以归纳为双唇音、唇齿音、舌尖音、前舌音、后舌音、舌面音和鼻音等分层的微知识点，结合虚拟现实仿真图形演示，具体分析它们的发音口型、发音部位和发音方法。

第三条主线是指俄语调型发音的结构，俄语中不同类型的语句出于不同的交际目的而使用不同的语调，语音语调作为语言结构的一部分，和词汇句法同样都是表达意义的手段，两种手段在参与某种意义表达时，发挥着或此涨彼消或相辅相成的作用。由于不同的调型分别可以表达陈述句、疑问句、祈使句等不同的含义，因此每一种句型的发音方法自然就构成了一节微课程的主要知识点。

为了提升外语发音评判标准，在人工智能技术条件下，可以进行仿真口型与学生口型的对比，检验学生发音口型、舌位与虚拟仿真口型的契合度，或者对俄语调型发音技能进行语音识别。语音识别大致上可以分为声音录制、特征提取、模型建构和匹配识别等四个阶段，其工作程序可以概括为：运用大数据收集目标语音，把收集到的语音数据输入计算机里进行分析等一系列处理，从而得到目标语音的特征信息，然后让特征信息与数据库中已存数据进行相似度搜索和快速的匹配比对，相似系数高者即为识别结果。

二、阅 读 技 能

阅读技能是体现词汇量、语法、句法和语感综合能力的一种技能。如果我们把阅读技能看作一个整体，那么语义和语用作为最终目的，也是阅读技能的重要组成部分。从这个意义上讲，外语阅读的策略方法可以分为三步：①快速略读：通过快速略读找出文本主旨和重点内容。②细节扫描：通过细节扫描找出需要关注的特定词句。③全文详读：通读全文，概括主要内容，提炼课文的精神主旨，理解课文的主要思想。词汇量是阅读能力的前提，只有形成一定的词汇积累，具有一定的语法知识和语篇知识，才能完成文本的基本略读，也只有善于理解文章的关键词，抓住内容的实质的细读略读，才能把外语文本基本读懂。

阅读是人类特有的最普遍、最持久的学习方式，利用碎片化的时间进行微课阅读是一种泛在的、创造性的理解和记忆过程，微课阅读是基于智能界面的阅读，同时也可以把阅读融入三维语境之中，让阅读行为摆脱二维平面的桎梏，走出传统的文本形态，开拓阅读理解的思维，把静态的文本图片转换为虚拟全景穿越视景，从而丰富外语的阅读体验，创新语言教学的阅读模式，构建基于虚拟现实的三维立体阅读空间。

基于虚拟现实的阅读技能训练首先要注意选材，以课文内容为基点，扩充选择典型性、情境性和概括性的内容；其次要通过网络资源优势保证一定的阅读数量，只有充分数量的阅读才能达成阅读能力培养的目标；最后要选择适当的阅读方法，主要包括通读、计时阅读、浏览阅读、泛读和精读，其中计时阅读和浏览阅读重在速度，要求在规定的时间完成一定的阅读量，通读和精读重在质量，可以不计时间，但要求对阅读材料的每一句都能看懂，并要求读音准确规范。

阅读能力所涉及的知识点很多，在微课程设计上可以归纳为阅读习惯和解析能力两个知识点集群。阅读习惯集群主要包括阅读兴趣、阅读数量、阅读质量、阅读速度和阅读行为方式等不同的知识点。以阅读习惯为知识点的微课程主要培养在略读方面的微技能，略读的一般性要求意在形成初步的阅读体验，能够经过大致的浏览抓住文本内容的实质，掌握作者的核心观点，理解文本的层次结构，读出解决问题所需的信息等。以解析能力为知识点的微课程主要培养在精读方面的微技能，包括音素意识、拼读技能、语言知识、阅读理解和感知思维能力，精

230

读的高阶性要求是达到能运用所学语言知识独立阅读，根据词的构成从上下文中判定生词词义的阅读水平。

三、语 法 技 能

俄语教学中的语法现象主要指词法和句法。词法主要研究词的形态特征和变化规则，例如词的构成、组合，以及词形变化等。句法主要识解语句结构的类型和规则，包括句子成分、句子类型、句法关系等。培养识别语法现象的技能，其意义在于厘清常用词汇与句式的表达方式，促进语法知识的掌握和运用。

语法现象较为复杂，以正确识别与课文相关的重点语句为例，在微技能层面集成了三个部分的知识点，每一部分又细分为更小、更具体的微技能层级分布。第一部分要求能确定词与词之间的各种关系，包括上下义关系、总分关系、类义关系等；第二部分要求熟悉常见的句子成分，正确识别简单句和复合句的类型；第三部分要求会分析长句并确定句子各部分之间的关系，掌握句中常用的连接手段，能根据连接用语判断出句与句之间的关系。这其中每一项细分的微技能，都可以作为一节微课的知识点。

分析长句历来是教学中的重点，同时也是学生理解的难点，必须多维度勤加练习，绝非一节微课能够解决的问题。对于这样的知识点，可以设计不同语体类别的知识点集群，分别讲解不同语言风格的长句，分析不同语体的构词手段和句法特点，解析语言体式的功能特征。上述每一具体语法现象的掌握都属于一项微技能的运用，而每一节微课程按照时间或知识内容的需要，由上述一个或几个知识点构成，每一项微技能又可以由一节或数节微课程去识解。

四、词 汇 技 能

词汇是外语学习的基础，词汇教学中根据词的内部结构特点解析构词法，侧重强化同义词、近义词的区别。俄语词型变化丰富，词与词的组合形式会发生屈折变化。语音是影响词汇识别的重要因素，语音最基本的环节是音节，音节由不同音位之间按照一定的规则组合而成。音节意识对识别词汇具有引导作用，这是因为俄语的词音由音节构成，每个音节由一个元音或一个元音几个辅音形成发音组合，其语音信息中的不同重音、音素和音变对词汇的识别具有不同的效应。

辨认主要词类是识别词汇的基本技能，同时也要利用构词法辨认同义词、近义词、反义词，利用关联词进行逻辑推断，把握其在语篇层次上所起的连接、指

231

代或反证作用。识别词汇还有一项特殊的技能就是"猜词",外语中的所谓猜词并非赌一种概率,而是某种语言思维习惯的表现,俄语的猜词技能是利用语境关系、上下文关系和个体的俄语思维所进行的单词大意的判断。

词汇识别包括对名词、代词、动词、形容词、副词等不同词性的认识,在语用上包括对同义词和反义词、同音词和近音词以及词的直义和转义等不同的用法的了解。针对词汇教学知识点众多而又相互影响的情况,微课设计可以遵循知识点集群性构建碎片化识解的教学策略,把识别由熟词构成的合成词和复合词及其词义定为统一的知识点集群,在集群中对每个知识点进行分别讲授,每节微课从不同的侧面进行解析。例如在对合成词、复合词、词根、前缀和后缀等知识点的分别讲解的基础上,进行知识点的延伸教学,即由合成词、复合词的基本概念,到识别由熟词构成的合成词和复合词及其词义的方法;通过这种方法再由已知的词根、前缀和后缀,推测出某些同根生词的词义,从而形成掌握识别词汇的微技能。

知识点集群性构建碎片化识解的教学策略并不影响功能语法的完整性。这种由碎片化的学习形成系统化知识的学习方式,其碎片化的只是学习的可用时间,而知识的完整性、系统性并未因此而割裂,这充分说明对于系统性的语法知识、识别词汇等涉及句法、词法系统知识的教学内容,同样适用于微课程教学。

五、听力技能

听力的微技能主要体现在三个层面:一是能够理解不同调型的语调表意和表达情态;二是能够通过听力识别和理解关键的词语,把握话语内容或段落的大意;三是通过听力捕捉时间、地点、数目和事件的信息,判断说话人的观点和态度。教学中可以按照这三个层面的知识点进行微课设计,培养学生的听力理解与听力选择能力。汉语有四个声调,各自能够表达出不同的意思,属于声调语言。而俄语是非声调语言,属于屈折语,虽然词素趋向连在一起,但其发音并不具备区别意义的作用,随着词型变化带来的重音移动,还会给听力造成一定的困难,所以必须贯彻"外语教学听力优先"的原则。

借助虚拟现实技术提高听觉系统的适应能力,是延伸学习者听力技能的有效方式,例如依据课文内容设计相关话语情境,当注意力集中在某一语言情境之中,就会忽略背景中其他的对话和噪音,形成听力认知上的"鸡尾酒会效应"(cocktail party effect),当学习者的听觉注意力集中在预先设定的关注兴奋点上,而未被关注的点就会被全部忽略，这种使人能够专注于某一对话的方法也叫选择性关注（selective attention），虚拟现实技术能够营造形成选择性关注的听觉场景，以此培养学习者的听力选择能力。

俄语听的技能要求是能够掌握所听内容的基本大意，听懂所学题材范围内的相关话题。仅从"基本大意"和"相关话题"这两点来看，对听力的要求并不高，之所以如此，是因为听力可以说是俄语初学者的一大难点，参加专业四级、专业八级考试的学生，很多都是根据听懂的只言片语，再运用推理、排除等方法选择答案。听力部分能够真正完全理解的初学者并不多见。之所以出现这种情况，一是由于语境问题，在声调语言的母语环境中学生一时难于形成俄语的思维方式；二是现行听说课程中主要用"听录音、回答问题"的方法锻炼听力，但课文录音往往包罗万象，难于凸显某一方面的知识点而形成深刻的记忆。从这个意义上说，微课程对于听力的技能培养具有重要意义。例如在俄语调型的听力方面，不同调型结构存在不同的音高运行曲线，微课设计可以把俄语调型的辨音能力构建知识点集群，分别把陈述句、疑问句、祈使句和感叹句等各种句型的语音运动曲线细分为知识点，通过不同调型语音语调的交叉听力训练，由听觉器官去识别这些知识点，从而理解不同句型通过语流音变所表达的重要意思。

另外需要强调一点：读是听的基础。听力过程即语言的信息解码过程。对于俄语而言，只有能够正确读出口来并知晓其意义的单词、词组和句式，才会真正听得懂并留下记忆。让每一个词的发音在大脑里留有一个印象，再一次听到这个词时，就会与大脑里的那个印象相契合并且迅速做出反应，这样锻炼出来的听力，才可以成为一种具有稳定性的、可持续发展的技能。

六、翻 译 技 能

教学大纲对翻译的要求是："能把所学的课文译成汉语，译文达意，语言基本通顺；能把题材熟悉，难度随所学课文递增的文章译成汉语，译文达意，语言基本通顺；能把语言题材熟悉，结构不太复杂的句子译成俄语，译文基本正确。"基于大纲的要求，可以把译的微技能概括为"俄译汉""汉译俄""俄汉互译"等三个知识点集群。从翻译理论与技巧自身的视角看，译的技能可以分层设置五个方面的微技能。

一是理解原文基本含义的微技能。首先通读全文，对全文的内容有个大致的了解；然后重点阅读，以利于理解全文的基本意思和主旨；最后分段阅读，目的

233

是要把握一些关键词和中心词。此外，我们还要了解一下俄语文本的主要语体，如文学语体、科学语体、口语语体、公文事务语体和报刊政论语体等，每种语体掌握都是语言体式知识点集群中的一项微技能，与此相对应的可以设置语体分类的若干知识点，以便于按照不同语体的行文风格进行翻译。

二是翻译技巧方面的微技能。任何外语的翻译都需要一些技巧。有时在翻译一段文字，或者一句话的时候，总会感觉到逐字翻译后却不符合汉语的表达习惯，这是因为俄语和汉语的表达方式和思维习惯有着明显的差异。因此，俄语翻译要根据特定的文本语体和语言风格来翻译，并灵活运用直译法、意译法、加词法、减词法等不同的翻译技巧，尽量与汉语的语言习惯相符合。每一种翻译技巧，都可以作为一项微技能的知识点，并根据需要制作微课补充课堂教学。

三是遣词酌句的微技能。鉴于源语与译语之间往往没有相对固定的词义对应关系，故遣词酌句是翻译工作经常面对的一个现实问题。俄语翻译要遵循俄语的思维与解码过程，在翻译中遇到难以理解的搭配或句式，比较有效的方法是结合上下文去遣词酌句。文章之间是有关联的，在理解上下文之间关系的基础上，适当增加或者减少一些文字，就可以通过一些关键词和同义词来进行准确翻译，这样就可以形成达意的译文。

四是积累基本词汇的微技能。翻译是一项综合性的实践，需要结合自己所积累的俄语知识和理论。平时在做翻译练习的时候，如果一些单词区分不清，就需要从它们的基本用法和区别入手，通过微课加强对多词同义和一词多义等知识点的理解，加深对俄汉词义基本对等和无对等词的记忆，这些微技能有利于记住并积累这些单词。平时记忆和理解词汇的最好方法是通过文章和句子来加深印象。此外也可以通过上下文的语境来理解这些词语的含义。

五是掌握基本语法的微技能：在翻译教学中经常遇到这样的情况，学生对俄语简单短句的翻译基本正确，而对复杂长句的翻译则感到十分困难。由于语法知识的欠缺，只好按文本的先后顺序逐词硬译，致使译文逻辑混乱而难以理解，这就需要多去掌握一些基本的语法，主要包括名词、动词、形容词和副词的基本含义，以及主语、谓语、补语、定语和状语的基本用法，这些都构成了一个个相对独立的知识点。在很多原语的陈述中，文章会包含一些复杂的从句，这就需要找出它们的基本成分，理解句式的从句类型，懂得句子的基本成分，能够做出一定的分析，然后再进行文字方面的加工和组合，这样句子就不难翻译出来了。而这些不同的句子成分，每一种都是一个完整的知识点，都是俄语微课程的基础素材。

　　虚拟现实技术在翻译教学方面同样具有广泛的应用场景，虚拟翻译微技能的训练体现于虚拟现实计算机辅助口译教学（VR-CAIT），欧盟在这方面的研究走在了世界前列，2010 年欧盟率先建立了虚拟现实机器辅助口译教学项目（IVY），该项目提出了口译所执行的译前准备—译中实践—译后反思的程序化教学思想，科学规划了译前、译中和译后的教学环节，"IVY 设置了学习活动、口译实践、现场互动和口译探秘四种模块的应用方式来支持用户知识的学习和技能训练……分别采用 Web 环境和 3D 虚拟现实环境给予技术环境支持"（刘梦莲，2018：79），通过情境化对话和角色扮演的具身体验，形成虚拟现实交互式翻译教学方法，构建翻译硕士（Master of Translation and Interpreting，MTI）口译交互式情景教学平台，进行翻译微技能的训练。

七、写 作 技 能

　　俄语专业写的技能旨在培养学生运用常用的词汇、句法和语法结构，在段落书写、篇章书写、应用书写和论文写作四个层面进行撰写的能力。其中段落书写包括段落主题、句际联系、词序规则、人称、时、体的前后一致关系、起句和收句以及段落连接处理等要素的书写；篇章书写包括文章摘要、扩写与缩写、事件陈述、描写与议论、说明文与议论文等篇章的书写；应用书写包括简历、求职信、申请、委托书和公函等格式书写；论文写作是彰显写作技能的核心，包括学术论文写作和学位论文写作，是对俄语书写水平的综合判断，从这个意义上讲，论文写作既包含又超出了俄语微技能的范畴。

　　作为文本能力的体现，基础阶段的教学大纲着重强调了俄语写的技能。写的技能范围很广，不能仅仅理解为会写字，重要的在于会写作，通过书写微技能的培养，学生能够掌握外语写作的基本知识和基本技能。微课程把这两个方面的知识分别设计为知识培养和能力培养两个知识点群。基本知识作为一个知识点集群，主要包括写作的基本理论、文本类别、基本格式和语言结构等重要知识点，这些知识点根据教学需要也可以细分为若干微知识点作为一节微课的素材。

　　能力培养即书写各类俄语文体的技能培养，其细分的微知识点主要包括科学语体、公文事务语体、报刊政论语体、文学语体、口语语体等，写的微技能意在培养各类体裁的写作能力。具备不同文体写作的基本技能，并能够在实践中运用写作知识解决实际问题。通过各类文本的学习与训练，结合微课程讲解俄语文本书写规范，每个文体制作一个微课视频，教会学生叙事文、说明文、应用文以及

235

书信的书写方式，使其会运用各种词类和常用词的搭配关系，组成不太复杂的句子，并熟悉通知、请柬和便条等俄语文本表达，达到拼写准确，语言连贯，语法错误不超过用词量 6% 的教学规定。进而能够学会逻辑思维方法，锻炼思辨能力，培养家国情怀，提升语言美学鉴赏力和用俄语写好中国故事的本领。

目前虚拟现实技术已经进入书写应用领域，我国在虚拟现实书写方面也取得了重要成果，中国人民解放军军事科学院国防科技创新研究院公开了一项发明，该发明设计了一种虚拟现实书写方法、系统和存储介质，该方法用于虚拟现实系统中的终端，以渲染分辨率对虚拟现实图像进行渲染，得到相邻的两帧渲染图像，用以丰富文字识别的应用场景，提高文字识别的灵活性。人工智能自然语言处理已经能够用计算机来处理、理解以及运用人类语言，甚至能完成撰写文案和代码等书写功能。该项功能可以用于撰写邮件，可以支持文本写作，不仅为文本写作提供了新的平台和工具，还极大地丰富了写作的方式和体验。这种融合有望推动语言教学的创新和发展，拓宽外语写作教学的边界。

八、口 语 技 能

从技术角度而言，虚拟现实的话语技能一方面与语音和语言处理相关，另一方面与视觉上展示虚拟人物对话如动作相关。前者包括自动语音识别、自然语言处理、文本转语音等核心技术，后者包括视觉上展示虚拟人物对话时的口型、面部表情、肢体动作等，把二者的技术水平集成起来可以形成虚拟人的语言表达，虚拟现实的话语技能已经具备一定的成熟度。从技术角度而言，虚拟现实技术完全可以模拟出另一个人来与学习者对话，只是这种学习方法还没有应用到教学实践中去。

"说"是一门艺术，话语分为多种表达方式，不同表达方式产生的效果也不尽相同。说的技能主要包括语言运用、思想表达等表达性（productive）技巧。说话要注意身份、讲究场合、区分对象、注重效果。所以"说"是俄语中一项重要的微技能，要做到口语纯正、情感丰富、语速流畅需要进行规范的训练。所谓规范的训练涵盖发音技能和识别句子成分技能两个部分，以此为基础需要设置理论性和实践性两个知识点集群。

理论性知识点集群重在培养识别句子成分的技能，以使说话能以意群为单位连贯成句。所谓"意群"是指句子中按意思和结构划分出的各个成分，每一个成分即称为一个意群。同一意群中的词与词关系紧密，在说的过程中不能随意拆分、改变语序造成逻辑混乱，否则就会因改变了话语的原意而引起误解。但是在说一个长句时中间需要有短暂的停顿呼吸时段，而具体在何处停顿则需要把长句分割成具有一定意义的若干个短语，停顿是在意群之间进行的，它是根据换气和语意的需要而自然产生的一种语音现象。与此相适应，微课知识点的集群设计主要包括词组、短语、并列句及分句、复合句及主句、从句等知识点，掌握这些知识点意在形成一种概念组合的能力，根据一定的语义关系把语句组合在一起，让一个意群内的话语自然产生一种语音连读现象，同时避免因无序的组合而产生话语的歧义。

实践性知识点集群重在培养俄语发音的微技能。鉴于一般的发音技能在语音技能部分已有分析，这里不再赘述，故实践性知识点集群主要包括话语交际中发音的难点部分，分别设计呼吸法、发音技巧、口语能力、语速能力主要知识点，然后分别汇总爆破音、摩擦音、塞擦音和舌尖颤音等不同的细分知识点，按照俄语的发音特点和音变规律进行分类训练，从中归纳出更加科学和实用的微技能教学方法，有的放矢地指导学生矫正自己的发音，以期学生对话语实践中难以克服的语音问题进行重点突破。

实践性知识点是体现"说的技能"最直接、最重要的知识点，因为它不仅仅涉及各种发音技巧，更重要的是涉及了日常口语的应用。口语是在无准备、无约束、面对面语境中的交际用语，通常用于个人交际以及所有非官方或非正式场合之外的语言交际。随着时代的发展，口语已经逐渐渗透到一般公共场合之中，不同形式的讲演和大众媒体中也经常出现口语的形式，从而在无形中提升了口语的地位。

培养口语能力的知识点根据交际领域可以分为直接对话与间接话语；根据语言特征可以分为有准备话语和无准备交流；根据口语场合可以分为日常对话、电话交谈、酒桌交谈和问题辩论等。需要指出的一点是，"说"作为外语中最重要的技能，所涉及的内容十分广泛，在课堂有限的教学时间内是难以完成的，所以"说"的能力培养特别适用于碎片化的学习方法，这种方法能够让学生有条件充分利用零散时间，随时随地登陆指尖课堂，在微课界面上进行简短的转述和会话，或根据知识点要求锻炼不同的意念表达，这是消除"哑巴外语"的一条捷径。

俄语微技能的培养体现了智慧教育的特色。智慧教育即教育信息化，是运用新技术、新手段、新工具和新理念所设计的创新教学方法。其技术特点是数字化、网络化、智能化和多媒体化，基本特征是开放、共享、交互、协作。教学内容与流程设计需体现线上、线下相结合的设计思路。智慧课堂融入新时代人才培养要求，围绕教学目标、教学内容、教学过程、创新措施和教学评价进行整体规划与优化设计，使知识得以更新，教学方法得以改进。基于智慧教学的微课程从知识、能力、素质、价值、资源和策略等方面颠覆了传统教学模式，学生学习方式有了显著变化，体现出自主学习、合作学习的新模式，为构建创新性、高阶性的俄语教学奠定了基础。

外语教学如果没有互联网、虚拟现实技术的介入，没有微课、在线课程等教学模式的改革，就体现不出教学改革的时代性。但只有微课视频课件、微资源构成和微网络共享等基础架构，没有教学目标、教学理念、课程体系和教学方法等诸多因素的配套，同样不能达到提高教学质量的目的。微课技术应该与教育理念同步更新而不能留下短板，那么，树立新文科教学思想，在专业课程中融入思政元素，则是外语教育立德树人的必由之路。

第十一章　俄语专业课程思政元素的融入策略

第一节　以大数据重塑课程思政的教学体系

一、课程思政的融入形式

2020 年教育部印发的《高等学校课程思政建设指导纲要》明确了课程思政建设的总体目标和重点内容。最新《普通高等学校本科俄语专业教学指南》对俄语专业学生提出了全面的素质要求。为了使这一要求落到实处需要采取具体的措施，而运用互联网、大数据和虚拟现实技术的支持，有助于在俄语学科专业知识、各类课程设置、师资队伍建设和教学质量考核等方面挖掘思政元素，重塑以课程思政为引领的俄语教学体系，更好地实现知识传授、能力培养和价值塑造三位一体的人才培养目标重构。以外语专业融入数据科学为着力点，引导学生构建数据科学思维体系，实现专业课教学向理想信念教育、语言能力培养和社会责任构建的多维度全面发展。

高校思政课程融入虚拟现实体验认知教学模式的探索与实践，一方面可以让课程思政教育与时俱进，建立在信息时代网络计算机技术的基础之上；另一方面也能够助力思想政治教育打破时间和空间的限制，发挥学生的主体作用。让代表新时代科技前沿的新技术优势与思政教学目标高度契合，通过沉浸式、交互式和探究式学习方式，实现外语专业教育与课程思政教育同向同行。虚拟现实技术为思政课教学提供了直观、形象的思维材料，使教学手段更加科学化，思政形式更加丰富多彩。虚拟现实技术以视觉沉浸影像为表现形式，以计算机人机互动为体验方法，通过视觉、听觉、感觉和动觉全方位立体化应用，打造沉浸、交互、构想的体验式学习，提升思政课程的认知能力。学生在虚拟环境中体验相关思政内容的演示过程，能够获得真实形象、身临其境的具身体验，更好地理解思政教育的价值内涵。

课程思政旨在实现知识传授与价值引领的有机结合，以大数据重塑课程思政的俄语教学体系，既是实现这一结合的有效方法，也是践行新时代教学改革的内在要求。在具体实践中，把数据技能培养纳入思政教育体系，应用大数据搜集、归纳、分析和处理相关资料，条分缕析外语专业中所蕴含的思政元素，分析学生的价值取向，找准关键知识点，做到在专业课中恰如其分地融入思政教育的同时，在思政教学中强化数据意识和数据应用，凝练学生的数据素养，实现专业课教学向理想信念教育、科技能力凝练和社会责任培育等多向度全方位的功能延伸。

外语学科体系中蕴含着不同的思政元素，不同元素往往只对某一专业领域具有适配性，因此，教学中融入的思政元素要与专业课的内在规律同向同行，在授课方法上要采用一种潜移默化的、浸润式的隐性教育，而不是粗放的、漫灌式的显性教育。基于这一认知，本书以俄语教学实践为例，分别阐述了俄语教学中思政元素融入的三个主要环节和三种不同的形式，并具体分析了"嵌入""挖掘""切入"等相应的思政元素的融入策略。这些策略基于俄语专业细分课程的不同属性，一方面挖掘了专业课中思政元素的内涵与外延表征，另一方面体现了其思政元素的内生性和非内生性特点。

推进课程思政建设，就是要寓价值观引导于专业能力培养之中，为发挥俄语专业课程的特色优势，贯彻育人为本、以德为先的教育理念，实现具有国际视野、家国情怀的外语人才培养目标，必须深度挖掘课程体系中所蕴含的思想价值和精神内涵，增加课程的知识性、人文性，提升课程的引领性、时代性和开放性。要实现这样的目标，需要采用包括数据分析、数据应用在内的不同方式方法，与此相适应，思政融入的课堂教学设计，分为思政融入环节和思政融入措施两个组成部分，不同教学环节与不同融入措施之间的合理搭配，体现出以大数据重塑课程思政外语教学体系的规律性。

二、课程思政的融入环节

中国是俄语教育大国，俄语教学历经 300 多年，它因应中俄交流的需要而诞生，随数字化教学的实践而发展，在中国特色社会主义的新时期，无论在教学理论还是实践方面，都需要与时俱进的改革创新，而改革的任务之一就是要把课程思政融入专业课程之中，构建中国特色的俄语教学。俄语教学的课堂设计，一般分为学情分析、教学目标、教学内容、教学策略和教学评价等几个相互联系的教学环节，并不是所有教学环节都去融入课程思政，那样不利于产生润物无声的教学效果。根据教学设计内在属性的要求，课程思政一般体现在教学目标、教学内容和教学评价这三个教学环节之中。

在教学目标设计方面，此前的教学目标一般是分层目标的表述，分别涉及知识、能力和素质三个层面，如果这样分层就缺少了课程思政的创新环节，需要补充课程思政的教学目标。专业课程作为课程思政的基本载体，其形式必然呈现多元化的趋势。不同专业有不同的课程特点和思维方式，相应也应该设置不同形式的思政目标，因为只有遵循专业教学认知规律而融入思政，才能触发专业与思政的思维同构性，进而以更开阔的视野引导学生求知问学，以正确的政治站位培养学生立德树人。所以把课程思政明确纳入教学目标，有利于提炼学科、专业和课程三个层次的思政元素。在专业课程层面的思政目标就是要以听、说、读、写、译的思辨为抓手，增进学生的政治思想意识，提示学生的民族认同感和国家认同感，在完成大纲规定课程教学任务的同时，也要起到"培根铸魂，启智润心"的课程思政作用。

教学内容既是教学设计的核心，也是思政融入的主要载体。要挖掘专业课程中蕴含的思想政治教育资源，体现专业课程在大学外语教育中的工具性、人文性和国际性特色，必须在课程的单元细节中因势利导地融入课程思政的元素，只有这样，才能通过课文与对话的具体内容进行文明互鉴，找到引导树立道路自信、理论自信、制度自信和文化自信的介入点，进而通过这个介入点，深度挖掘教学内容中潜在的思政元素，以培养学生的国际视野与家国情怀，确立人类命运共同体的使命意识和责任担当。教学内容融入思政主要围绕三个"度"展开：一是角度，外语教学也要从中国视角出发，来分析、比较课文、录音及对话中的思政知识点，重在思考现实问题，帮助学生思辨性理解热点问题；二是深度，从文化深层次结构出发，挖掘课程之中蕴含的思政元素，提升学生的政治站位和认识问题的能力；三是温度，教师注重自身素质修养，在教学过程中主动关心、帮助学生，让学生感受到教师春风化雨般的关爱，从而潜移默化地达成思政教育的效果。

教学评价既要促进学生独立思维的构建，也要有利于合作精神的培养，在新文科建设的背景下，教学设计必须全要素、全过程贯彻"以学生为中心"的教学理念，按照统一性的原则，这一理念贯彻了所有的教学环节。但是在教学评价环节贯彻"以学生为中心"，那就需要对评价的主体、过程和结果进行全方位转型，所以在这方面，需采用要素化转型的教学评价改革设计。

首先是评价主体要素的改革。从以教师为评价主导向以学生为中心转型，这需要师生共同改变观念以促进角色转换。评价主体改革的核心是让学生主动参与到教学评价过程中，帮助教师改进教学过程，促进师生共同发展，由此而构建一

241

系列新的评价标准，这既包括学生学习情况的自我评价，也包括教学主体的相互评价，还包括学生的参与意识及合作状态。

其次是评价过程要素的改革。从被动知识传授向主动体验认知过程转型。教学设计采取过程性评价与终结性评价相结合的形式，重塑评价方式，借鉴"成长记录袋"的形式，鼓励学生进行自我反思、自我评价，教师结合学生平时表现，包括对品德规范的认识和遵守品德规范的自觉性等综合因素给予考量。

最后是评价结果要素的改革。从"一考定终身"向多元化评价机制转型。此项教学设计采取教学数据、思想工作管理数据和日常作业反馈数据等多种形式，以大数据重塑课程思政的统计方式，综合评价学生品德行为表现和知识掌握情况，既要对学生的知识掌握、运用能力进行考察，也要对学生的思想品德意识进行鉴定。思品方面主要是对品德认识向品德行为转化过程进行评价，以预防学生在校内、校外不良品德行为的发生，完善教学评价的监控机制。传统教学对学生的人生观、世界观和价值观、生活习惯和学习能力等数据难以把握，经过人数据技术分析，让各项指标更加细化、量化，使得教学评价更加客观、全面和准确。

第二节　课程思政的融入策略

习近平指出，"做好高校思想政治工作，要因事而化、因时而进、因势而新。要遵循思想政治工作规律，遵循教书育人规律，遵循学生成长规律……其他各门课都要守好一段渠、种好责任田，使各类课程与思想政治理论课同向同行，形成协同效应。"[1]专业课程是课程思政建设的基本载体，不同专业有不同的课程特点和思维方法，俄语专业更有自己独特的解码过程和认知规律。与此相适应，思政教育亦需要采取相应的融入策略，遵循俄语言的认知规律，才能达到润物无声的育人效果，体现出专业课程与思想政治理论课同向同行的协同效应。

思政教学也需要改革创新，通过融入思政元素的专业课程教学软件，在课程思政融入环节上实现赋能，行课中运用虚拟现实技术复原相关思政人物、事件和场景，便于实现外语教育思政课全覆盖，推动虚拟思政真正走入课堂。虚拟思政教学运行平台涵盖了基于计算机的界面体系、3D 虚拟现实演播室、移动手机界面、

---

① 习近平：把思想政治工作贯穿教育教学全过程[EB/OL]. http://politics.people.com.cn/n1/2016/1208/c1024-28935841.html[2016-12-08].

Web 网页端等辅助虚拟现实场景。其虚拟思政融入模式主要包括视觉沉浸学习和人机交互体验两种形式：①视觉沉浸漫游模式，由教学软件以全景图像的形式进行自动漫游，融入教师的语音讲解，学习者使用头盔式显示器，只需简单地点击就能够沉浸于思政内容的教学场景进行沉浸式自主学习。②人机交互体验模式，学习者以第一人称视角融入虚拟语境之中，就相关思政内容进行具身体验，对相关虚拟物体、事物或过程进行模拟参与和人机互动，以取得仿真现场交际的沉浸式体验认知。

俄语专业思政元素的融入呈现于专业知识的附加、内涵与外延三种不同的形式，与之相适应分别概括为"嵌入""挖掘""切入"等不同的融入策略，三种策略依据专业课程内容的教学安排因时而进：一方面挖掘出专业课中思政元素的内涵与外延并因事而化，另一方面依据专业课中思政元素的内生性与非内生性特点因势而新。

一、"嵌入"策略——思政嵌入相关专业教学内容

"嵌入"策略作为一种专业融入思政课的教学设计，是一种从外部附加的、非内生性的融入方法，同时也是专业融入思政教育的一个重要节点。作为专业知识的一种外部元素，它的介入可以唤醒与催生专业知识中积极向上的因子，凝聚正能量的知识点。外部嵌入并非"思政补丁"，也不等于专业课程思政化，而是一种促发性的思政策略。

辩证法认为，内因是变化的根据，外因是变化的条件，外因通过内因而起作用。没有外部条件的介入，任何专业知识结构都不会无缘无故地自我生成思政知识的内容，更不会达到思政教育的效果。例如《俄语视听说教程》中的"天气"一课，该课程涉及了俄罗斯气候变化的现状，气候变化不仅仅是天气的自然现象，而是一个人类共同关注的重大社会问题。联合国政府间气候变化专门委员会评估报告确认了全球气候变暖的事实，《京都议定书》首次以法规的形式规定了限制温室气体排放，2004 年 11 月 5 日，俄罗斯总统普京在《京都议定书》上签字，使其正式成为俄罗斯的法律文本。通过"嵌入"相关内容就会延伸课文的知识点，唤醒学生的环保意识。温室气体排放会造成温室效应，从而使全球气温上升，并导致冰川融化，威胁人类生存。因此，控制温室气体排放已成为全人类面临的一个主要问题，由此而自然生成了对"人类命运共同体"思想内涵的深刻理解。把这些内容附加到课文中，学生就会带着保护生态的理念去体验四季变化，从寒

来暑往的对话中认知环境的承载力。

嵌入的思政内容与专业内容的高度契合,触发了专业与思政认知过程的思维同构性,使学生在掌握与天气相关的句型结构和语法知识的同时,既能够把它应用于气象变化的日常表达,也可以将其用于应对气候变化的话语交际,以更加开阔的知识面引导学生求知问学、立德树人。"从某种意义上,专业课程的思政教育更能感染到学生,更能激发学生的共鸣"(肖香龙、朱珠,2018:134),体现价值引领的魅力,对自己的专业知识越是精通,理解其中所蕴含的价值理念越是深刻,通过与专业相关思政内容的嵌入,不仅延伸了专业知识的深度与广度,而且让学生更愿意接受,并主动地内化为自己的知识和价值观,拓展了国际视野,凝练了家国情怀。

"嵌入"策略体现了内因与外因的辩证关系,专业课程作为事物发展的内因,它不仅表现于语言技能的学习,而且涵盖了文化体系的构建,其专业性在于不同语种都体现了区别于其他语言文化的内在本质。课程思政作为影响事物发展的外部条件,它可以局部改变事物发展的面貌,在塑造语言文化的价值观层面"嵌入"中国元素,让学生在掌握外语文化的同时,运用外语这个内因去增加中国话语体系中体现价值观念的知识点,做到一方面深入学习外语知识,另一方面对外传播中国文化。这就是说,学习外语并不是要把自己融入外语文化体系,而是通过掌握外语专业技能,深入了解不同文化的差异,以深谙外语知识为条件。只有具备了这个条件,才能有效地进行中外文化对比,以历史唯物主义的观点审视中国文脉的传承,从而增强文化自信,提升跨文化交际的能力。

二、"挖掘"策略——从专业中提取相关思政元素

这是一种从专业内部固有的、内生性的知识中提取思政元素的融入策略,旨在挖掘思政教育中基础性的专业元素。此类元素属于专业认知域边界范围内的知识,但可以从中提取和专业相连的思政问题。或许有观点认为,专业课程就是专业课程,其所内含的只有纯粹的专业知识,并不存在课程思政的内容,或者说专业与思政并不存在内在的联系。但马克思主义哲学认为,任何事物或现象之间以及事物内部要素之间都是相互联系的,并不存在孤立的、纯粹的专业知识。特别是语言类的课程,不同话语体系中联系的客观性是普遍存在的,这就要求我们从专业知识本身所固有的相互依存、相互转化的内在关系中去挖掘思政元素,运用普遍联系的观点全面观察语言知识的价值取向,深度挖掘课本内涵的具有思政意

义的知识点。发现价值素材的契机在于挖掘，这就需要发挥专业教师主导与引领的作用。鉴于个人的感知能力有差异，且内涵的思政内容不是表面上的知识，而是内在的，隐藏在事物深处的素材，闪光的东西需要去探索、挖掘才可以看到。

俄语专业"挖掘"策略的原动力来自学生对知识的追求，教师在传授知识时基于这一追求去实现价值引领的目标，从这个意义上说，"挖掘"策略是思政融入的根本性策略。我们以俄罗斯语言文化学中关于"汉俄语色彩形容词的比较"为例，具体说明专业课中所蕴含的思政元素是怎样体现，怎样去挖掘的。其实色彩本身并无任何语言要素，人们对于色彩的种种感情寄托和语言表达，是色彩长期对人的意识发生作用的结果。但没有比较就没有鉴别，俄汉双语的对比彰显着中华文脉的历史传承与中国文化的博大精深。

从中俄色彩形容词的起源来看，俄语中最古老的颜色是白色和黑色，在古俄语中"白色"这个形容词一开始出自印欧语系里 bha 这个单词，以后演变成为 белый（白色的）这个具有引申意义的原色形容词，它既揭示了光明和自由的想象，也包含了喜悦和纯洁的喻义。反观中国对色彩的认知与应用，它传承着中国的文化元素，起源于新石器时代的仰韶文化，那是在有文字记载的历史以前，中国人首先对色彩有了认识，它的实物佐证就是出土的彩陶，是在橙红色的胎地上，描绘出红、黑、白三种颜色的图案然后烧制成的陶器，它记录了中国人利用色彩表达思想的萌芽。通过上述专业知识的学习与思考，既让学生了解了生成于中国文化的色彩形容词与俄语色彩形容词的差异性，同时也增强了对中国话语体系的文化自信。

从中俄色彩形容词的应用来看，俄语诗歌中色彩形容词在比喻义上往往通过层次递进的修辞方法，例如：颜色——这种颜色的衣服——穿着这种颜色衣服的人（белая женщина，чёрный монах）；颜色——这种颜色的皮肤——这种颜色皮肤的人（чёрный дед мой Ганнибал）；颜色——旗的颜色——人们举着这种颜色的旗出发（красные，оранжевые）等。它体现了逻辑思维的叙事方法，直白而朴实的比喻却能给人以震撼的效果。从修辞方法的比较而言，中国文学作品中对色彩的多义性的描写，更多采用了借喻、隐喻的手法，通过色彩来表达丰富的情感世界。例如曹雪芹的《咏白海棠》诗中，用"出浴太真冰作影，捧心西子玉为魂"来形容海棠花的洁白，但却不曾用得一个白字。然而荀子曰"青取之于蓝而青于蓝"，虽然主语和宾语里连续用了"青"和"蓝"这两个直接说明颜色的词，且谓语采取形容词做动词用的手法也用了"青"这个词，但所表述的却不是颜色的本身，而是隐喻了长江后浪推前浪的唯物史观。黄巢在《不第后赋菊》中对于"冲天香阵透长安，满城尽带黄金甲"的描述，使人看到的却并非黄灿灿的菊花，而是义军攻占长安的金戈铁马。色彩形容词的多义性，在汉语里表现得更为淋漓尽致，那令人难以忘怀的字里行间，遮不住的是诗人青山隐隐、绿水悠悠的思想感情。

通过中俄色彩形容词起源与应用对比的解读，无形中引发了学生对中国文化的理论自信，也只有深入挖掘专业知识中的思政节点，进行专业知识的延伸解读，才能更加深入地"讲好中国故事"，"厚植爱国主义情怀"，让思政课程似水无痕地融入专业教学之中，于无形中完成立德树人的根本教学任务。

三、"切入"策略——以专业特色切入思政教育

"课程思政理念的提出，给高校思想政治工作带来一股清风，改变了原有的疲沓的、枯燥的政治理论课的说教，大大丰富了思政教育的内涵和外延。"（梁遐，2018：42）所谓"思政教育的内涵和外延"是一个值得深入研究的问题。就俄语专业课程思政融入的三种措施而言，如果说"挖掘"策略在于专业知识的内涵，那么"切入"策略就在于它的外延。内涵是指一个概念所概括的思维对象本质特有属性的总和，俄语专业的内涵包括教学大纲所规定的言语技能、语法、词汇、语篇和修辞等；外延是指一个概念所概括的思维对象的数量或者范围，俄语专业课程的外延包括以专业内涵知识为基底的知识延伸，具体包括俄罗斯语言风俗礼节、国情文化知识、当代俄罗斯体制乃至整个俄罗斯话语体系等。

从内涵与外延的辩证关系中可以得到这样的启示：在外语专业课程中，课程思政的素材是十分丰富的，只要我们从教学内容的内涵出发，并沿着其知识主线的脉络，去开拓和把握课程外延的、有利于思政教育的专业素材，就会有取之不尽的思政元素。从这个意义上说，"切入"策略对于外语专业的课程思政具有广泛的适用性。它可以对照俄罗斯制度转型后各方面的国情变化，把中国相应方面的方针政策和成就以单词、词组、俄语句式或复述对话等不同的形式融入到相应的专业教学中，以此诠释我们坚持社会主义制度的重要意义。例如在关于俄罗斯传统文化和民族信仰的材料阅读和对话练习中，可以拓展教学内容而切入社会主义核心价值观，主要包括三个层面的基本内容：①国家层面的价值目标：富强（могущество и процветание страны）、民主（демократия）、文明（цивилизация）、和谐（гармония）。②社会层面的价值取向：自由（свобода）、平等（равенство）、

公正（справедливость）、法治（законность）。③个人层面的价值准则：爱国（патриотизм）、敬业（любовь к делу）、诚信（честность и искренность）、友善（дружелюбие）。通过专业知识的内涵与外延，"切入"中俄两国价值观的延伸教学，能够获得融入思政教育和增加俄语词汇积累的双重效果。为加深学生的记忆，可以设计复述练习，练习采取双人组交替复述、四人组接力复述和八人组依次复述的教学形式，以此激发学生的对话互动激情，让 24 字社会主义核心价值观的俄语表达熟记于心。

"切入"策略的切入点，通俗地讲就是解决融入思政问题最易于着手的地方。从思政教育的视域去看，俄语专业最为明显的切入点莫过于俄罗斯社会制度转型所给予我们的启示。为了使俄语课程思政与当代俄罗斯国情结合起来，在实施"切入"策略时可以借鉴案例教学的方法，因为任何教材内容都有一定的局限性，尤其是难于跟上时代前进的步伐，故教材中很少能看到生动的事例和联系现实的例证。而现实生活中却不乏值得切入的教学案例，一旦学生得到了案例性的知识引领，无疑其学习态度就会发生潜移默化的转变。但"案例教学模式的运用，应适应高校思政课教学目标与要求，符合当前大学生的思维特征"（王燕，2015：18）。

俄语专业存在一个重要的思政教育案例，那就是我们为什么要坚持社会主义意识形态和社会制度问题。在新中国成立初期乃至此后的几十年，同为社会主义制度的中苏两国，苏联的社会经济发展远远走在我们的前面，可是苏联作为列宁领导的，布尔什维克所创建的社会主义旗帜，历经 70 多年风雨兼程，却在前进的道路上戛然而止。至 1987 年苏联最高领导人戈尔巴乔夫在美国出版《改革与新思维》，明确阐述了对苏联政治经济改革的三项基本认知："结束社会科学的僵化状态"，"彻底消除垄断理论的后果"，以及"使社会政治思维发生急剧的转折"。这些观点从根本上放弃了社会主义的价值观念和政治体制，彻底摒弃了马克思主义意识形态的指导，从而导致苏联共产党失去了法定执政党的地位。但这却在欧美引发了热情的支持和巨大的反响，戈尔巴乔夫也获得了诺贝尔和平奖。然而过往的历史已经证明："新思维"毁掉了一个时代后却毫无建树，俄罗斯并没有因为社会转型而获得经济发展和提升人民福祉，西方社会也没有因为苏联解体、俄罗斯转型为资本主义社会而放弃对它的围堵和打压。

由此可见，世界文明没有统一的标准，国家发展应遵循各自的国情，即使是昔日如此强大的苏联，在涉及国家核心利益的问题上妥协退让也不会有好的结果。这就给我们敲响了警钟，我们为什么要进行思政教育？毋庸讳言，因为西方的意

247

识形态自认为站在舆论的制高点上，无时无刻不在侵蚀着我们的思想体系，尤其是世界上第一个社会主义国家一夜崩塌的深刻教训，会永远启迪我们对意识形态调控必要性的深思：必须树立中国特色社会主义道路自信、理论自信、制度自信和文化自信。这就是俄语专业课程切入思政教育给予我们的启示，也是俄语专业践行"知识传授与价值引领相结合"的具体教学实践。

全国高校思想政治工作会议精神指出："要把思想政治工作贯穿教育教学全过程，推动'思政课程'向'课程思政'转变，挖掘梳理各门课程的德育元素，完善思想政治教育的课程体系建设，充分发挥各门课程的育人功能，实现学院全程育人、全方位育人和全员育人的大思政格局。"各门课程都有自己的德育元素，每个学科都有相应的专业特点。"大学课程思政建设实践中的难点在如何选择切入点。"（陈松川，2019：319）对于俄语专业来讲，其思政教育的切入点主要体现在实践与理论两个层面。在实践层面，中俄处于新时代全面战略协作伙伴关系，两国经济互补性强，合作需求大，具有长期性和战略性，一些临时性的因素不会影响中俄全方位合作的必然趋势。近一段时期，西方动辄打着所谓"民主""人权"的旗号肆意干涉别国内政，在此背景下，中俄始终肩并肩站在一起，背靠背密切合作，坚决反对世界上的霸权、霸道和霸凌，深入开展"一带一路"与欧亚经济联盟的相互对接，从而成为维护国际和平稳定、促进世界经济发展的中流砥柱。建立在这个认知基础上，可以切入的知识点很多。例如俄语专业可以指导学生翻译共建"一带一路"的俄语国家的政治、经济、法律和社会发展战略等方面的文件，进行与俄罗斯及其加盟共和国相关的国别知识教育，展开中俄重大项目合作的学术研究等，既拓展了专业知识面，同时也进行了思政教育。

在俄语专业的知识结构中，本身就蕴含着专业与思政的二重性。一方面，这些知识具有专业属性，它包含了俄语单词、语法和语篇的专业知识，是知识课程的主要载体；另一方面，这些知识也具备思政属性，在一定程度上体现了其所蕴含的价值功能，翻译俄语国家政策文件是实践课程的重要环节。因为它们直接与中俄在政治、经济和"一带一路"等领域的交流相联系，只有掌握这些专业知识，才能有效化解对异国文化以及相关专业领域的陌生感，形成扎实的跨文化交际技能。以俄语专业特色知识点切入思政问题，既突出了专业课中的思政效果，又拓展了专业知识面，同时还让专业课的思政教育如行云流水润物无声，成为让学生容易接受、渴望获取的知识源泉。

上述三种思政融入策略不仅适用于俄语专业，在外语学科不同专业思政融入上也同样适用且会呈现各自的风采。纵观人类教育发展的历史长河，教育总是和价值观的培养凝结在一起的。西方文明起源于基督教文化，俄罗斯教育源于东正教会神学教育体制，中国教育则始于儒家学说。在语言教育领域，从来就没有纯粹的专业知识，它总是与一定发展阶段的价值取向融合在一起，并与科技进步共同发展的。然而从事这些教育都依赖于相应的技术手段，就目前新时代中国特色社会主义教育而言，通过人工智能、大数据和虚拟现实技术，能够辅助思政融入，优化思政课、综合课及专业课三类课程的功能定位，实现在课堂教学主渠道中全方位、全过程三维立体化育人。俄语专业课中融入思政元素三项策略的探索，在宏观上从外语学科性质与课程思政建设的内在关系着眼，微观上则立足于俄语专业的教学实践，二者的交汇点上体现出外语专业课程的二重性——德育属性与专业属性。二者有机结合同向同行，会使思政教育"因事而化、因时而进、因势而新"，对推动思政课程向课程思政转变起到立竿见影的效果。

课程思政建设是新时代高校人才培养体系建设的历史使命，推动"思政课程"向"课程思政"转变的钥匙在于挖掘梳理各门课程的德育元素，只有这样才能让思政课程构成体系。单一的思政课程只是高校的思想政治理论课，属于通识课程的范畴，而课程思政是将思政教育融入包括专业课程在内的课程教学各环节，实现全过程立德树人润物无声。思政融入既需要在思政教育中发挥专业课的优势，也需要现代信息技术的密切配合，借助虚拟现实挖掘专业知识中的德育元素，以鲜活的形象性激发学生对思政教育的认同感，有利于潜移默化地对大学生进行社会主义核心价值观教育，让专业课在大学生思想政治教育中发挥价值引领作用。

249

第三节　俄语专业课程思政教学设计案例

一、课　程　总　览

1. 课程名称："俄语视听说（3）"

2. 课程类型：专业核心课程

3. 教学对象：本科二年级学生

4. 学时/学分：72/4

"俄语视听说"是一门实践性外语课程，它因传媒技术的应用而诞生，随着数字化教学的实践而发展。本课程所使用的主要教材是上海外语教育出版社出版的

《俄语视听说教程》。该教材属于语言知识和交际对话相结合的文本结构，本节课主题为"Какая сегодня погода?"（今天天气怎么样？），授课时间为 90 分钟。

二、课程思政教学目标

依据本节课程内容特点，寓价值观引导于知识传授和能力培养中，帮助学生塑造正确的世界观、人生观和价值观。

（1）把绿色出行（зелёное путешествие）、温室效应（парниковый эффект）、温室气体（парниковые газы）、碳排放（выбросы углекислого газа）、碳中和（углеродная нейтральность）、环境承载力（экологическая несущая способность）、全球变暖（глобальное потепление）等思政元素嵌入教学内容，在扩展单词、词组的同时树立环保意识。

（2）从有关气候变化的知识中，深度挖掘"人类命运共同体"的共享发展理念和"绿水青山就是金山银山"的绿色发展理念，使学生掌握"Сообщество единой судьбы человечества"（人类命运共同体）；"Зелёные горы и изумрудные воды - бесценное сокровище"（绿水青山就是金山银山）等含有思政元素的俄语搭配及句式以挖掘思政素材。

（3）结合社会主义核心价值观进行时政教育，去开拓课程外延的思政素材，切入与时代发展有密切联系的时事政治内容，让 24 字社会主义核心价值观的俄语表达熟记于心，以此开拓国际视野，凝练家国情怀。

三、课程思政教学重点和难点

本课课程思政的教学重点是加强相关思政内容的词汇积累，培养思辨能力，使学生在听、说过程中掌握中俄在全球气候变暖、环境保护合作和实现低碳出行等方面话题的俄语词汇句式搭配，并在预设的教学情境中自主进行交际对话，做到语调轻松自然，语速均衡连贯，表意基本正确。

课程教学难点在于以俄语形式融入社会主义生态文明观，坚定不移贯彻创新、协调、绿色、开放、共享的新发展理念，所需的词汇量、知识量往往超越学生掌握的范围，在表述过程中会因此而出现用词和语法错误。思政元素的融入，既要与课程内容高度相关，又要符合学生的专业知识水平和俄语驾驭能力。从这个意义上讲，课程思政需要从专业教材的思政融入开始，教材是教学的基础，只有形成系统化融入思政的专业教材，才能避免思政教学各自为政的"孤岛效应"，实现专业与思政的同向同行。

四、课程思政教学方法与过程

1. 教学方法

在新文科建设的整体思路中，课程思政已是高校俄语教学的重要组成部分，教书和育人之间存在着普遍的、内在的和必然的联系，思政与专业教学方法具有共同的方面，这主要包括情境教学法、互动教学法、案例教学法和体验认知教学法。俄语专业具有独特的教学方法和认知规律，其思政元素的融入要依据俄罗斯文化特点因事而化，具体到教学过程中主要采取专业知识的附加、内涵与外延三种不同的形式，在专业知识中附加思政元素运用"嵌入"策略，深入专业知识的内涵运用"挖掘"策略，结合专业知识的外延则采用"切入"策略。

（1）"嵌入"策略——把思政课题嵌入相关专业教学内容，从而达成思政教育。本节课"Какая сегодня погода?"（今天天气怎么样？）涉及了俄罗斯冬雪夏雨等诸多天气状况，在对话互动环节自然地嵌入应对气候变化的相关内容，让学生了解我们是《联合国气候变化框架公约》的缔约国，该公约已经"注意到历史上和目前全球温室气体排放的最大部分源自发达国家，发展中国家的人均排放仍相对较低"，并因此而确立了"共同但有区别的责任"原则。以此延伸课文的知识点，唤醒学生的环保意识：温室气体排放会引发温室效应，从而使全球气温上升，并造成冰川融化，气候变暖不断威胁着全球生态和人类生存空间。需要世界各国人们携起手来共同构建"人类命运共同体"，由此而引申出构建"人类命运共同体"的思想对当今世界发展的引领价值。

（2）"挖掘"策略——从专业中提取和专业相连的思政问题，从而推进思政教育。此类元素属于专业认知域边界范围内的知识，需要明确价值观念、深入专业思想，挖掘出专业本身内在的价值元素。例如：生态问题（Экологический бумеранг）、全球变暖（глобальное потепление）、人类命运共同体（Сообщество единой судьбы человечества）等词组搭配，从中提取和专业相连的思政元素，提供有中国立场、中国文化、中国理论和中国实践的语言材料。该策略通过外语专业知识中价值因素的深度挖掘，提升知识传授的广度和深度，激发学生的求知欲，体现了价值引领和知识传授的统一。

（3）"切入"策略——以与本专业有内在联系的知识点切入思政问题，从而达成思政教育。如果说"挖掘"策略在于专业知识的内涵，那么"切入"

251

策略就在于它的外延。内涵包括教学大纲所规定的言语技能、语法、词汇、语篇和修辞等，外延包括俄罗斯语言风俗礼节、国情文化知识、当代俄罗斯体制乃至整个中俄两国话语体系的范畴，由此而实现融入式、启发式、讨论式和探究式教学，教育引导学生了解外国人看中国文化的视角，培养学生的批判性思维能力，增强中国特色社会主义道路自信、理论自信、制度自信和文化自信（图 11.1）。

图 11.1　课程思政教学策略

2. 教学过程

　　俄语专业课程思政教育的融入点主要体现在专业知识的内涵与外延两个层面。本节课采用挖掘知识内涵与切入知识外延相结合的模式，一方面挖掘专业知识潜在的思政元素，另一方面切入与专业课程紧密相连的思政要点，其课程思政的教学过程沿用了在专业教学中穿插进行的思路。

　　（1）本节课分为情境导入、基础知识、内容拓展、认知互动和反思评价 5 个教学环节，采用人工智能教学界面上的情境教学模式。根据"Какая сегодня погода?"一课的听力文本、对话及练习内容，在情境导入环节，首先播放习近平主席关于人与自然和谐共生的绿色发展理念视频，激发学习气氛，然后通过设定角色、融入场景，使学生沉浸于仿真的蓝天白云之中，萌发对绿水青山的无限遐想。教师因势利导："Ребята, вам нравится такая погода?"（同学们，你们喜欢今天的天气吗？）学生在情境交互之中回答问题，体验认知表示气候变化的单词、词组和俄语句式，并由情境的意境生成构想，产生对绿色发展理念的认同感。教师即时嵌入思政元素："绿色发展"（зелёное развитие）、"绿色出行"（зелёное путешествие）、"绿水青山就是金山银山"（Зелёные горы и изумрудные воды - бесценное сокровище）。

　　（2）在内容拓展教学环节，听力文本涉及了大陆性气候、地球的表面温度等相关内容，依据其自然延伸的相关知识，即可形成应对气候变化的知识点，唤醒学生的环保意识，使其认识到温室气体排放会造成温室效应，从而使全球气温上升，威胁人类生存。控制温室气体排放已成为全人类面临的一个重要问题，由此而生成对"人类命运同体"的感同身受与深刻理解，触发专业与思政认知过程的思维同构性，从而延伸相关单词、词组和句型结构的教学，包括雾霾（смог）、全球变暖（глобальное потепление）、温室效应（парниковый эффект）、碳排放（выбросы углекислого газа）、碳中和（углеродная нейтральность）、碳达峰（пик выбросов углекислого газа）、环境承载力（экологическая несущая способность）等，这些知识既能够应用于季节天气的日常表达，也可以用于应对气候变化的话语交际，由体验四季更替到关注气候变化，以更加开阔的知识面引导学生求知问学、立德树人。

（3）认知互动环节是进行切入式思政教育的主要教学环节，也是一种基于专业知识的外延切入思政的教学方法。本节课所选择的切入点是社会主义核心价值观的基本内容，采取的形式是双人组交替复述、四人组接力复述和八人组依次复述的表现形式，以此激发学生的朗读激情，让24字社会主义核心价值观的俄语表达熟记于心。

（4）在反思评价环节，对专业与思政的学习效果同时进行教学评价：本节课将思政元素有意识、有目的地适时贯穿在教学过程环节，引导学生遵循遗忘规律对专业和思政两个层面的知识点做间隔性复习。一方面巩固知识记忆、凝练价值修养；另一方面反思教法学法、评价教学效果。从学生课堂表现和课后反馈来看，课程思政教育达到了预期效果。

本节课通过五个专业教学环节，促成学生知识内化，全面完成了预定的教学任务。同时，经过三个轮次的思政融入，具体落实了立德树人的培养责任。反思本节课的教学过程，从理念目标、内容方法和过程评价等节点全面融入了课程思政，从而实现了**价值塑造、知识传授和能力培养三位一体**的俄语智慧教学。

3. 课后作业

翻译并熟记以下固定用语：

①могущество и процветание страны；②демократия；③цивилизация；④гармония；⑤свобода；⑥равенство；⑦справедливость；⑧законность；⑨патриотизм；⑩любовь к делу；⑪честность и искренность；⑫дружелюбие。

参 考 文 献

爱德华·T. 霍尔. 超越文化[M]. 居延安译. 上海: 上海文化出版社, 1988.

曹京渊. 静态语境与动态语境[J]. 修辞学习, 2005(6): 14.

陈梅琴. 多媒体课件制作实训教程[M]. 武汉: 武汉大学出版社, 2016.

陈松川. 大学专业课课程思政建设的特色、创新与成效探析[J]. 教育现代化, 2019(82): 319-320.

陈忠. 认知语言学研究[M]. 济南: 山东教育出版社, 2006.

崔帅, 郭贵春. 基于模态逻辑的知识情境化表征[J]. 科学技术哲学研究, 2017, 34(03): 1-7.

崔卫, 徐莉. 会话含意、语境和语境句[J]. 外语研究, 2004(03): 15-18.

丁昕. 丁昕集[M]. 哈尔滨: 黑龙江大学出版社, 2007.

董佳蓉. 语境论视野下的人工智能范式发展趋势研究[M]. 北京: 科学出版社, 2016.

樊明明. 现代俄语修辞学教程[M]. 北京: 外语教学与研究出版社, 2014.

范烨. 关于原版视频语流切分的实证研究[J]. 外语电化教学, 2014(06): 30-39.

古骏. 俄语语音教学漫谈[J]. 中国俄语教学, 1986(01): 6-9.

郭贵春. "语境"研究纲领与科学哲学的发展[J]. 中国社会科学, 2006(05): 28-32+205-206.

郭淑芬. 俄语表示主体情感心理状态的同义模型句及其语体特点[J]. 中国俄语教学, 2012, 31(04): 26-31.

郭四稳. 过程纹理造型技术在自然物体仿真中的应用[J]. 计算机工程与设计, 2006, 27(04): 717-718+721.

胡加圣. 外语教育技术: 从范式到学科[M]. 北京: 外语教学与研究出版社, 2015.

胡壮麟, 朱永生, 张德禄, 等. 系统功能语言学概论[M]. 北京: 北京大学出版社, 2005.

黄曾阳. HNC (概念层次网络) 理论: 计算机理解语言研究的新思路[M]. 北京: 清华大学出版社, 1998.

杰弗里·N. 利奇. 语义学[M]. 李瑞华、王彤福、杨自俭等译. 上海: 上海外语教育出版社, 1987.

李向东, 杨秀杰, 陈戈. 当代俄罗斯语言与文化研究[M]. 北京: 北京大学出版社, 2015.

梁乐明, 曹俏俏, 张宝辉. 微课程设计模式研究——基于国内外微课程的对比分析[J]. 开放教育研究, 2013, 19(01): 65-73.

梁暹. 关于课程思政的几点思考[J]. 教育教学论坛, 2018, (30): 42-43.

刘绯绯. 现代化教学理念与现代教学技术的结晶——《俄语多媒体教学软件》的研发[J]. 外语电化教学, 2004(03): 42-46.

刘梦莲. IVY 虚拟现实口译训练模式研究[J]. 上海翻译, 2018(05): 78-84.

刘万辉. 微课开发与制作技术[M]. 北京: 高等教育出版社, 2015.

刘喜梅, 杨明球. 基于学生满意度的高职"差异化教学"理论框架建构[J]. 职业教育研究, 2011(01): 151-153.

罗津 B. M. 技术哲学: 从埃及金字塔到虚拟现实[M]. 张艺芳译. 上海: 上海科技教育出版社, 2018.

罗纳德·W. 兰盖克(Ronald W. Langacker). 认知语法基础(第一卷): 理论前提[M]. 牛保义、王义娜、席留生等译. 北京: 北京大学出版社, 2013.

罗纳德·W. 兰盖克(Ronald W. Langacker). 认知语法基础(第二卷): 描写应用[M]. 牛保义、王义娜、席留生等译. 北京: 北京大学出版社, 2017.

马冲宇, 陈坚林. 虚拟语言学习环境 VILL@GE 的项目分析及其启示[J]. 中国电化教育, 2013(02): 121-125.

马武林, 蒋艳. 基于 Second Life 的英语教学途径新探[J]. 现代教育技术, 2010, 20(02): 51-54.

马武林, 欧阳灵卿. 沉浸式虚拟仿真技术(IVR)英语教学中的途径分析[J]. 外国语文, 2020, 36(04): 145-152.

苗建青. 日本国立大学去文科化动态及对我国高校教改的启示[J]. 安徽农业科学, 2016, 44(08): 309-311.

牛保义. 认知语法情境植入研究综述[J]. 外语学刊, 2015(05): 16-22.

全国高等学校外语专业教学指导委员会俄语教学指导分委员会. 高等学校俄语专业教学大纲[M]. 北京: 外语教学与研究出版社, 2012.

孙玉华, 田秀坤. 现代俄语功能语法概论[M]. 北京: 外语教学与研究出版社, 2011.

孙玉柱, 曹扬波, 王余蓝, 等. 浅析虚拟现实 (VR) 技术在外语教学与研究中的应用[J]. 当代教育实践与教学研究, 2017(10): 1.

王初明. 从补缺假说看外语听说读写[J]. 外语学刊, 2006(01): 79-84+112.

王初明. 外语电化教学促学的机理[J]. 外语电化教学, 2011(06): 14-18.

王济军, 王丽丽, 尹盼盼. 外语类虚拟仿真实验教学项目的设计与实践研究——以日语跨文化交际虚拟仿真项目为例[J]. 外语电化教学, 2021(03): 57-62+9.

王燕. 高校思政课案例教学模式探究及其构建[J]. 黑龙江教育(高教研究与评估), 2015(06): 18-19.

王寅. 认知语言学[M]. 上海: 上海外语教育出版社, 2007.

王寅. 体认语言学: 认知语言学的本土化研究[M]. 北京: 商务印书馆, 2020.

魏顺平. 技术支持的文献研究法: 数字化教育研究的一个尝试[J]. 现代教育技术, 2010, 20(06): 29-34.

魏屹东. 语境实在论: 一种新科学哲学范式[M]. 北京: 科学出版社, 2015.

翁冬冬, 郭洁, 包仪华, 等. 虚拟现实: 另一个宜居的未来[M]. 北京: 电子工业出版社, 2019.

吴疆. 微课程和多媒体课件设计与制作规范[M]. 北京: 人民邮电出版社, 2015.

夏晓燕, 史红敏, 郭亚玲, 等. 具身视角下外语教学 VR 课程化教学原理和顶层设计探析[J]. 外语电化教学, 2021(02): 78-84+12.

肖香龙, 朱珠. "大思政"格局下课程思政的探索与实践[J]. 思想理论教育导刊, 2018(10): 133-135.

徐英瑾. 语境建模[M]. 上海: 复旦大学出版社, 2015a.

徐英瑾. 语境建模三大进路之哲学预设探微[J]. 上海交通大学学报(哲学社会科学版), 2015b, 23(02): 17-26+34.

许高渝, 赵秋野, 贾旭杰, 等. 俄罗斯心理语言学和外语教学[M]. 北京: 北京大学出版社, 2008.

许传华. 国际化进程与俄语教学转向[C]//章自力, 许宏主编. 俄语教学理论与实践探索. 广州:

255

世界图书出版公司, 2017: 58-65.

薛亮. 虚拟现实与媒介的未来[M]. 北京: 光明日报出版社, 2019.

杨明天. 俄语的认知研究[M]. 上海: 上海外语教育出版社, 2004.

杨小英. 情境教学中主体精神的凸显[J]. 湖北民族学院学报(哲学社会科学版), 2008, 26(01): 149-152.

叶蜚声, 徐通锵. 语言学纲要[M]. 北京: 北京大学出版社, 1981.

尹永波. 俄语语调研究综述[C]// 蔡莲红、周同春、陶建华编. 新世纪的现代语音学: 第五届全国现代语音学学术会议论文集. 北京: 清华大学出版社, 2001: 5.

于鑫. 《构式语言学》评介[J]. 天津外国语大学学报, 2017, 24(02): 71-75.

约翰·华生. 行为主义[M]. 李维译. 北京: 北京大学出版社, 2012.

张俊莲, 赵军. 俄语语音教学浅谈[J]. 继续教育研究, 1999(4): 12-13.

章自力, 许宏. 俄语教学理论与实践探索[M]. 广州: 世界图书出版公司, 2017.

郑春萍, 卢志鸿, 刘涵泳, 等. 虚拟现实环境中大学生英语学习观与学习投入研究[J]. 外语电化教学, 2021(02): 85-92+101+13.

周志华. 虚拟现实技术在微课制作中的应用[J]. 北方文学(下), 2018(7): 2.

Dilley R. The Problem of Contest[M]. New York: Berghahn Books, 1999.

Glenberg A M, Robertson D A. Symbol grounding and meaning: A comparison of high-dimensional and embodied theories of meaning[J]. Journal of Memory and Language, 2000, 43(3): 379-401.

Henderson M, Hui H, Grant S, et al. Language acquisition in Second Life: Improving self-efficacy beliefs[C]. In Annual Conference of the Australasian Society for Computers in Learning in Tertiary Education 2009. University of Auckland, Auckland University of Technology, and Australasian Society for Computers in Learning in Tertiary Education, 2009: 464-474.

Hockett C F. Chinese versus English: An exploration of the Whorfian thesis[C]. In H Haijer (Ed.), Language in Culture. Chicago: University of Chicago Press, 1954: 106-123.

Kim S H, Lee J & Thomas M K. Between purpose and method: A review of educationa research on 3D virtual worlds [J]. Journal of Virtual World Research, 2012(1): 1-17.

Kim U. Indigenous psychology: Science and applications [C]. In R W Brislin (Ed.), Applied Cross-cultural Psychology. Newbury Park, CA: Sage Publications, 1990: 142-160.

Malinowski B. The problem of meaning in primitive languages[C]. In C K Ogden & I A Richards (Eds.), The Meaning of Meaning. New York: Harcourt, Brace & World, Inc., 1923: 296-336.

Minocha S & Reeves A. Designing learning activities in Second Life for student engagement [C]. In the 4th and Final Open CETL Conference, the CETLs: Celebrating Teaching and Learning. The Open University, Milton Keynes, 2009: 15-16.

Newmark P. Approaches to Translation [M]. Oxford: Pergamon Press, 1982.

Nuyts J. Grounding and the system of epistemic expressions in Dutch: A cognitive-functional view [C]. In F Brisard (Ed.), Grounding: The Epistemic Footing of Deixis and Reference. Berlin: Mouton de Gruyter, 2002: 433-466.

Schwienhorst K. Why virtual, why environments? Implementing virtual reality concepts incomputer-assisted language learning [J]. Simulation & Gaming, 2002(2): 196-209.

256

Апресян Ю Д. Исследование по семантике и лексикографии [M]. Москва: Языки славянскихкультур, 2009.

Бирих А К, Мокиенко В М & Степанова Л И. Словарь русской фразеологии. Историко-этимологический справочник [M]. Спб.: Изд-во СПБГУ. Фолио-Пресс, 2001.

Великосельский О. А. Использование Технологии Трехмерных Виртуальных Многопользовательских Миров при Обучении Русскому Языку как Иностранному [D]. Санкт-Петербург: Санкт-Петербургский государственный университет, 2004.

Верещагин Е М & Костомаров В Г. В Поисках Новых Путей Развития Лингвострановедения: Концепция Рече-поведенческих Тактик [M]. Москва: Московский Государственный институт русского языка им. А. С. Пушкина, 1999.

Гоголь Н В. Ревизор[M]. Москва: Детская литература, 2003.

Лермонтов М Ю. Герой нашего времени[M]. Харьков: Фолио, 2012.

Осипова А А. Субъективная информация лексем со значением числа «семь» в русском, английском и французском языках, Информационный потенциал слова и фразеологизма [J]. Орел: Изд-во ГОУ ВПУ "Орловский государственный университет", 2005, 13(36): 77-80.

Рахилина Е В. X международная конференция по когнитивной лингвистике[J]. Вопросы языкознания, 2008(2): 154-156.

附录　虚拟语境《俄语视听说教程》教案实例

请用微信扫描查看具体内容

后　　记

约翰·麦卡锡在 1955 年首次提出了"人工智能"的概念，从此诞生了列表编程语言，即表处理语言 Lisp。在分析语言与语境的关系中，麦卡锡和拉马纳坦·古哈（Ramanathan Guha）论证了投影语境、近似性语境、歧义性语境和心智状态语境等四类语境的形式化思路。蒙受前人思维的启迪，本书借鉴其跨语境推理的方法，在四类语境理论的基础上进行虚拟语境的构建与应用研究，以时空背景的仿真复制为出发点，提出了外语教学界面中虚拟语境的概念范畴、认知规律和构建路径，并论证了虚拟语境是由计算机、摄像机生成的具有知觉、视觉、听觉和动觉等多种感知效果的虚拟现实语言综合环境，是用以设置、界定和限制某一对象或事件的仿真情境参数集合体，以及依赖于计算机数据库的语境建构模式。

教学技术既有发展的永恒性，又有鲜明的时代特点。虚拟现实中的教与学以语言学智能化的表征形式存在，在学术研究上属于俄语语言学与信息化教学交叉学科的范畴，在教学改革实践上涉及俄语语言学、俄罗斯文学和俄罗斯社会文化等俄语专业领域。本书的编著坚持理论与实践同步推进，研究课题紧贴课堂教学，盯住前沿性虚拟现实技术，以此复盘语境认知与语言教学之间普遍的、内在的和必然的联系，即使对其研究的深度与广度都极为有限，只要能通过某种形式把它运用到教学实践中去，那就意味着研究取得了切实的成果。这一思路就是撰写本书的初衷。

外语教学的教育理念创新，从客观上看主要依赖于外界信息技术的介入，从主观上看主要体现于内在的自主学习。在长期的外语教学法探索中，我们深刻认识到非母语教学对语言生成环境的依赖的重要性，因此提出了"虚拟语境"的教学研究思路，设计了模拟源语语境的教学方法，把视觉沉浸技术运用于外语认知研究与教学，通过对学习对象的案例具象探寻外语认知的内在逻辑。在进行语言学智能化研究的同时，把专业融入思政式、情境预设启发式、目标引领互动式、问题导向预设式和"3I"式的教学方法融入俄语教学实践之中，形成了基于虚拟语境的体验认知俄语教学模式。

在本书编著过程中，我们查阅与研究了国内外认知语言学智能化领域的相关学术著作，分析了各类信息技术形式在俄语教学中的应用实践，为了取得实践印证的教学效果，我们依托中央和地方共建项目"多媒体、多模态、多语言、多语境支持下的外语学习与课程中心"使俄语教学在虚拟现实演播系统中进行，教学过程可以直接融入国际会议、商务交流、历史场景、繁华街道和森林公园等虚拟语境中，为本书的研究成果构建了可印证的教学数据，其研究成果陆续应用于教学实践。然而，鉴于笔者水平有限，尤其是在跨学科的探索性研究中，笔者深感自己能力不足，书中难免存在论据疏漏、观点平庸之处，呈请相关专家学者批评指正。